DOUZE AUTRES CÉSARS

DU MÊME AUTEUR

La Nation frein, Julliard, 1956.
La Démocratie en vacances, Julliard, 1959.
La Littérature à l'encan, Robert Laffont, 1968.
L'Usurpation, ou le roman de Marc Aurèle, Fayard, 1979.
Mourir à Sélinonte, Julliard, 1984.

FRANÇOIS FONTAINE

DOUZE AUTRES CÉSARS

JULLIARD
8, rue Garancière
PARIS

ISBN 2-260-00406-7

IN MEMORIAM MARII MAXIMI,
VIRI CLARISSIMI, CONSULIS ITERUM,
QUI VITAS DUODECIM ALIORUM CAESARUM
SCRIPSIT

PRÉFACE

Marius Maximus continuateur de Suétone

Marius Maximus a été un personnage considérable sous la dynastie des Sévères qui a succédé à celle des Antonins, à la fin du IIe siècle après J.-C. Cette période de l'histoire romaine fut agitée et dangereuse pour ceux qui approchaient de trop près le pouvoir. Pourtant Marius Maximus, issu d'une famille sans éclat, s'est élevé jusqu'au Sénat, au Consulat, au Gouvernement des Provinces, au commandement de grandes armées, et à la Préfecture de Rome, situations exposées où l'on avait bien des chances de perdre la vie sous des princes fous, comme Caracalla et Élagabal. Or, non seulement il a survécu à ces temps, mais il a eu le loisir d'en témoigner, puisqu'il s'est fait historien sur le tard.

Son œuvre qui se présentait comme la suite de celle de Suétone et racontait la vie de douze Césars n'a pas eu, elle, la chance de nous parvenir directement. Mais nous savons qu'elle a servi de base à la rédaction d'une œuvre postérieure d'un siècle, l'*Histoire Auguste,* médiocre compilation qui reste aujourd'hui, faute de mieux, la source principale des biographies impériales. Marius Maximus est cité vingt-sept fois dans ce travail hâtif d'un polygraphe sans imagination. On a de sérieuses raisons de penser que les parties essentielles de l'*Histoire Auguste* qui ont résisté à la critique historique moderne sont purement et simplement inspirées de Marius Maximus dont il nous a paru possible de recomposer l'œuvre en nous conformant à l'esprit et au style de l'époque, nous appuyant pour cela sur les autres récits concordants des contemporains, tous contrôlés par des vestiges reconnus authentiques.

Rappelons que Suétone s'est arrêté d'écrire vers 120 après J.-C. et qu'il n'a pas dépassé le récit du meurtre de Domitien. A la même époque, Tacite est entré lui aussi dans un étrange silence. Leur encre n'était pas faite pour retracer les règnes libéraux et prospères, comme l'ont été ceux de Nerva, de Trajan et d'Hadrien qu'ils ont pourtant connus. Il a fallu attendre un siècle et le retour des tyrans pour que se lève une nouvelle génération d'historiens. C'est après 222 que, profitant du répit d'un régime moins désastreux que les autres, Marius Maximus, Dion Cassius et Hérodien prennent la plume simultanément et tâchent de rattraper le retard, à partir de témoignages déjà un peu vieillis et de leurs souvenirs encore bien vivants.

Nous connaissons le déroulement des carrières de Marius Maximus et de son frère Perpetuus. Elles apparaissent étrangement normales et régulières pour une époque si riche en désordres. Il y avait donc de larges zones protégées des turbulences politiques dans l'administration romaine. On se doutait bien, à en juger par sa pérennité, que cette immense machine était pourvue de solides automatismes. Mais il n'était pas inutile que Marius Maximus nous en livrât le mode d'emploi. Il ne pouvait être un simple ambitieux ni un pur opportuniste : aucun calcul, aucune habileté n'eût pu longtemps manœuvrer dans une conjoncture aussi chaotique. Mais les Maximus étaient par vocation des hommes d'appareil, et l'appareil de l'Empire, responsable de dizaines de millions d'individus, corrigeait par son inertie les dérives de ses conducteurs fous.

Nul n'a prétendu que Marius Maximus fût un grand esprit. Mais il avait certainement autant d'humanité qu'on peut en avoir et en garder dans les positions périlleuses et les situations brutales qui ont jalonné sa carrière. Les hommes de cette époque accumulaient une expérience dont nous imaginons mal la dureté et le désenchantement. Il fallait qu'ils eussent des tempéraments plus puissants et mieux forgés en tout cas que les nôtres pour accomplir des parcours sociaux équivalents. Marius Maximus n'a pas dominé son temps, mais l'a traversé avec une santé vigoureuse qui s'est épanouie, une fois qu'il fut sorti de charge et relativement à l'abri, dans une œuvre pleine de vie sinon de talent. Un certain Flavius Vopiscus, qui l'a impudemment plagié, lui reproche sa prolixité et ses affabulations. Mais un autre chroniqueur, Ammius Marcellin, devait reconnaître (pour le déplorer) qu'on ne relisait plus que lui et Juvénal dans les classes cultivées, au siècle suivant. Les historiens ne se faisaient déjà pas de cadeaux entre eux.

Les ancêtres de Marius Maximus ne nous apparaissent qu'au début du IIe siècle avec le grand-père L. Marius Perpetuus, dont la vie a dû se dérouler entre 80 et 140. Il était employé dans la petite administration romaine et on le retrouve en 137 secrétaire à la questure, dans l'équipe d'un proconsul d'Afrique, Q. Pomponius Marcellus. On ne sait rien de plus sur lui, sinon qu'il eut les moyens de faire accéder son fils à l'ordre équestre, qui était la seconde classe des citoyens à Rome et qui communiquait tôt ou tard avec l'ordre sénatorial. Ce fils homonyme vécut entre 118 et 178, c'est-à-dire sous les règnes d'Hadrien, d'Antonin et de Marc Aurèle. Il semble qu'il n'eut pas d'affectation militaire, comme l'eût voulu son titre de « chevalier » et qu'il fut l'un des premiers à entrer dans la carrière purement civile qu'Hadrien venait de créer. Cette carrière conduisait aux plus grands postes administratifs et financiers. Marius Perpetuus II fut *procurator Augusti* dans la province d'Afrique en 160 et dans la Lyonnaise en 175, charge qui équivalait à la Direction générale des Finances. Le procurateur surveillait pour le compte de l'Empereur la gestion du légat ou du proconsul auprès duquel il était placé. Il pouvait culminer dans les fonctions de préfet du prétoire — chef de gouvernement — ou de préfet d'Égypte, sorte de vice-royauté, qui étaient réservées à l'ordre équestre. Ce Marius n'atteignit pas de telles hauteurs, mais il avait ouvert à ses fils la voie du Sénat. L'élévation de leur père leur valait d'ajouter à leur toge la bande rouge, le *laticlavus,* qui faisait d'eux des candidats éligibles à l'ordre sénatorial. Ce choix laissé à la discrétion de l'Empereur supposait la possession d'un capital de deux millions de sesterces. Il fallait donc au moins trois générations pour passer du stade de simple citoyen — souvent fils d'affranchi et petit-fils d'esclave — à celui de « perfectissime », et enfin de « clarissime ». Le cas était banal parce que le Sénat se renouvelait souvent dans ces âges de proscriptions et de faible fécondité. C'est ainsi que beaucoup de provinciaux s'infiltrèrent dans le Sénat romain.

L. Marius Maximus Perpetuus Aurelius, le fils aîné du procurateur, naquit en 158, à la fin du règne d'Antonin le Pieux, Marc Aurèle étant déjà associé au pouvoir. Le Haut Empire passait par son zénith. La paix intérieure et extérieure régnait, le gouvernement était libéral, l'économie prospère comme jamais auparavant dans l'Histoire. Cette chance n'est pas légendaire, elle semble avoir été assez généralement ressentie par les contemporains eux-mêmes. Sa précarité aussi sans doute. Quand Maximus commença son *cursus honorum* par un stage au service de la voirie, en 177, déjà l'Empire était agressé sur toutes ses frontières et Marc Aurèle se préparait à repartir pour une seconde expédition germanique sur le Danube, d'où il ne reviendrait pas vivant. Quelques années plus tôt, l'Italie même avait été menacée. En Orient, on dut aller jusqu'à Ctésiphon pour rétablir l'équilibre stratégique que les Parthes avaient cru pouvoir rompre à leur profit. La victoire fut payée d'une épidémie de peste qui ravagea l'Europe. De plus, l'usurpation orientale d'Avidius Cassius déstabilisa le pouvoir de l'Empereur-philosophe, qui s'était trop hâté alors d'associer au trône son fils immature, Commode. Quand Maximus revint de la seconde guerre contre les Marcomans où il avait servi comme tribun militaire à la IIIe Italica, il occupa une charge de questeur urbain à Rome. Cette année 182 vit le tournant désastreux du caractère de Commode qui fit exécuter les derniers compagnons de son père. Ce fut du même coup un tournant dans l'histoire de l'Occident. La concorde et l'esprit de liberté avaient définitivement déserté Rome.

Comment le jeune sénateur s'adapta-t-il au cours nouveau de la politique et à un état de violence qui ne convenait ni à sa nature ni à son éducation, il nous le dira lui-même. Bien qu'il ne s'en soit pas vanté, il bénéficia vraisemblablement de la faveur de Cleander, un aventurier qui gouverna quelques années au nom de Commode, car on le voit accéder rapidement à la préture qui est l'antichambre des grandes carrières. D'abord curateur de la Via Latina, puis de la cité de Faventia, il est légat, c'est-à-dire commandant de la Ire Italica en Moésie Inférieure lorsque Septime Sévère se proclame empereur en avril 193, après l'assassinat de Commode et de ses brefs successeurs. La chance veut qu'il serve à ce moment sous les ordres de Geta, le frère du nouveau César. Son devoir, sinon son choix, est clair : il met le siège devant Byzance où s'est fortifié Pescennius Niger, l'Empereur désigné par les légions d'Orient. Il emportera la ville au bout de deux ans. En 197, il se trouve à Lyon quand Septime Sévère affronte et élimine Claudius Albinus, son dernier rival. Il participe, du bon côté, à cette courte mais décisive victoire, et en a sa part de profit : il est nommé légat prétorien de la province de Belgique — un tiers de la Gaule —, puis fait consul en 198. Il a juste l'âge requis, quarante ans. Il ne peut maintenant prétendre aux grands proconsulats, ceux d'Afrique et d'Asie, avant une période de quinze ans, qu'il occupe avec des commandements en Germanie inférieure et en Syrie. Il est donc à nouveau loin de Rome lorsque s'y déroulent les sanglants changements de règne, au gouvernement de l'Afrique quand meurt Septime Sévère, et à celui de l'Asie lors de l'assassinat de Caracalla. L'éphémère empereur Macrin le nomme préfet de Rome, poste dangereux s'il en est. Il y survit néanmoins et traverse discrètement le règne d'Élagabal. Il refait surface lors de l'avènement de Sévère Alexandre qui succède à son cousin assassiné en mars 222 : on le voit consul pour la deuxième fois, avec le jeune empereur lui-même. C'est qu'il y avait plus de continuité qu'il n'y paraît dans cette cascade de coups d'État. Le pouvoir était détenu en réalité par les princesses syriennes, mères, sœurs, filles abusives, massacrées à tour de rôle mais gardiennes passionnées de la dynastie. Sans doute trouvaient-elles un avantage à conserver en vie l'indispensable Marius Maximus, un homme d'expérience aux ambitions limitées. On n'a pas entendu dire qu'il soit mort de mort violente, et il a eu assurément tout le loisir d'écrire une œuvre historique abondante et documentée.

Nous savons que la famille de Marius Maximus avait pris la dimension d'un clan, ce qui était à Rome une force et une faiblesse. Une force parce qu'à compter d'une certaine étendue de surface sociale on pouvait espérer jouer un grand rôle politique, voire accaparer l'État tout entier ; c'était même devenu, sous l'Empire, le processus normal de la prise du pouvoir qui était hors d'atteinte pour un homme seul, eût-il le génie de César et l'habileté d'Octave. La faiblesse du clan, en revanche, était sa superficie visible qui l'exposait aux purges par lesquelles se prémunissaient les despotes, jaloux non sans raison de chacune des grandes familles rivales. On a peine à imaginer la puissance d'un clan romain installé, tant en richesse et en clientèle qu'en ambition : tout était lié et se mettait en mouvement dès lors que, par le jeu des alliances, la masse critique était atteinte. Les Marius s'acheminaient apparemment vers une très grande concentration d'influence. Le frère de Maximus, Perpetuus, a suivi à quinze ans de distance une carrière identique à la sienne : sénateur, légat d'Arabie en 200, consul en 202. Tous deux ont eu un fils consul, celui de Maximus en 232, celui de Perpetuus en 237. On ne pouvait être mieux ancré au sein d'une société en voie de décomposition. Mais il y avait sans doute plus de sagesse que d'intrépidité dans cette famille qui a survécu à tant d'autres, victimes collectives de l'impatience d'un seul des leurs. Les ambitions suprêmes faisaient long feu, et tout le clan avec. Nous interrogerons là-dessus Marius Maximus.

Si rapide soit-il, un aperçu de la carrière et de l'œuvre de Maximus ne saurait ignorer son contemporain et homologue, Cassius Dio, qui a occupé des fonctions administratives non moins élevées avant d'écrire lui aussi, au même moment, une *Histoire romaine.*

Cassius Dio est né en Bithynie vers 162, il était donc plus jeune de quatre ans que Maximus. Son père, Apronianus, allait être consul et gouvernerait plus tard la Cilicie et la Dalmatie. Lui-même sera consul en 205. Nommé par Macrin curateur de

Smyrne et de Pergame, il administra ensuite l'Afrique, la Dalmatie, puis la Pannonie. Comme Maximus, ce proconsul était loin de Rome quand les têtes y tombaient. Comme lui également, il bénéficia de la trêve des couteaux que furent les débuts du règne de Sévère Alexandre et de sa mère Mammaea. Pourtant la violence couvait et les prétoriens se débarrassèrent de leur préfet, le sage Ulpien, comme ils l'avaient fait du non moins sage Papinien. Ils ne tardèrent pas à liquider, avec le fils et la mère, les derniers restes de la dynastie afro-syrienne. Si Dio échappa à leur hargne mortelle, c'est parce que le jeune Sévère Alexandre, après l'avoir nommé consul une deuxième fois en 227, eut la gentillesse de le laisser partir dans sa Bithynie natale où il termina son œuvre considérable.

De cette œuvre en quatre-vingts livres qui couvrait toute l'histoire de Rome, la majeure partie est perdue. Quelques fragments et surtout un abrégé lui-même lacunaire composé à Byzance par un moine grec du XIe siècle, Xiphilin, nous sont parvenus, concernant l'Empire jusqu'aux Sévères. Sur la période qui nous intéresse, Dio travaillait donc en parallèle et sans doute en concurrence avec Maximus. Nous avons ainsi le point de vue d'un Romain et celui d'un Grec, chacun écrivant dans sa langue. Ces deux points de vue ne divergent pas sensiblement. Puisque l'expérience des auteurs est concomitante et leurs sources communes, nous pouvons les contrôler et les compléter l'un par l'autre, tout en gardant à l'esprit qu'ils sont tous deux des représentants de cette caste sénatoriale qui entretenait avec les empereurs des rapports passionnels. Il est trop évident que les Césars ont été classés par eux bons ou mauvais selon qu'ils furent attentifs ou hostiles à l'influence (on ne saurait parler ici de pouvoir) du Sénat. Mais le moyen de corriger cette partialité, puisqu'elle va toujours dans le même sens ?

Précisément, la possibilité d'une contre-épreuve nous est offerte puisque la chance nous a conservé dans son texte original, et semble-t-il complet, un autre témoignage écrit par un fonctionnaire de rang modeste qui vivait à ce même moment au cœur de Rome. Nous ne savons pas grand-chose de l'administrateur Hérodien, sinon qu'il a été contemporain et souvent spectateur des événements qui ont agité Rome après la mort de

Marc Aurèle, et cela durant cinquante ans. Il nous les raconte comme il les a compris et l'on pourrait s'attendre à ce que son point de vue d'homme de la rue ne coïncide pas avec celui de nos historiens-sénateurs (ou plus exactement avec ce qui reste de leurs œuvres revues et corrigées sous le Bas Empire). Or son optique est tout aussi réactionnaire que la leur, et donne moins de relief aux événements, faute d'intelligence politique. Ce petit observateur syrien est plus romain que les fils de la Louve, plus moralisateur que les Pères conscrits. Il manque singulièrement de précision, bien qu'il ait dû disposer des œuvres de Maximus et de Dio lorsqu'il rédigea son récit. Ce qui nous importe est qu'il ne les contredise pas et qu'il complète même les lacunes accidentelles de leurs textes.

Ainsi depuis Tacite le justicier, Suétone le scandaleux, Hérodien le besogneux, jusqu'au plumitif de l'*Histoire Auguste* qui manipule le texte de Marius Maximus, et au médiocre abréviateur de Dio, nous n'avons qu'un seul son de cloche. De toutes les autojustifications écrites par les Antonins et les Sévères, si l'on excepte les *Pensées* philosophiques de Marc Aurèle, il ne nous reste rien. Aucun écrivain de l'Antiquité ne s'est risqué à réhabiliter Tibère, Caligula, Néron, Domitien, Commode ou Caracalla. Ceux-ci ont dû attendre dans leur enfer que les psychanalystes et les surréalistes du XXe siècle les en fissent sortir. Mais est-ce une raison pour renvoyer au purgatoire les « bons » empereurs, sous prétexte que leurs biographes étaient trop sensibles aux égards que le pouvoir avait pour eux ? Ces égards étaient peut-être formels et intéressés. Du moins témoignaient-ils d'un certain esprit libéral, et d'un beau souci de la postérité.

Peu à peu, la critique historique moderne tente de remettre à leur place ces personnages de pourpre qui ne sont responsables à eux seuls ni de la grandeur ni de la décadence de Rome. Mais si l'on apprend à lire Tacite et Suétone avec plus de prudence, l'*Histoire Auguste* avec moins de dédain, les informations que nous tirons de ces œuvres n'ont pas été, pour l'essentiel, remises en cause par des découvertes plus récentes. Elles demeurent la matière première des nouvelles écoles de romanistes.

C'est donc que la solidarité de classe n'aveuglait pas tout à fait ces témoins engagés, ces complices objectifs du régime impérial. L'aveuglement serait plutôt celui des siècles classiques qui leur ont accordé trop longtemps une confiance trop naïve. Pendant deux mille ans, Tacite est demeuré la référence universelle des sociétés élitistes. Le siècle de Louis XIV pouvait se reconnaître dans celui d'Auguste, et Voltaire ne parlait pas de Frédéric II et de Louis XV autrement que Marius Maximus de Trajan et d'Hadrien. Les historiens de tous les siècles ont partagé les privilèges ou les partis pris des systèmes qu'ils louaient ou décriaient. Ils les jugeaient de l'intérieur, sévèrement ou avec indulgence, mais dans la même optique, celle d'un monde linéaire et fini. Ce monde a explosé. Aujourd'hui on juge tout du dehors et froidement, ce qui n'est pas un point de vue meilleur pour comprendre le pourquoi des choses.

François Fontaine

I.

NERVA

I. Je ferai débuter mon histoire au moment où Suétone a arrêté la sienne, à la mort de l'exécrable Domitien, à l'avènement de l'excellent Nerva. Une dynastie, celle des Flaviens, prenait fin dans l'abomination, une autre que nous appelons celle des Antonins commençait dans la liesse. Pourtant la première s'était ouverte avec un homme sage, Vespasien, la seconde sera close par un fou, Commode. Ce n'est pas tout. Si l'on remonte plus avant dans le temps, on trouvera la famille Julio-Claudienne avec, à ses deux extrémités, le grand César et le misérable Néron. Si, en sens inverse, on descend près de nous, on verra ce que j'ai vu, le règne des Sévères, brillamment inauguré par Septime et honteusement dégradé par Caracalla et Élagabal. Mais là s'arrête le parallèle. Notre jeune empereur Alexandre semble choisi par la Providence pour mettre un terme à ce fastidieux recommencement de cycles de grandeur et de mépris. Pour se concilier le sort il a ajouté le nom vénéré d'Aurèle à son patronyme syrien. Puisse-t-il ne pas le démériter comme Caracalla a déshonoré celui qu'il a emprunté sans droit à Antonin et qui n'a pas suffi à exorciser ses instincts bestiaux.

II. C'est au milieu de l'après-midi du 18 septembre de l'an 96 que Domitien reçut dans le ventre le premier coup du poignard que Stephanus, son homme de confiance, avait dissimulé dans un pansement au bras. Ce Stephanus était un personnage corrompu et il avait d'ailleurs saisi le prétexte d'une lettre de dénonciation pour entrer, toutes affaires cessantes, chez l'Empereur soupçonneux qui venait de s'enfermer dans sa chambre. Domitien cria au petit Zéphyr, le page nu qui lui servait de coursier, de lui apporter son épée qu'il rangeait toujours sous son traversin. Mais l'enfant n'en trouva que le fourreau. Parthenius, l'aide de camp, l'avait retirée. Alors la bête traquée appela ses gardes prétoriens. Mais le préfet Petronius Secundus les avait éloignés ; sinon ils n'eussent pas manqué de défendre celui qui les comblait de faveurs. En revanche, l'affranchi Maximus et quelques gladiateurs étaient derrière la porte, et la bête expira sous sept coups de couteau.

Pour une fois, le complot avait été bien agencé. Un empereur ne peut être tué que sous sa tente par ses propres soldats ou dans ses appartements par ses plus intimes créatures. Toute autre tentative est vouée à l'échec, comme l'Histoire l'a montré. La protection apparente ou invisible du Prince est formidable, je l'ai constaté lorsque j'étais préfet de Rome, et encore n'en ai-je connu qu'une partie. On ne s'expliquerait pas autrement que des tyrans aient pu impunément semer la mort et la haine pendant de très longues périodes, quinze années en ce qui concerne Domitien. C'est quand il médita de supprimer aussi ses familiers, et même son épouse, que ceux-ci prirent les devants. Cette circonstance s'étant reproduite plusieurs fois depuis les débuts de l'Empire, je pense qu'elle peut amener à des conclusions générales sur les chances et la manière de se défaire d'un despote.

Nous ne savons pas pourquoi le préfet commandant la garde a prêté la main à cette exécution qui, il pouvait s'en douter, serait très mal reçue par les officiers et soldats prétoriens tout-puissants au Palatin et dans la Ville. Mais c'est un fait que ce corps ne bougea pas, pas sur-le-champ du moins, et qu'il fut pris de vitesse par le Sénat empressé de vouer le tyran aux gémonies et de proclamer l'un des siens, Cocceius Nerva, empereur. On peut soupçonner les auteurs du coup d'avoir calmé avec de l'or les plus menaçantes colères. Qui étaient-ils, en dehors de ceux que je viens de citer et qui s'en firent gloire pour peu de temps, nul ne saurait le dire. Tout le monde si l'on en juge à l'explosion de joie qui secoua Rome et gagna bientôt les grandes légions dans l'Empire. Le soir même les ouvriers municipaux s'affairaient à marteler le nom de Domitien sur tous les monuments publics. Ses statues partout renversées furent aussitôt fondues et devinrent des monnaies et des médailles d'or et d'argent portant les nouvelles devises : *Roma renaescens, Libertas restituta, Felicitas, Moderatio.* Je ne peux m'empêcher de penser que des hommes très prévoyants avaient tout organisé de longue main. Je n'ai jamais vu un coup d'État réussi qui n'ait été soigneusement médité. Les conjurés, Petronius Secundus et Parthenius, conseillés sans doute par l'ingénieux Licinius Sura, avaient l'accord de Nerva.

III. On prétend que si Nerva a été choisi de préférence à d'autres plus énergiques et plus capables, c'est précisément en raison de son âge avancé et de sa santé fragile. Il avait soixante-huit ans et l'estomac si mal en point qu'il vomissait fréquemment. Avec lui le Sénat se donnait un peu de temps pour restaurer sa prééminence et l'on trouvait même beaucoup de grands esprits, comme Verginius Rufus, Tacite, Pline, Dion de Pruse, pour rêver de renforcer la nature républicaine du régime. Nerva remplit consciencieusement son contrat, et ne manqua pas de mourir de mort naturelle seize mois plus tard. Mais il avait eu le temps de réaliser bien plus qu'on n'attendait de lui. Cet homme qui s'était peu illustré par lui-même pendant sa vie a acquis et mérité dans sa dernière année le droit d'être mis au rang des Dieux. La réputation de sa famille originaire d'Ombrie n'était pas des plus anciennes et reposait moins sur la gloire militaire que sur le talent juridique. Son père, Cocceius Nerva, fut le chef d'une école de légistes dite des Coccéiens. Héritier de ce même nom et de ce prestige, il n'eut qu'à se laisser porter par le *cursus honorum* sénatorial. Vespasien l'appela au consulat en 71 et il garda la faveur des Flaviens. On connaît de lui des recueils de poèmes et il passe pour avoir mené une vie agréable. Fut-il vraiment persécuté par Domitien dans les dernières années de son règne, souffrit-il l'exil en 97, ou se retira-t-il lui-même par prudence à Tarente, je ne sais, mais son attitude ne fut sans doute pas très éloignée de celle de beaucoup d'hommes respectables de l'époque qui continuaient à servir loyalement l'État plus que le Prince.

En effet, si le caractère de Domitien s'était dramatiquement assombri, tout ne fut pas toujours mauvais dans son gouvernement, parce que sa première ambition était d'égaler son père Vespasien et son frère Titus qui l'avaient, leur vie durant, tenu pour négligeable. Il conserva l'appareil de leur puissance mais il le mania avec sa brutalité naturelle, cherchant par la force les résultats qu'ils avaient obtenus par le talent et l'habileté. Les résistances le rendirent soupçonneux et cruel, mais pas au point de briser toute la machine dont il avait besoin pour soutenir son appétit de gloire trop longtemps frustré. Il administra avec une rigueur excessive mais à bien des égards efficace. Il ménagea l'armée et les généraux attachés à sa dynastie. En retour, ils lui fournirent l'occasion de célébrer de grandes victoires aux frontières. Peu à peu cependant sa vanité furieuse le dressa contre le Sénat et même par la violence il ne trouva plus les moyens de son ambition. Il crut pouvoir abuser le peuple par des triomphes fictifs, mais l'armée souffrait dans son orgueil et lorsque personne ne fut plus assuré de sa propre sécurité il devint clair que le règne des Flaviens allait passer. Chacun retint son souffle.

IV. Pendant que la vieille nourrice Phyllis ensevelissait seule ce mal-aimé devenu bourreau de sa famille, commençait la chasse aux dénonciateurs de toutes conditions qui s'étaient faits les collaborateurs de la police de Domitien. Les *humiliores*, et bien entendu les esclaves, étaient exécutés sur-le-champ, sans procès, et l'on n'en a pas compté le nombre. Avec la catégorie des *delatores*, ces gens qui font profession d'accusateurs publics et qui prennent normalement de grands risques en contrepartie de grands profits, il fallait une procédure. On vit alors se lever une nouvelle couche de *delatores* qui traînaient devant les tribunaux leurs prédécesseurs dans ce détestable métier et qui, selon la loi, accaparaient la moitié de leur fortune s'ils parvenaient à convaincre le juge. Certains procès retentissants s'ouvraient, où l'avocat Pline fit merveille. Mais comme on n'apercevait pas la fin de ces règlements de comptes, le consul Fronto déclara que « s'il était mauvais de vivre sous un prince qui interdisait tout, il n'était pas bon de vivre sous un prince qui permettait tout ». Nerva entendit le propos et mit un terme aux poursuites. Ce fut d'ailleurs un nouvel abus, car on vit des hommes infâmes relever la tête et retrouver leur arrogance. Pline raconte à ce propos qu'à la table de l'Empereur où s'était glissé l'un d'eux, Veieto, la conversation vint sur Messalinus, alors disparu, mais qui avait été, au service de Domitien, un procureur féroce. Nerva demanda innocemment :

— Que pensez-vous qu'il lui serait arrivé, s'il vivait encore ?

La réponse fusa de la bouche du vertueux Mauricius qui revenait à peine de l'île où il avait été déporté :

— C'est simple : il dînerait ici avec nous ce soir.

V. Nerva admettait cette franchise mais on ne tarda pas à imputer à sa faiblesse autant qu'à sa générosité une tolérance qui laissait en l'état des ambiguïtés dont trop de gens s'accommodaient. C'est à cette époque que l'Empereur fit l'erreur de remplacer à la préfecture du prétoire Petronius Secundus par Casperius Aelianus qui avait déjà occupé ce poste sous Domitien. Mais il me faut dire aussi tout ce qu'il édicta de nouveau et de bienfaisant, et qui resta en vigueur ou fut amélioré encore pendant la majeure partie du siècle. Il commença par faire le serment qu'aucun sénateur ne serait mis à mort sous son règne. Certes, ce n'était pas promettre pour une longue période, mais le principe même de cet engagement sacré aura eu, j'en suis sûr, dans l'histoire de notre temps une portée immense. Que les grands cessent de s'entre-tuer, et la concorde revient partout autour d'eux et au-dessous d'eux ; la sécurité règne à nouveau dans les rapports humains, le commerce s'épanouit. C'est ce qu'on a revu sous les empereurs suivants qui ont réitéré le serment jusqu'à ce que l'un d'eux se parjure : on n'a plus observé, dès lors, que massacres, soupçons, et perte du bien-être.

En même temps, Nerva abolit la plus néfaste des mesures d'exception, la terrible « loi de majesté » qui mettait le prince au-dessus de la justice des hommes et autorisait les condamnations arbitraires sous prétexte d'atteinte à sa personne sacrée. Il exempta du *fiscus judaïcus,* cette taxe destinée au Temple et que les Flaviens avaient détournée au profit du Trésor romain, ceux qui tout en s'adonnant à des mœurs juives ne pratiquaient pas les rites religieux des Juifs. Or ils étaient nombreux, puisque Domitien en avait découvert dans sa propre maison et jusque dans sa famille, faisant même un crime de cette particularité pour mieux détruire ses cousins Clemens. Nerva voulut que ces gens paisibles ne fussent plus soumis aux vexations des agents du fisc qui les déshabillaient en pleine rue pour examiner leur prépuce.

Il appliqua une plus grande rigueur dans les dépenses publiques, permettant ainsi d'augmenter les aides sociales. Il vendit tout ce qui n'était pas nécessaire au fonctionnement strict de l'État et il put acquérir pour soixante millions de sesterces de terres qu'il distribua aux citoyens nécessiteux sous le contrôle d'une commission sénatoriale. Il inaugura le système étatique des aides en faveur des enfants pauvres, système qui devait prendre par la suite les dimensions d'une puissante institution. Voulant soulager les cités d'Italie d'une charge pesante, il eut l'idée de faire de la poste un service impérial. Il étendit l'exemption de l'impôt de cinq pour cent sur les successions en ligne directe aux citoyens de fraîche date. Toutes ces mesures nouvelles qui devaient être amplifiées par les règnes suivants furent conçues pendant les quelques mois du principat de Nerva, au point que l'on pourrait s'étonner qu'un homme arrivé au terme de sa carrière fût un si grand réformateur. Je pense au contraire que la nature se plaît à mettre quelquefois autant d'esprit de changement chez des hommes âgés qui n'ont plus rien à perdre que chez des hommes jeunes qui ont encore tout à gagner.

VI. Mais Nerva fit plus que des lois audacieuses. Il prit un beau risque pour consolider et perpétuer le régime qu'il avait inauguré. On va voir avec quelle perspicacité et quelle audace il s'y prit. Comme sa santé chancelante et la douceur de son naturel portaient les prétoriens à sous-estimer son caractère, ils convainquirent leur préfet Casperius d'exiger qu'on livrât à leur vengeance les meurtriers de Domitien et surtout Petronius et Parthenius qui étaient les plus élevés. Nerva, qui devait beaucoup à ces deux-là et les protégeait, commença par refuser et se mit en travers du chemin des prétoriens. On dit même que, renversant son cou qu'il avait long et faible, il l'offrit à leurs épées. Mais ils méprisèrent ce geste sublime et transpercèrent Petronius. Quant à Parthenius, ils lui coupèrent les parties et les lui enfoncèrent dans la bouche, puis ils l'étranglèrent. L'Empereur était impuissant contre ces furieux qui voulaient avant tout humilier son autorité. Ils l'obligèrent même à faire un discours devant le peuple pour les remercier de leur acte. Cet excès les perdit.

Bientôt après, comme on avait reçu la nouvelle d'une victoire des légions en Pannonie, Nerva monta au Capitole porter une branche de laurier sur les genoux de Jupiter. Puis il fit brûler de l'encens et, se retournant, il proclama inopinément devant la foule étonnée :

— Puisse la chose être favorable au Sénat et au peuple romain, comme à moi-même : je décide d'adopter et de prendre pour fils Marcus Ulpius Trajan.

Ces paroles, dites dans les formes requises, s'imposaient à tous comme une loi sacrée. Bien que Nerva eût une famille où il eût pu se chercher un héritier, il avait choisi pour lui léguer l'Empire un général qui ne lui était rien mais qu'il savait être le meilleur de tous. Ce général, qui se trouvait alors à la tête de ses légions en Germanie inférieure, devint donc à son insu fils de Nerva, puis quelques heures après César par la grâce du Sénat. Jamais coup d'État militaire ne fut plus légal et plus civilement mené.

Dans le courrier où il lui faisait part de sa décision, Nerva ajouta ce vers de *l'Iliade* à l'intention de Trajan : « Que les Danaïens expient mes larmes sous les coups de tes flèches. »

On crut qu'il avait abdiqué parce qu'on l'entendit prononcer ces paroles : « Je n'ai rien fait qui puisse m'empêcher de revenir honorablement à la condition privée. » Mais il convenait qu'il gardât la place avec la charge suprême de Grand Pontife aussi longtemps que Trajan était retenu sur les frontières où il combattait les Suèves, comme en témoigne le titre de Germanicus qu'ils partagèrent l'un et l'autre en cet hiver de 97. Il n'y avait plus de conflit d'autorité à Rome, car dix cohortes de prétoriens détestables ne pouvaient rien contre une grande armée provinciale commandée par un César.

VII. Nerva mourut peu de temps après, le 25 janvier 98, d'un refroidissement. Il avait pris pour cette année-là le consulat avec Trajan. Voici les prodiges qui annoncèrent sa mort : une poule couva des œufs d'aigle et une éclipse de lune plongea Rome dans les ténèbres. Nerva était grand, maigre, avec un visage allongé et un larynx très proéminent, tel qu'on peut le voir sur ses statues. Il avait pour amis des sénateurs respectables comme Verginius Rufus, célèbre pour avoir refusé l'Empire que lui offraient des légions à la mort de Néron, trente ans plus tôt, puis pour s'être cassé la clavicule en lisant son discours d'entrée en charge à son troisième consulat. Il ne survécut pas longtemps et on lui fit des obsèques magnifiques, où se donna libre cours l'éloquence de Tacite qui était alors aussi grand orateur qu'il fut plus tard grand écrivain. Un autre ami, le sénateur Antonin, aïeul de l'Empereur du même nom, l'avait embrassé le jour de son avènement avec ces mots : « Je te souhaite bien du plaisir. » On pourrait en conclure qu'il était jaloux. Mais lui au moins ne complota pas comme Calpurnius Crassus : ce dernier se croyant, de par son nom illustre, promis à un destin suprême, essaya de soulever avec quelques autres les prétoriens. L'ayant appris, Nerva l'appela à s'asseoir près de lui au Cirque pour examiner, selon la coutume, le tranchant des glaives des gladiateurs. C'était sa façon de mépriser la mort qu'il savait proche, mais plus encore de mépriser Crassus qu'il savait inconséquent. Et de fait, on retrouvera ce personnage conspirant à tort et à travers dans les règnes ultérieurs en compagnie ou sous l'impulsion de sa femme. Nerva les exila tous deux à Tarente, Trajan puis Hadrien dans une île où l'on finit par leur ôter la vie.

Nerva n'eut guère le temps et ne voulut d'ailleurs pas faire la dépense de grandes constructions comme s'y était employé Domitien avec démesure. S'il entreprit de bâtir le Forum qui porte son nom, ce fut surtout dans un but édilitaire car la circulation sur la grande voie de l'Argiletum était fermée par les Forums de César, d'Auguste et de Vespasien. Celui qu'édifia Nerva, tout en longueur, prolongeait la voie qui reliait les trois autres. C'est pourquoi les habitants de la Ville prirent l'habitude de le nommer *Forum transitorium.* J'ai rapporté ce fait parce qu'il résume en même temps, me semble-t-il, la signification historique du règne du divin Nerva.

I. Marcus Ulpius Trajan avait quarante-cinq ans quand il reçut au camp de Cologne, en Basse Germanie, l'annonce de la mort de Nerva que lui apportait son neveu et pupille Aelius Hadrien. Il héritait donc de la totalité du pouvoir impérial qu'il partageait depuis trois mois avec son père adoptif. Cette nouvelle ne troubla pas le cours de ses activités, pas plus que ne l'avait surpris auparavant celle de son élévation au rang de César que ce même neveu avait voulu être le premier à lui faire connaître. Mais je tiens pour probable que ce zèle agité de l'ambitieux Hadrien avait été devancé par quelque communication personnelle de Licinius Sura qui avait à Rome inspiré toute l'affaire. Sura était un Espagnol de haut rang et de grande capacité qui se plaisait à élever au pouvoir d'autres que lui-même, ne gardant en propre que l'amitié et l'influence, sans négliger l'argent qui lui procurait des plaisirs que Juvénal disait équivoques. Par ailleurs, des signes concordants avaient averti Trajan du grand destin qui allait lui échoir. Il rêva qu'un vieillard vêtu comme un sénateur lui apposait sur le cou le sceau de la République. Le lendemain, il recevait en secret un magnifique diamant envoyé par Nerva comme gage de sa confiance totale et c'est sur ce diamant qu'a été fondé le bonheur de la dynastie qu'on dit Antonine, mais qui serait mieux appelée Ulpienne, du nom de son ancêtre commun, le vieil Ulpius d'Italica.

Italica est une petite cité de la Bétique espagnole, fondée

sous la forme de municipe par Scipion l'Africain qui y installa ses vétérans et ses invalides après la bataille de Zama, il y a maintenant quatre siècles. Nul doute que la famille Ulpia très anciennement implantée là ne fût italienne dans sa première origine, mais souvent les colons prenaient pour femmes des Ibères ou des descendantes des conquérants maures ou phéniciens : d'où j'attribuerai le teint brun de Trajan qu'accentua très tôt sa chevelure blanche, et son caractère impétueux et visionnaire que contrôlait son sens bien romain des réalités. Toujours est-il que le mélange en sa personne d'atavismes forts et l'éducation rude des colons qui ne devaient compter que sur eux-mêmes eurent un heureux résultat car Rome eut rarement dans son histoire un chef plus puissant et plus équilibré à la fois. On l'a comparé à Alexandre par l'audace de son ambition et la grandeur de son œuvre militaire et civile. Il est bien vrai qu'il avait contracté dès l'enfance une forte admiration pour ce conquérant dont Plutarque de Chéronée venait d'écrire la vie. Mais, par chance, il ne fut pas démesurément éduqué comme le Macédonien, et bien que né dans une famille déjà sénatoriale, il eut tout à apprendre par lui-même, ce qu'il fit avec une sage lenteur. Quand le pouvoir lui vint, presque à son corps défendant, il était dans la force de l'âge, et il n'usait avec excès d'aucun de ses penchants naturels, sauf de celui qu'il avait pour le travail. On a pu lui reprocher un goût très marqué pour la guerre, mais nous verrons qu'il avait là quelque justification d'intérêt national. Quant à ses faiblesses pour le vin et les garçons, elles ne le firent jamais dévier de son devoir.

II. Il n'était pas destiné à demeurer à Italica car son père avait déjà rejoint Rome, attiré croit-on par la faction espagnole qui se formait là autour des Sénèque et des Lucain de Cordoue. Il commandait une armée en Orient lorsque Vespasien accapara là-bas le pouvoir que s'étaient disputé à mort les prétendants à la succession de Néron. Il n'eut pas à hésiter et entra dans la clientèle des Flaviens. Il combattit les Juifs aux côtés de Titus et eut un petit triomphe à Rome. Puis il servit Domitien. Sénateur, consul et gouverneur d'Asie, sa carrière fut prudente et heureuse. Il mourut peu après l'avènement de son fils, mais on n'a pas entendu dire qu'il ait participé à son élévation. Il paraît, au contraire, qu'il le garda près de lui dans des commandements modestes dès sa seizième année et qu'au lieu de le préparer aux grandes charges civiles dans les prestigieuses universités, il le laissa dix ans de suite exercer la fonction de tribun militaire en Orient et sur le Danube. Certains prétendent que c'est Trajan lui-même qui fit ce choix tout à fait inhabituel chez les jeunes laticlaves que l'ambition ramène vite à Rome, dans des charges administratives où ils peuvent se faire remarquer par le prince. Or le prince fut quelque temps — un temps trop court, hélas — Titus, qui était un camarade de Trajan. Mais ce dernier avait décidé de ne devoir rien qu'à lui-même et d'exercer à tous les niveaux, à commencer par les plus modestes, la stratégie et l'art du commandement. Si bien qu'à vingt-cinq ans déjà il n'en ignorait plus rien.

Il revint à Rome où l'attendait impatiemment sa sœur Marciane. Celle-ci, plus âgée que lui de dix ans, était la première du nom à s'implanter dans la capitale de l'Empire, et elle y mit la même application et la même ambition bien contrôlée qui caractérisent cette famille de provinciaux solides. Elle avait épousé un Romain, Matidius, qui était mort avant d'avoir pu dépasser le niveau de questeur, mais non sans lui avoir donné une fille qui fut appelée Matidie. Toutes ses espérances se reportèrent sur la carrière de son frère, puis sur l'établissement de sa fille. J'ai vu des portraits de Marciane. Elle était grande, un peu massive comme son frère qui, lui, malgré son front plutôt bas et son cou puissant, était majestueux. Le nez était fort, la bouche mince, mais il y avait de l'humanité dans le regard. Quand il fut à Rome, Trajan parcourut une carrière civile sans éclat. J'ai eu beaucoup de peine à retrouver les traces de son action comme questeur en 78, et comme préteur en 84. Pline n'a eu garde d'en parler au cours de son *Panégyrique,* car il lui eût fallu dire que Domitien n'avait pas persécuté tous les gens de bien. A plus forte raison ne souffle-t-il mot du consulat dont Trajan fut investi en 93, en même temps qu'Acilius Glabrio qui, lui, moins chanceux et peut-être imprudent, fut condamné par l'autocrate à combattre un lion dans les arènes d'Albe.

Mais on a toutes raisons de penser que Trajan fut alors à Rome, comme il l'était aux armées, consciencieusement attaché à son travail administratif d'édile et de gestionnaire financier, et qu'en tant que préteur il s'initia à la pratique du droit. Dans les époques difficiles, le meilleur moyen de se disposer sans risques au pouvoir est d'en exercer chacune des fonctions à des niveaux modestes. Tout en évitant d'être vu, on a l'occasion de voir l'ensemble des rouages qu'on ne verra plus des hauteurs où l'on sera brusquement porté quand la chance reviendra. D'autres font un autre calcul, et emploient leur temps à intriguer pour hâter cette chance. Ils risquent un sort fatal dont Trajan, par sa sagesse et pour notre bonheur, s'est préservé.

III. Au demeurant, nous savons que toute cette période ne se déroula pas pour lui dans l'ombre des bureaux, mais que de belles échappées lui permirent de retrouver le cadre aéré des provinces et la vie rude des légions où il s'épanouissait. On le revit en Germanie, sur le Danube. Il était en Espagne, commandant de la IIIe Gemina, lorsque le légat de Germanie supérieure, Antonius Saturninus, entra dans une rébellion irréfléchie contre Domitien et souleva ses quatre légions dont il s'était approprié la caisse de retraite pour mieux leur faire des libéralités, après s'être assuré de la complicité des Germains. Ceux-ci devaient traverser le Rhin pris par les glaces pour lui venir en renfort. Sur quoi, il se déclara empereur. Cet Antonius prétendait descendre du fameux Triumvir. Domitien, dès qu'il apprit le fait, se mit en route pour aller combattre l'usurpateur avec ses prétoriens et envoya l'ordre à Trajan de le rejoindre à marche forcée. Cette équipée reste comme un exploit militaire, et la VIIe Gemina partit de Tarragone pour gagner Aoste par Narbonne, Arles, Vienne, Chambéry, puis par Avenche elle remonta en peu de jours jusqu'à Vindonissa. Mais là déjà, le légat de la Germanie inférieure, Lappius Maximus, à la tête de la VIIIe Augusta, avait défait son collègue Saturninus. Le Rhin ayant subitement dégelé, l'appui des barbares manqua au rebelle qui périt avec beaucoup de ses amis et présumés complices. Trajan avait fait preuve de loyalisme sans avoir eu à combattre ses camarades légionnaires, double avantage.

Il était populaire dans les armées et connaissait par leurs noms tous les centurions. Il partageait la vie des soldats, marchait à pied avec eux, mangeait le même lard. Sa force physique et son activité étaient considérables, et il s'était placé sous le signe de l'Hercule de Gadès, le héros protecteur de sa patrie d'Italica, que ne rebutait aucun travail, aucun exploit difficile. On peut penser qu'il méditait de grandes actions dans cette période où il n'avait pas l'occasion et ne commettait pas l'imprudence de s'illustrer. D'ailleurs la suite montra qu'il bouillait d'impatience et d'indignation quand il voyait avec quel insuccès et quelle mollesse Domitien affrontait Décébale, roi des Daces, allant jusqu'à acheter la tranquillité sur le Danube tout en affectant d'avoir triomphé. Il ne prit pas part à ces campagnes humiliantes. Mais il en tira la leçon et son premier soin après qu'il eut été salué empereur fut d'inspecter les armées du Rhin et du Danube. Au lieu de se précipiter à Rome pour recevoir les hommages du Sénat et jouir de la liesse populaire, il passa encore quatorze mois dans les camps.

C'est dire à quel point Rome lui était acquise, et sans doute aussi combien il avait peu hâte de s'embarrasser des règlements de comptes qui redoublèrent dans la Ville après la mort de Nerva. En ce qui le concernait, il avait un seul devoir d'État qui était de venger son père adoptif, comme celui-ci le lui avait demandé par testament. Il convoqua donc à son camp de Strasbourg Aelianus Casperianus et ceux de ses officiers qui avaient violenté le vieil Empereur. Ils vinrent, paraît-il, avec l'espoir d'être confirmés dans leur pouvoir, mais ils subirent le châtiment des rebelles. Les prétoriens rentrèrent aussitôt dans l'ordre et il est remarquable qu'ils se tinrent tranquilles désormais pendant presque tout un siècle. Au même moment, à Rome, la chasse aux délateurs et aux nostalgiques du despotisme que la faiblesse de Nerva avait interrompue, fut menée à son terme. On mit au jour les innombrables méfaits qui sont ceux de tout régime où la police peut opérer arbitrairement dans le secret. Il apparut que la gangrène était bien plus profonde que l'on n'osait l'imaginer, car la dénonciation et l'accuparement des biens étaient devenus une industrie encouragée par le fisc impérial qui en partageait les profits. Ceux qui ne périrent pas dans l'arène furent relégués dans des îles, et Pline raconte avec une particulière délectation leur départ sur des navires livrés aux flots déchaînés. Sans doute y avait-il une nécessité de purger une bonne fois la société de pratiques odieuses qui étaient presque entrées dans les mœurs, tant elles étaient anciennes et commodes pour le gouvernement. Il faut croire qu'il est impossible de les évacuer tout à fait, car les bons empereurs doivent périodiquement proscrire les abus des accusateurs publics. On ne saurait d'ailleurs se passer de ces gens-là, car leur fonction est nécessaire à la justice, quand elle ne se met pas au service des intérêts privés et des vengeances personnelles.

IV. Contrairement à ce qu'on croit, Rome n'est pas une ville portée aux excès, sauf si l'occasion est laissée aux prétoriens de faire un empereur à leur main, ou aux affranchis de gouverner pour le prince, et à la plèbe de piller les magasins de vivres. Dès lors que ces abus sont rendus difficiles ou trop risqués, l'ordre public est assuré sans peine par les cohortes urbaines, et par des vigiles la nuit, comme j'en ai eu l'expérience lorsque j'étais préfet de la Ville. Cela explique que Trajan, une fois son autorité affirmée par la mise au pas des prétoriens et le rétablissement du prestige du Sénat, ait pu exercer le gouvernement de l'Empire à partir des frontières, dans les camps, sur les routes, pendant de longues années d'absence, comme ce fut le cas de ses plus grands successeurs au point que l'on peut dire de Rome qu'elle n'est qu'une glorieuse apparence du pouvoir dont la réalité est itinérante dans les provinces.

Non seulement la réputation de Trajan ne souffrit pas de son éloignement, mais l'amour qu'on lui portait et l'impatience qu'on avait de le lui montrer tenaient les citoyens en haleine. Le jour de sa rentrée dans Rome fut grandiose. Les portiques, les places, les parvis des temples et jusqu'aux toits étaient couverts d'hommes, de femmes, d'enfants, d'invalides. Il passa majestueux dans la foule, à pied, dominant tout le monde de la tête. Il monta seul au Capitole. Quand il en redescendit les marches, sa femme Plotine l'attendait et, se prenant par la main, ils se rendirent au Palatin accompagnés par le peuple. Là, Plotine se retourna et dit à tous : « Telle que vous me voyez entrer dans ce palais, telle vous me verrez en sortir. » Promesse qu'elle tint, car cette femme fut une compagne admirable de courage et de simplicité pour un homme au caractère exigeant. Il nous faut maintenant parler d'elle pour comprendre le rôle qu'elle jouera jusqu'à la mort de son mari, et au-delà.

V. Plotine était la fille d'un personnage de Nîmes nommé Pompeius dont on sait peu de chose. Il est permis d'imaginer que c'est Marciane qui arrangea le mariage lorsque son frère était légat de la province Tarraconaise, liée par des rapports anciens avec celle de la Narbonnaise. Les Ulpii n'étaient pas fortunés. Trajan semblait s'enfoncer dans une vie de casernement avec des mœurs plutôt rudes et peu propices aux sentiments. Plotine était riche, cultivée, strictement éduquée. Sa beauté n'était pas éclatante, mais son instinct féminin était sûr. De dix ans plus âgé qu'elle, Trajan accepta ce parti avantageux qui plaisait à sa sœur, circonstance qui, l'avenir le montrera, avait une force décisive à ses yeux. Son activité sexuelle, qui n'a jamais dérangé sa conduite, le portait vers les éphèbes, tandis que son affectivité l'inclinait vers les femmes fortes qui assumaient pour lui les responsabilités dynastiques dont il n'avait pas le loisir de s'occuper. Marciane et Plotine formèrent à ses côtés une entité protectrice que vinrent renforcer Matidie puis les filles de celle-ci, Sabine et Matidie la Jeune. Si Trajan ne manqua pas de tendresse vigilante autour de lui, il ne fut jamais gouverné par les femmes, sauf peut-être, comme on le verra, dans ses derniers instants.

Bien qu'il eût le caractère un peu bourru, il aimait qu'on l'aimât, et en cela il fut comblé. Chacun, dans toutes les classes de la société, l'eût voulu pour frère, pour père, pour fils, et cette sympathie, chose plus rare encore, ne s'atténua pas avec le temps. Il n'usa pas de moyens démagogiques pour la gagner et la conserver. Il lui suffit d'être lui-même, car il avait une nature portée au bien et à la justice, encore qu'il ne fût pas plus excessif dans ses qualités qu'il ne l'était dans ses défauts. En réalité, son goût d'agir, d'avancer et de construire l'accaparait si fort qu'il n'avait pas le temps d'être mesquin, ni de s'adonner à des sentiments compliqués. Sa culture n'était pas aussi développée que celle des jeunes nobles romains qui étudiaient la philosophie à l'âge où il s'exerçait déjà à la guerre, mais il n'en ressentait aucune gêne ni aucune jalousie. Au contraire, il se plaisait dans la société des écrivains et des artistes et, dans les joutes des banquets, il les désarçonnait souvent par son simple bon sens. Il supportait les grands sophistes parce qu'ils mettaient leur talent à convaincre le public de l'excellence de son gouvernement, mais il n'entrait pas dans leur dialectique trop subtile. On dit qu'il faisait monter dans sa voiture le célèbre Dion de Pruse, surnommé Chrysostome, puis qu'en le quittant il l'embrassait avec ces mots : « Je n'ai rien compris à ton discours, mais ce que je peux te dire, c'est que je t'aime comme un frère. » Telle était sa nature, franche et dépourvue de vanité.

Il n'était pas sans reproches. J'ai parlé de son penchant pour les éphèbes et pour le vin. Mais ce n'étaient pas des vices de l'âme. Nerva lui-même s'y adonnait et nul ne prétend que son caractère en ait été corrompu. J'ai personnellement un point de vue très net sur la pédérastie dont la pratique est répandue dans nos armées. Les seuls cas où j'ai cru devoir sévir étaient ceux qui troublaient la discipline ou contrevenaient à la hiérarchie. Ainsi il n'est pas acceptable qu'un supérieur assume le rôle passif dans les échanges amoureux avec un sous-ordre. Les attitudes lascives, les travestis sont proscrits, sauf pour les très jeunes recrues encore imberbes. La bouche d'un officier ne doit pas être souillée, mais toute manifestation de virilité active est tolérée en dehors des heures de service, de préférence cependant avec les femmes des *canabae* qui entourent les camps. En campagne, mieux vaut pour leur sécurité ne pas laisser les légionnaires s'assouvir sur les populations féminines, fussent-elles consentantes. J'ai fermé les yeux sur les prostituées qui suivaient, à leurs risques et périls, les légions. Trajan, comme

Alexandre, César, Tibère, avait ses pages, jeunes aristocrates choisis pour leur beauté et incorporés dès leur prise de la robe prétexte. Ils n'échappaient pas pour autant aux autres exercices et corvées.

VI. L'empereur Trajan, je l'ai dit, n'abusait pas de ces plaisirs, et s'il lui arrivait de manquer à la sobriété, c'était dans l'usage du vin dont il supportait de plus grandes quantités que la plupart de ses compagnons de table. Il lui fallait prévoir néanmoins le cas où il dépasserait la mesure et son aide de camp avait pour consigne alors de suspendre l'exécution de ses ordres. Aussi peut-on être assuré qu'aucun de ses actes ne fut commandé sous l'empire de l'ivresse.

On le voit bien d'ailleurs à la sagesse qui caractérise toute son administration. C'était une sagesse fondée sur un grand souci de justice — même si l'on a pu dire que cette justice était quelquefois sévère comme celle d'un vieux *pater familias* romain dont la tradition s'était maintenue dans les provinces espagnoles. Il fut très favorable au Sénat dont il respecta les prérogatives formelles, et demeura fidèle à son serment de ne mettre à mort aucun Père conscrit, laissant à cette Assemblée le soin de juger elle-même ses membres. Il fit observer la primauté des chevaliers sur les affranchis, réduisant le rôle de ceux-ci au profit de ceux-là dans l'administration impériale. Il remit en vigueur des lois sévères sur les esclaves qui étaient tombées en désuétude. Il favorisa l'Italie par rapport aux provinces et exigea que les sénateurs y investissent au moins un tiers de leur fortune en achat de terre, ce qui en fit remonter le prix. Ces mesures étaient moins un retour en arrière, comme on pourrait le croire, qu'une remise en ordre d'un état de choses un peu abandonné au déséquilibre. Sous les tyrans, le Sénat ne jouait plus son rôle dans la République, les affranchis avaient trop de pouvoirs, les esclaves ne savaient plus ce qu'ils étaient en droit d'oser, et les provinces s'enrichissaient au détriment de l'Italie où la spéculation était moins avantageuse. En tous ces domaines, Trajan a voulu mettre fin à un dangereux glissement, comme le démontre bien son action en vue d'arrêter la dénatalité dans l'Empire.

Les vrais Romains, en effet, devenaient de plus en plus hésitants à faire des enfants, soit qu'ils ne voulussent pas leur infliger une vie trop cruelle et un sort trop incertain, soit qu'ils fissent le calcul de concentrer leur héritage sur peu de têtes, soit que l'hédonisme les poussât à vivre sans contraintes. Toutes ces causes s'additionnaient, de même que se rejoignaient en cela les doctrines si différentes des stoïciens et des épicuriens. Il y avait aussi les ravages sournois de la peste qui rôdait déjà sans dire son nom. Peut-être enfin la nature elle-même ajoutait-elle la punition de la stérilité aux coupables manœuvres abortives. Ainsi les vieilles familles Quirites, celles du moins qui avaient survécu aux sanglantes exactions du siècle précédent, s'amenuisaient, et plutôt que d'ouvrir largement la citoyenneté aux étrangers ou aux esclaves pour combler les vides, Trajan décida de favoriser la procréation chez les citoyens et de donner aux enfants des plus pauvres la chance de s'élever.

A cette fin, il institua le système des *alimenta* qui s'étend à toutes les villes d'Italie et qui, par son ingéniosité, empêche à la fois le déclin de l'agriculture et celui de la population de la péninsule. Le mécanisme est le suivant : l'État consent des prêts perpétuels à un taux de cinq pour cent, moins de la moitié du taux normal, à des propriétaires fonciers pour l'équipement de leur exploitation, et ces intérêts vont dans une pension alimentaire de quinze sesterces par mois aux enfants des familles pauvres. Ainsi l'assistance aux déshérités n'est plus laissée uniquement à la générosité privée, et l'Empereur est assuré de pouvoir recruter plus tard des Italiens pour le service de ses légions. En même temps, les avantages consentis aux pères de trois enfants — rapidité de carrière et exemptions de charges — ont été renforcés. Je n'en finirais pas d'énumérer toutes les mesures que décréta Trajan pour alléger le sort des moins fortunés par des distributions d'argent ou de vivres, et par des remises de dettes anciennes dont les titres furent brûlés publiquement sur le Forum. Il eut le courage, en revanche, de diminuer de moitié le nombre de pièces d'or que les soldats recevaient à chaque avènement. Et pour donner l'exemple de l'économie, il publia les dépenses du voyage qui l'avait ramené à Rome : on vit qu'elles étaient considérablement inférieures à celles que coûtaient les déplacements de Domitien.

VII. Il s'employa à mettre de l'ordre dans toutes choses, les ordinaires comme les moins communes, et il montra en cela des capacités tout à fait admirables, dont on peut voir quelques exemples dans sa correspondance avec Pline lorsque ce dernier était gouverneur de Bithynie. Rien n'échappait à sa vigilance en aucune partie de l'Empire, en aucun domaine. Il lisait et annotait des milliers de rapports et ses instructions étaient toujours empreintes de bon sens, comme il s'y était exercé pendant ses longues années d'apprentissage dans la légion où il n'est pas bon de se tromper, et dans la préture où le droit est sourcilleux. Je ne suis pas d'accord avec ceux qui lui reprochent d'avoir trop aimé le détail, car il n'y a pas un gouvernement pour les grandes et un autre pour les petites affaires. Il faut les suivre toutes jusque dans leur exécution. Mais la condition est évidemment une puissance démesurée de travail alliée à un caractère équilibré. Trajan réunissait dans sa nature ces deux vertus rares, avec peut-être une administration un peu trop militaire des choses et une vision essentiellement stratégique du monde. Son regard le portait loin et vite, et le cadre de Rome fut bientôt insuffisant à son tempérament actif. S'il n'est pas juste de dire qu'il préféra la guerre à la paix, il faut reconnaître qu'il supportait plus difficilement que d'autres de payer aux barbares un prix pour la sécurité des frontières. Il jugea qu'il lui appartenait de mettre fin à une politique purement défensive et pour cela il osa s'écarter du testament d'Auguste qui prétendait avoir fixé les limites indépassables de l'Empire.

Aussi, non content d'avoir fortifié pour de longues années le *limes* rhénan, son attention se porta sur le Danube où un prince barbare, avec une patience et une habileté extrêmes, et à la faveur de notre honteuse politique d'apaisement, installait un empire militaire redoutable. Au nord du fleuve, dans les régions que prolongent les grandes plaines où campent les

Scythes, des populations de souche sarmate, croit-on, les Gètes, étaient en train de réaliser ce que, grâce aux Dieux, les tribus germaniques n'ont jamais encore réussi contre nous, l'union durable autour d'un chef de guerre. Celui des Daces s'appelait Diuppaneus. Sous le nom de Décébale, il était devenu vingt ans plus tôt le fédérateur de ces tribus belliqueuses qu'il fanatisait grâce à son pouvoir religieux. Or il avait une intelligence exceptionnelle et il fallut bien se convaincre que son génie militaire faisait de lui, peu à peu et dans la dissimulation, l'adversaire le plus redoutable que l'Empire romain ait connu depuis Mithridate. Domitien chercha tout d'abord à arrêter ses progrès, mais les légions, conduites par le préfet du prétoire Cornelius Fuscus, furent attirées dans les défilés montagneux du pays par ce chef rusé, et totalement détruites. Le désastre fut vengé l'année suivante par Tettius Julianus, par la victoire de Tapae. Mais occupé ailleurs sur le Danube, il ne put exploiter cet avantage et Domitien s'engagea dans une politique ambiguë de coopération où, sous l'apparence d'un pacte d'amitié, Décébale obtenait de nous des subsides et même une aide militaire pour maintenir l'ordre chez lui et nous protéger contre d'autres barbares. En réalité, il constituait une armée capable de rivaliser avec nos légions, grâce à nos instructeurs et surtout aux prisonniers de l'armée de Fuscus dont il avait fait ses conseillers. Il ne manquait pas non plus de transfuges expérimentés et d'ingénieurs grecs qu'il achetait.

Trajan était bien informé de cela et s'impatientait : « Quand donc réduirons-nous la Dacie en province ? » Dès qu'il eut le pouvoir, il résolut de ne plus laisser davantage Décébale augmenter sa puissance militaire, qu'il jugeait cependant déjà trop importante pour l'affronter d'un seul coup. Son génie était aussi audacieux dans la conception que méthodique dans la préparation. On aurait tort de croire que ses campagnes fulgurantes étaient improvisées sur le terrain. Ce terrain avait été soigneusement étudié, les géographes consultés, les ingénieurs mis au travail. De même les gens de renseignement et les diplomates étaient intervenus de longue main. Peu de conquérants laissèrent plus petite part au hasard que Trajan, et peut-être ne fut-il victime à la fin de son règne que de l'excès d'organisation où il mettait sa confiance : le jour vint où la maladie lui retira brusquement le contrôle d'un mécanisme trop précis, tout entier dans son cerveau. Ce cerveau était, au moment d'engager la lutte contre Décébale, d'une lucidité et d'une expérience exceptionnelles.

VIII. Après deux années de préparation minutieuse, Trajan pensa qu'il était temps d'aller prendre la mesure des forces de l'adversaire. Il concentra à Viminacium une grande armée et de là partit, en mars, le long du Danube qu'il traversa sur un pont de bateaux à Lederata. Suivant alors la vallée de l'Apus, il se dirigea vers la capitale ennemie, Sarmizegetusa. En chemin, il reçut des Bures, peuple allié de Rome mais peu sûr, un message écrit sur un énorme champignon, lui déconseillant de s'aventurer plus loin. Mais il n'en tint pas compte. Il ne se fia cependant pas au fait que les Daces semblaient fuir le combat : ils voulaient seulement l'attirer dans les défilés montagneux où ils avaient pris Fuscus au piège. Trajan, lui, n'avançait qu'en s'assurant par des travaux qui fortifiaient ses arrières, remettant en état le terrain dévasté par l'ennemi dans son recul tactique. Le premier grand affrontement eut lieu, une fois de plus, à Tapae, et Décébale dut reculer dans le défilé des Portes de Fer qui défendait sa capitale. Mais Trajan ne le suivit pas, car l'hiver survenait : c'est dire combien il s'était aventuré avec lenteur et sagesse depuis six mois.

Où l'on vit bien qu'il n'avait pas sous-estimé la puissance des Daces, ce fut au milieu de l'hiver lorsque Décébale reprit l'offensive, cette fois-ci avec les Jazyges et les Roxolans qu'il avait mis dans son camp pour aller ravager la Moésie. Trajan ne fut pas surpris et repoussa l'adversaire dans de sanglants combats où il paraît qu'on manqua de bandages pour les blessés, auxquels il voulut qu'on donnât des lambeaux de ses propres vêtements. En face, voyant ses alliés se retirer, Décébale députa des ambassades à Trajan, mais les premières, composées de gens à cheveux longs, les moins considérés de son peuple, ne furent pas reçues. Alors il envoya des personnages à bonnet qui étaient d'importance, et Licinius Sura, le chef d'état-major, assisté de Claudius Livianus, préfet des prétoriens, leur posa les conditions. Mais Décébale ne les trouva pas conformes à son honneur ou à son intérêt et poursuivit le combat qui tourna à son désavantage car Trajan finit par encercler sa capitale. Alors il se résigna à demander la paix.

Le prix en fut dur, car il lui fallut démanteler toutes ses défenses et livrer tous les prisonniers ainsi que les transfuges, centurions et ingénieurs, qui lui avaient permis de constituer la première armée moderne de barbares. Il dut aussi, bien entendu, renoncer aux subsides de Rome, et Sarmizegetusa reçut une garnison romaine. Mais on ne lui enleva pas son trône et le Sénat, à la demande de Trajan, lui octroya le statut d'allié. Il est évident, comme la suite le montra, que rien n'était réglé mais l'Empereur avait pu mesurer la difficulté extrême du terrain et le génie de son adversaire. Il revint à Rome à l'automne de cette deuxième année de guerre [1] et eut un magnifique triomphe avec le titre de Dacique. Je suis persuadé qu'il s'attendait à être rappelé là-bas, car il fit construire sur le flanc des montagnes des routes stratégiques et commanda au grand architecte Apollodore de Damas un pont sur le Danube, à Dobreta, qui dépasse en dimension et en audace tous les ouvrages de cette nature jamais réalisés. Il fortifia une partie de la Dacie qu'il avait annexée à la Moésie. Tout en veillant à cette situation encore menaçante, il put passer deux années à Rome où il s'occupa du gouvernement civil, au milieu de ses concitoyens. Ceux-ci eurent l'occasion de le connaître plus qu'aucun empereur auparavant et même ensuite. Car aucun n'aura eu une si longue expérience de la vie privée et un désir si sincère d'y persévérer une fois parvenu à l'Empire.

IX. C'est ainsi qu'on le voyait se rendre régulièrement au Sénat où il ne voulut être que le premier parmi les Pères conscrits, qu'il consultait pour toutes les matières sérieuses, se

1. 102 ap. J.-C.

réservant la décision, car son autorité, si elle était bienveillante, était ferme. Il ne la déléguait pas beaucoup, son génie lui fournissant la capacité d'appréhender par lui-même une infinité d'affaires. Celles qu'il ne pouvait contrôler dans le détail, par exemple les associations privées, il ne les autorisait pas volontiers. Mais on n'a pas entendu dire qu'il les surveillât par des moyens douteux. Il s'informait personnellement et, bien qu'il ne fût pas cultivé, sa conversation était très profonde. Elle était plus brillante que ses dons d'orateur et d'écrivain. Ses discours étaient rédigés par Sura, mais ses ordres dictés vivement par lui. Dans ceux-ci on trouve beaucoup de sagesse, et aussi la sévérité qui caractérisait les décisions de justice qu'il rendait lui-même dans les lieux publics. Il n'aimait pas qu'on manquât aux lois et aux hiérarchies. Il mit de la permanence dans les services de l'État où il plaça des gens de l'ordre équestre qu'il appointait. S'il eut quelques faiblesses pour des personnages de l'ordre sénatorial qui avaient été convaincus d'inhumanité ou d'indélicatesse dans leur proconsulat, Plotine lui en fit le reproche et ainsi il bannit Marius Priscus accusé d'avoir gardé par-devers lui des cadeaux reçus pendant sa charge.

Son gouvernement était libéral à la manière paternelle, ce qui explique que dans son *Panégyrique,* Pline a pu lui dire sans ironie : « Tu nous ordonnes d'être libres, nous le serons. » Il lui a dit aussi, il est vrai, dans le même texte : « Nous avons moins besoin d'ordres que d'exemples », ce qui traduit bien la réalité d'un règne où la bonne nature du prince servit de modèle à toute la société. Si personne n'était devenu extrêmement bon, personne ne fut ou n'osa paraître extrêmement mauvais. Il y avait un bon moyen d'en juger qui était de rapprocher la conduite de Trajan de celle de Domitien, et cette comparaison fut utilisée pendant des années pour justifier à elle seule tout ce qui se faisait. Mais elle n'eût pas suffi à la longue si, au contraire de tous les autres empereurs, la nature de celui-ci n'avait été en s'améliorant avec l'âge. Ni la gloire ni même les revers et le poids des années ne purent corrompre son caractère. L'affection de Plotine, celles de Marciane et de Matidie, la rare entente qui régna entre elles lui furent certainement bienfaisantes. Mais sans doute cette harmonie est-elle moins la cause que l'effet de la générosité rayonnante que la nature avait mise en lui.

Il avait peine à imaginer chez les autres la déloyauté dont il était exempt, et ainsi il ne voulut pas croire ceux qui insinuaient que Sura méditait de le trahir. Au contraire, il se rendit aussitôt dans la maison de celui-ci, renvoya ses gardes et s'invita à dîner après s'être fait examiner les yeux par le médecin et raser par le barbier de la domesticité. Il était fidèle à ses amis, parlait librement avec eux, comme Pline le raconte dans des lettres que tout le monde peut lire. Une bonne réputation aussi bien établie ne saurait être fallacieuse et d'ailleurs j'ai connu, enfant, des vieilles gens qui en portaient témoignage avec des larmes dans les yeux. Ils avaient encore dans leur chambre le buste de celui qu'on avait désigné comme l'Optimus Princeps, titre qu'aucun autre n'a reçu après lui.

Faut-il lui faire reproche d'avoir trop aimé les constructions et d'avoir élevé des monuments magnifiques à Rome et partout où il passait dans l'Empire, avec des cohortes d'architectes et d'artistes à sa suite ? La postérité en jugera, mais je peux affirmer qu'il ne fit pas payer ces entreprises grandioses du sang de ses sujets. Il ne ruina pas le Trésor public comme Néron ou Domitien. Même si les cités avaient tendance par vanité à rivaliser avec Rome en beauté, il leur envoyait des *curatores* qui contrôlaient leurs finances. D'ailleurs il n'édifia rien pour son plaisir ou son confort, mais pour les commodités du peuple et des services publics. Qui se plaindrait que la beauté eût été donnée en plus grâce au génie des urbanistes tels que l'illustre Apollodore de Damas dont il avait fait son ami ? Personne ne traça plus de routes que cet empereur, n'assécha plus de marais, n'agrandit plus de ports. Nous parlerons plus loin de son Forum qui ne sera jamais égalé. Quand bien même tous les livres qui relatent comme le mien le règne de Trajan viendraient à être détruits, circonstance difficilement imaginable vu leur nombre extraordinaire, il resterait ces monuments éternels pour témoigner de sa magnificence.

X. Cependant Décébale ne nous laissa pas un long répit. Trois ans lui suffirent pour reconstituer sa puissance car la richesse de ses mines d'or, dont il ne faisait pas bénéficier ses sujets, était telle qu'il pouvait louer les services de ces gens experts qui sont toujours prêts à travailler pour quiconque leur donne les moyens d'exercer leurs talents et de mettre en œuvre leurs découvertes. Il avait refait secrètement des fortifications et des machines de guerre. Il attaqua à l'improviste les Jazyges alliés des Romains. Aussitôt informé, Trajan fit fermer le temple de la Paix et demanda au Sénat de déclarer les hostilités, puis il prit la mer à Ancône, une nuit de juin de la septième année de son règne[1]. Quand il arriva sur le Danube, les positions romaines avaient été ravagées, et le légat Longinus fait prisonnier. La reconquête lui prit beaucoup de temps, que Décébale voulut utiliser pour négocier la restitution de Longinus contre l'arrêt de la guerre. Trajan fit semblant de réfléchir sans vouloir cependant paraître tenir trop à son ami, mais Longinus lui-même le sortit de cette cruelle difficulté en s'empoisonnant. Alors Décébale négocia la livraison du corps de Longinus. Bien qu'il lui en coûtât, Trajan méprisa cette offre. Le roi barbare recourut à une dernière perfidie en envoyant deux transfuges au camp de l'Empereur pour l'assassiner. Mais ils furent découverts.

C'est seulement l'année suivante que Trajan passa à l'offensive avec une force considérable. Treize légions étaient massées sur le Danube, parmi lesquelles la IIIe Gemina, la XXXe Ulpia et la Ire Minerva de Bonn, sous les ordres d'Hadrien. Parmi les corps auxiliaires, on vit apparaître, toujours à la pointe des combats, la fameuse cavalerie maure commandée par son chef tribal, Lusius Quietus, cet ancien adversaire des Romains passé à leur service, puis chassé de l'armée, qui s'offrit à se réhabiliter par des exploits. Quand les légions eurent traversé le pont d'Apollodore et qu'elles atteignirent le défilé escarpé des Portes de Fer et celui des Tours Rouges qui défendaient l'accès à la capitale, les Maures impétueux ouvrirent la voie. Ainsi commença la carrière prestigieuse du célèbre Lusius Quietus.

1. Juin 105 ap. J.-C.

Après de féroces combats, Décébale dut abandonner Sarmizegetusa et s'enfuir dans les montagnes. Les chefs daces comprirent qu'ils étaient perdus et ils se réunirent une nuit pour un grand banquet à l'issue duquel ils burent une coupe empoisonnée. Leur roi crut qu'il pourrait encore résister dans les forêts, mais il fut pris en chasse par nos cavaliers. Traqué, il se jeta sur son épée. Sa tête fut envoyée à Rome.

Si je ne rapporte pas cent épisodes héroïques de cette guerre, c'est parce qu'on les retrouvera dans la relation qu'en a fait faire Trajan lui-même dans ses *Commentaires*[1] et mieux encore sur les bas-reliefs de la colonne qu'il a élevée sur le Forum, derrière la basilique Ulpia. Cette colonne montre plus de deux cents scènes où apparaissent deux mille personnages peints de couleurs vives ou sombres selon les saisons et les lieux. Les sculpteurs ont été certainement des témoins oculaires des travaux harassants et des affrontements violents de la guerre qui s'achèvera, comme on le voit sur les bas-reliefs, par le suicide des chefs et la déportation de tous les survivants. Des colons immigrés : Thraces, Italiens, Espagnols, Africains, Syriens vinrent prendre leur place, c'est le peuple des Romani qui aujourd'hui parle latin. Cette province n'est plus un danger pour l'Empire, elle le protège au contraire des invasions des hordes sarmates qui descendent d'on ne sait où et se pressent toujours plus nombreuses sur le *limes.* Je connais bien les lieux, je n'ai aucun doute que l'entreprise de Décébale, si on lui eût laissé le temps de la mener à terme, eût été un désastre pour Rome qui ne pouvait souffrir qu'un Empire danubien séparât les provinces d'Occident de celles d'Orient en coupant les routes de terre, seules praticables la moitié de l'année. Ceux qui disent que Trajan ne fut inspiré que par la faim de la gloire ou la tentation de l'or des Daces ignorent la géographie ; de même, on le verra, ceux qui ont insinué que l'Arménie n'était pour nous qu'un prétexte à conquête. Puissent-ils ne jamais voir ces deux provinces verrous submergées par le flot des barbares asiates.

1. Cet ouvrage ne nous est pas parvenu.

XI. Chargé du trésor que Décébale avait dissimulé sous le lit d'un fleuve, Trajan revint à Rome où l'attendait un triomphe magnifique. Il donna cent trente jours de fêtes et de combats où s'affrontèrent cinq mille paires de gladiateurs. Il exerça plusieurs fois le consulat, non pour en priver d'autres, comme Domitien, mais pour rendre de l'autorité à la fonction. Il agrandit le Circus Maximus et commanda à Apollodore le superbe marché qui s'adosse au flanc de la colline Quirinal, excavée pour laisser place à son Forum par où l'on eut enfin un accès sur le Champ de Mars. Il éleva une statue d'or à Palma qui venait, par une campagne expéditive, d'ajouter l'Arabie à l'Empire. Là encore, le motif n'était pas la recherche d'une vaine gloire, mais celle d'une sécurité indispensable au commerce des épices. Nos garnisons dans le désert protégeaient maintenant les caravanes lasses d'être rançonnées par les nomades pillards, par la faute de qui étaient accrus démesurément les prix des produits venus à grands frais du lointain Orient.

Ce Palma faisait partie du groupe des proches amis de l'Empereur, parmi lesquels et au premier rang se plaçaient son concitoyen Sura, puis Celsus, Nigrinus et Servianus, autres grands généraux. Quietus, bien qu'il ne fût pas aimé, car sa cruauté était à l'égal de sa valeur, sut se rendre indispensable et obtint les commandements les plus élevés. Suburanus, le premier préfet du prétoire nommé par Trajan, avait aussi sa confiance, au point que celui-ci lui dit, paraît-il, en lui remettant les insignes de son autorité : « Prends cette épée et sers-t-en pour moi si je me conduis bien, contre moi si j'y manque. » Suburanus, pour des raisons personnelles, demanda plus tard à se retirer et Trajan l'accompagna tristement jusqu'au bateau où il s'embarquait. Dans sa famille, il se fit un compagnon de Julius Ursus Servianus, lui aussi d'Italica, qui avait épousé sa petite-nièce Paulina, sœur d'Hadrien. Quant à ce dernier, originaire de la même ville, il en fut le tuteur lorsqu'il devint orphelin à dix ans, et il partagea cette responsabilité avec un concitoyen de l'ordre équestre, Attianus, plus tard élevé préfet du prétoire. Peu après qu'il fut empereur, il permit, mais de mauvais gré, dit-on, qu'Hadrien épousât la fille de Matidie, Sabine, comme le souhaitait Plotine. Cela faisait autour de lui une très grande réunion de gens d'Italica, mais il ne favorisa jamais cette ville, ni d'ailleurs l'Espagne.

Dans les années qui suivirent, il eut la grande douleur de perdre son père, le vieux général, puis Marciane sa sœur, qu'il divinisa l'un et l'autre, et enfin Sura mort prématurément à cinquante-quatre ans. Cet homme cultivé et expérimenté lui avait été bienfaisant, et nul doute qu'il lui manqua dans les circonstances qui suivirent. Non qu'il lui eût peut-être déconseillé de nouvelles expéditions en Orient, mais l'audace extraordinaire dont l'Empereur fit preuve eût été tempérée par cet ami qui ne cherchait pas le succès pour lui-même mais pour le Prince. Il eût aussi aménagé en faveur d'Hadrien une succession familiale qu'il estimait souhaitable et naturelle. Certains disent cependant que Trajan était déjà trop engagé dans l'imitation de son héros, Alexandre le Grand, qui fut fasciné par l'Orient et qui y mourut sans avoir désigné d'héritier. Je crois qu'en l'un comme en l'autre, il y avait la même intrépidité. Mais le Romain, chargé d'expérience, exécutait, plutôt qu'un raid épique comme le Macédonien, un dessein réfléchi par César avant que le poignard de Brutus ne l'empêchât d'aller conquérir les bouches du Danube. S'il voulut ensuite reculer les limites de l'Empire des Parthes, c'est que l'affaire était ancienne et le contentieux toujours en suspens. Il crut qu'il fallait enfin résoudre le problème, et qu'il le pouvait.

XII. L'occasion ne lui manqua pas car, avec la même impudence que Décébale, le nouveau Roi des Rois, l'Arsacide Chosroès, sous-estimant sa volonté de réagir, crut le moment opportun de rompre le traité de la Rhandeïa signé avec Néron un demi-siècle auparavant et qui faisait de l'Arménie une sorte de condominium romano-parthe : le souverain devait être un prince arsacide investi par Rome. Chosroès prit le risque de déposer celui qui était en place, Pacoros, pour le remplacer par un frère mieux à sa main, Parthénosiris. Pacoros en appela à Rome. Trajan saisit le prétexte et ne le lâcha pas, mais il agit à sa manière précautionneuse, en assurant le terrain par des manœuvres diplomatiques et des démonstrations militaires qui le mirent dans une position de force. Cette fois-ci encore, il se donna deux ans pour répondre à la provocation avec de grands moyens, où l'on voit la mesure de son sang-froid et de son esprit de méthode dans la guerre comme dans toute chose. Il s'employa à neutraliser un à un les petits rois du Bosphore, du Pont-Euxin et du Caucase, il nomma son ami Pline légat de Bithynie, et si l'on ne retrouve pas dans leur correspondance les relations politiques qui ont été censurées, je suis certain qu'elles avaient trait à la préparation de cette offensive. Il y eut même, pour parfaire l'enveloppement, des conversations à Rome avec une ambassade des Indiens. Simultanément étaient mises sur pied de guerre les sept légions d'Orient, la XIIe Fulminata et la VIe Flavia en Cappadoce, la IIe Trajana, la IIIe Gallica et la IVe Scythica en Syrie, la Xe Fretensis en Judée et la VIe Ferrata en Arabie. La XVe Apollinaris vint les renforcer, ainsi que des éléments détachés de plusieurs légions de Germanie et du Danube, notamment des ailes de cavalerie numide, des frondeurs isauriens et des archers crétois, car les Parthes étaient très experts en ces armes.

En mars de la seizième année de son règne [1], Trajan s'embarqua à Brindisi avec sa garde germaine et six cohortes prétoriennes. A l'escale d'Athènes, il trouva une ambassade de Chosroès, chargée de présents et d'offres de paix, mais s'opiniâtrant en faveur de Parthénosiris. L'Empereur répondit sèchement qu'il déciderait sur place de la conduite à tenir. En vérité, il avait déjà résolu de faire de l'Arménie une province de l'Empire, mais peut-être n'avait-il encore rien réfléchi au-delà. A son arrivée à Antioche, il sacrifia à Jupiter sur le temple du mont Kassios où il porta des présents avec un poème rédigé par Hadrien dans le style archaïque et alambiqué qui lui était propre. Puis il entra en campagne et occupa Elegeia, près d'Ezroum, région montueuse au cœur de l'Arménie, où il convoqua Parthénosiris. Celui-ci vint avec sa garde comme pour recevoir la couronne des mains de Trajan selon le rite,

1. Automne 113 ap. J.-C.

mais il se passa des choses confuses qu'il vaut mieux ne pas chercher à éclaircir. Les apparences sont que lorsqu'il se mit à genoux devant l'Empereur et déposa sa couronne à ses pieds, les soldats romains crurent qu'il abdiquait et acclamèrent la victoire de leur chef. Le Parthe eut peur d'être tombé dans un piège et chercha vainement à se retirer. Après de longues tractations, on lui donna une escorte mais il semblerait qu'une escarmouche se soit produite en chemin au cours de laquelle il périt. L'Arménie fut annexée.

Trajan en profita pour compléter son dispositif et il reçut les hommages de beaucoup de petits rois de ces régions fertiles en principautés. Seul Abgar, roi arabe d'Osrhoène, se fit prier parce que sa position intermédiaire entre l'Euphrate et le Tigre l'incitait à demeurer neutre. Mais Trajan s'avança lui-même vers Edesse, sa capitale, et Abgar dut aller au-devant de lui sur la route en s'excusant de n'avoir pas répondu à ses invites. Il apportait de magnifiques cadeaux présentés par son fils de seize ans, Arbandès. Trajan refusa les cadeaux et garda le fils qui était d'une grande beauté. L'affaire se termina par un banquet où Arbandès se produisit dans des danses traditionnelles. Abgar devint après cela un allié du peuple romain. Au même moment, Quietus recommençait à s'illustrer par ses raids foudroyants qui le menèrent à l'est, au-delà de l'Arane, dans la Médie Atropatène. Il fut récompensé d'un consulat tandis que Trajan recevait des salutations du Sénat. Il prit ses quartiers d'hiver à Edesse.

XIII. L'année suivante, il voulut assurer la tranquillité de ses premières conquêtes en réduisant quelques places de l'Assyrie et de la Mésopotamie de part et d'autre du Tigre. La précaution était bonne, l'opération à sa portée, mais il se trouva dès lors entraîné toujours plus loin vers le cœur de l'Empire parthe. Tandis qu'il descendait à travers l'Adiabène et qu'il prenait Nisibe et Singara et que Quietus le rejoignait pour nettoyer le terrain, des troubles se produisirent chez les Parthes car l'autorité du Roi des Rois déjà faible en temps de paix chancelait à mesure que celle de ses vassaux s'effondrait. Trajan observait cette situation qui, plus que les difficultés rencontrées, explique la lenteur de son avance pendant ces mois d'expectative. Il revint passer l'hiver à Antioche. Là, le 13 décembre [1], se produisit dans la nuit un terrible tremblement de terre qui souleva les maisons, changea le cours des eaux, détruisit le tiers de la ville et fit un nombre incalculable de morts. Trajan, par bonheur, n'eut que peu de mal, car il put sortir du Palais par une fenêtre, porté, dit-on, par un homme d'une stature plus grande que la normale, comme l'Hercule de Gadès sous la protection duquel il s'était placé depuis son enfance. La terre continuant à trembler les jours suivants, il alla camper sur l'hippodrome. Il reconstruisit Antioche plus belle qu'auparavant.

Au printemps de l'année suivante, il reprit la tête de ses armées en Mésopotamie, l'une le long de l'Euphrate, l'autre le long du Tigre. Après avoir pris Arbèles, il traversa ce fleuve sur une flotte qu'il avait fait construire à Nisibe. Il tenait lui-même la rame-gouvernail de la trirème prétorienne, nu-tête, partageant les fatigues de ses soldats. On ne le vit jamais plus actif et la fuite de Chosroès lui donna l'idée et l'opportunité de conquérir toute l'Assyrie-Adiabène et d'atteindre par l'Euphrate Babylone, où était mort Alexandre.

Il y entra sans peine et alla sacrifier dans la chambre de son héros. Il lui restait à prendre Ctésiphon, la capitale, située sur le Tigre. Et pour cela il fit démonter les bateaux de la flotte de l'Euphrate pour les transporter sur l'autre fleuve qui à cet endroit n'est pas éloigné. Il conquit la ville et en même temps le trône d'or de Darius et la fille de Chosroès. Il écrivit au Sénat des lettres qui témoignent d'un peu d'échauffement de l'esprit, et sur le même mode il lui fut répondu que tant de noms de pays inconnus donnaient le vertige aux Romains ignorants de la géographie, et qu'il pouvait triompher autant de fois qu'il le voulait. On lui décerna le titre de Parthicus, mais il lui préféra encore celui d'Optimus Princeps. Pour compléter son épopée, il descendit le fleuve avec cinquante navires jusqu'à Charax, sur la rive du golfe Persique, et là, voyant une galère appareiller

1. 115 ap. J.-C.

pour les Indes, il soupira, dit-on : « Si j'étais plus jeune, je partirais là-bas moi aussi... »

XIV. C'est seulement sur le chemin du retour qu'il apprit que, derrière son dos, les Parthes s'étaient soulevés dans les territoires occupés et que, les garnisons chassées, Chosroès avait réussi à rallier ses vassaux et à refaire une sorte d'union nationale. Mais, plus grave encore, les éléments juifs de la Babylonie avaient obéi à un mot d'ordre d'insurrection qui touchait toutes les juiveries autour de la Méditerranée, menaçant les lignes de communication des Romains. Aujourd'hui encore on a de la peine à croire qu'un tel événement ait pu se produire en même temps à de si grandes distances. Et cependant, on en retrouve les traces à Cyrène, à Alexandrie, à Chypre, à Babylone, à Nisibe et à Edesse. Bien que l'histoire n'en ait été écrite par aucun historien aussi important que Flavius Josèphe à qui nous devons le récit détaillé de la guerre de Judée conduite par Titus, cette révolte aura eu des conséquences incalculables, car elle a mis fin au grand dessein de Trajan et sauvé pour un temps l'Empire de Vologèse. On ne sait qui a commandé l'insurrection où tant de Romains et tant de Grecs perdirent la vie sous les coups furieux des Juifs qui, une fois encore, et non la dernière, avaient cru le moment venu de venger leurs humiliations, d'exterminer leurs rivaux grecs et d'échapper à l'autorité romaine. Le mot d'ordre partit de Cyrène, lancé par un certain Loukos, gagna toute l'Égypte et la Mésopotamie. Ce furent des jours de massacres aveugles qui se retournèrent contre leurs instigateurs lorsque des généraux énergiques furent dépêchés pour rétablir l'ordre, Lusius Quietus à Nisibe et Edesse, Erucius Clarus et Julius Alexander à Séleucie, Marcius Turbo en Égypte, Rufus à Chypre. Mais le dispositif romain s'en trouva fragmenté et Trajan dut se résigner à revenir en arrière.

Sans doute ne perdit-il pas de provinces romaines, car bien qu'on lui eût prêté l'intention d'annexer les terres conquises sous le nom de Provincia Mesopotamia et Provincia Assyria, il n'avait pas eu le temps de les organiser. Il était trop sage d'ailleurs pour avoir espéré que les légions pussent contrôler de si vastes espaces. Mais l'idée de constituer des États-clients avec les morceaux d'un Empire parthe éclaté lui est peut-être venue à mesure qu'il découvrait la fragilité du pouvoir de Chosroès. C'est en tout cas l'expérience qu'il tenta avant de repartir. Profitant des divisions au sein des clans Arsacides, il fit dans la plaine de Ctésiphon une grande assemblée de princes dissidents et il couronna un nouveau roi parthe en la personne d'un fils de Chosroès, Parthamapates, avec lequel il signa un traité d'alliance. Puis il prit le chemin du retour. Ce chemin passait sous les murs d'Hatra, ville puissamment fortifiée de la Mésopotamie et tenue par des tribus arabes réputées pour piller les caravanes. Il décida de soumettre ce repaire de bandits, mais, comme beaucoup d'autres avant et après lui, il échoua à franchir les formidables murailles de glaise renforcées de bitume qui protégeaient la ville, au cœur de laquelle était enchâssée la pierre noire tombée du ciel. Car Hatra était aussi la ville sainte de tribus qui adoraient le Soleil-Roi dont les rayons brûlaient tout dans le désert environnant. Les tempêtes de sable rendaient les lieux inhospitaliers et des nuages de moustiques importunaient les hommes et les bêtes jusqu'à se mêler aux aliments des légionnaires. Ces derniers n'en avaient que plus de hâte d'assaillir les défenses mais les jets de flèches les tenaient à distance et empêchaient même l'emploi des machines de siège. Un jour que Trajan avait cru pouvoir commander en personne un assaut, après avoir ôté son manteau impérial qui eût été une cible trop éclatante, il n'en fut pas moins reconnu par les défenseurs à sa taille et à sa célèbre chevelure blanche. S'il ne fut pas atteint, c'est l'officier chargé de sa protection qui reçut une flèche dans la poitrine. Après plusieurs semaines de faim et de soif, il dut lever le camp.

Ce grave échec ne fit paradoxalement que montrer mieux la justesse de la guerre qu'il menait, car il était évident que le commerce avec l'Orient ne pouvait être sujet au brigandage des Arabes, pas plus qu'au monopole exorbitant des Parthes. Mais il confirma aussi que la présence romaine était indésirée dans ces régions lointaines, autant par le caractère des populations que par la nature du terrain.

XV. L'ardeur du soleil, la fatigue des combats et la contrariété des revers avaient altéré sa santé, et cela ajouté au fait que le flux de sang qu'il avait coutume d'évacuer à cette saison par les voies naturelles, quand certaines varices se rompaient, ne s'était pas produit provoqua une brusque remontée d'humeurs à son cerveau alors qu'il était encore en route. Il ne perdit pas son intelligence, mais une partie de sa faculté de marcher, et quand il arriva à Antioche à la fin de juillet, on craignit qu'il n'eût la force de revenir à Rome, où un superbe triomphe l'attendait. Le peuple ne savait pas et ne sut jamais que les succès remportés sur les Parthes avaient été grandement remis en question et d'ailleurs le bilan m'en paraît encore difficile à faire. Cependant, une grave incertitude s'était infiltrée dans l'esprit de ceux qui l'entouraient, et en particulier Plotine et Hadrien qui étaient, depuis le début, défavorables à ses expéditions lointaines. Ils s'inquiétèrent de l'entendre parler de retourner là-bas à la prochaine saison, avec une armée fraîche pour remettre tout en ordre et conforter Parthamapates, alors qu'on n'était même plus sûr qu'il arrivât jusqu'à Rome. L'idée qu'il pourrait disparaître sans successeur, comme son modèle Alexandre, les conduisit à faire pression sur sa volonté avec l'aide de Matidie et d'Attianus, le préfet des prétoriens.

Il paraît que ce fut une grande épreuve pour Trajan de sentir que se liguaient contre lui les événements, la maladie, et ceux qui l'entouraient de plus près, alors qu'il était accoutumé à être supérieur à tout et heureux entre tous. Il s'enferma dans l'obstination. On ne sut jamais s'il avait le projet de désigner lui-même son héritier à l'Empire ou s'il s'en remettait à la sagesse du Sénat, selon les plus anciennes traditions de la République. On l'avait entendu une fois marquer sa préférence pour Neratius Priscus, un illustre sénateur réputé pour sa connaissance du droit, une autre fois pour Julius Servianus, le beau-frère d'Hadrien. Mais on s'étonnait surtout qu'il ne penchât pas plus pour ce dernier qui était dans la force de l'âge et son plus proche parent, son pupille aussi. Sans doute il lui avait marqué de l'intérêt d'abord en censurant, pour son bien, sa première conduite, puis en le poussant dans la carrière militaire. Pour le récompenser de sa vaillance dans la guerre de Dacie, il lui donna le diamant de Nerva, geste qui fut interprété comme une promesse d'adoption. Mais il n'alla pas plus loin, sauf qu'il lui confia le gouvernement de la Syrie en son absence. Ce n'était pas suffisant pour rendre incontestable aux yeux de tous sa qualité d'héritier désigné. Aussi Hadrien et la faction de Plotine s'employèrent-ils, tandis que la maladie de l'Empereur s'aggravait, à obtenir une adoption légale.

XVI. Soit que cette insistance l'irritât souverainement, soit qu'il fût décidé contre Hadrien, ou pour un autre que lui, ou hésitant, soit encore qu'il voulût attendre d'être retourné à Rome et devant le Sénat, Trajan finalement prit la mer sans rien avoir dit, avec Plotine, Attianus et les prétoriens, et à ses côtés son médecin Criton et son aide de camp Phaedimos. Mais il n'alla pas plus loin que Sélinonte, en Cilicie, où il fut débarqué agonisant. Les événements qui se déroulèrent là sont mystérieux. Je tiens de mon père le bruit qu'on fit courir qu'il mourut sans avoir adopté Hadrien, et que le testament fut supposé et écrit de la main de Plotine comme étant la dernière volonté de Trajan. Il faut savoir qu'on disait aussi que Plotine était très amoureuse d'Hadrien bien qu'elle fût plus âgée que lui et bien qu'elle formât avec son mari un couple apparemment très uni. Mais ils n'avaient pas eu d'enfants et elle avait reporté sur ce neveu séduisant toute son affection. Elle tirait aussi de lui des satisfactions dans l'ordre de la philosophie et des arts que ne lui procurait pas Trajan. Peut-être enfin était-elle davantage consciente que l'Empereur, qui n'envisageait pas plus le terme de sa vie que les limites de ses entreprises, du devoir de continuer sa dynastie.

Trajan crut qu'il avait été empoisonné, mais les rapports des médecins montrent qu'il mourut des suites de son apoplexie dans la nuit du 7 août de la vingt et unième année de son règne [1]. Sa mort fut tenue secrète pendant trois jours pour que la nouvelle de l'adoption d'Hadrien et sa désignation comme César pussent être publiées à Antioche par celui-ci avant qu'il annonçât lui-même à l'armée la vacance du pouvoir. Cette vacance fut alors comblée par l'acclamation, qui avait force d'investiture impériale, du César par ses légions. Ce jour-là fut le 11 août. Plotine accompagnée d'Attianus qui partageait son secret revint à Antioche avec les cendres de Trajan, puis ils les emportèrent à Rome par la mer. Il y eut une immense douleur dans tout l'Empire. Seuls les Juifs qui font tout à contretemps des autres se réjouirent.

1. 7 août 117 ap. J.-C.

III.

HADRIEN

I. Hadrien est né à Rome, et non à Italica comme certains l'ont écrit, le 9 des calendes de février sous le septième consulat de Vespasien et le cinquième de Titus [1]. Ce qui est vrai, c'est que sa famille était originaire de cette ville de Bétique où naquit Trajan dont il était le petit-neveu. En effet, le père de Trajan et la grand-mère d'Hadrien, Ulpia, épouse de Marullinus, étaient frère et sœur. Ulpia eut pour fils Aelius Hadrianus Afer qui épousa une Domitia Paulina, de Gadès, et mourut à quarante ans dans la charge de préteur. On n'a pas connaissance de beaucoup d'illustration dans cette lignée depuis un autre Marullinus qui avait été jadis sénateur. Hadrien a écrit dans ses Mémoires que sa famille provenait de la ville d'Adria, dans les Abruzzes. Mais il y avait sans doute aussi des Africains là-dedans, comme en témoigneraient le surnom de son père et les attaches de sa mère avec la ville anciennement phénicienne de Gadès. Disons qu'il était bien représentatif des habitants de cette région [2] qui ont le caractère orgueilleux et emporté. Il revint d'ailleurs vivre parmi eux dans son adolescence. Orphelin à dix ans, il eut pour tuteur son grand-oncle Trajan et le chevalier Attianus, lui aussi d'Italica.

Dès ce moment se manifestèrent ses deux passions, l'étude du grec et la chasse. La première fit qu'on l'appela longtemps

1. 24 janvier 76.
2. Bétique (Andalousie). Gadès (Cadix).

le Graeculus [1], la seconde que Trajan décida de le faire revenir à Rome avec Attianus afin qu'il s'occupât de choses sérieuses. Il s'initia à la justice parmi les décemvirs, il fut ensuite tribun de la IIe légion Adjutrix et servit en Pannonie, puis dans la Ve Macedonica en Moésie supérieure. Il fut chargé d'annoncer le premier à Trajan son adoption par Nerva [2], mais, comme je l'ai dit plus haut, je doute que le légat de Germanie inférieure n'ait pas été déjà averti par son ami Sura, instigateur de l'affaire. Cela prouve au moins qu'Hadrien voulait de tout temps être partout le premier, et il le fut effectivement à apprendre à son oncle, six mois après, la mort de Nerva qui l'élevait à l'Empire. Cette fois-ci la chose ne lui fut pas facilitée, car le légat de Germanie supérieure où il avait été détaché n'était autre que son beau-frère, Julius Ursus Servianus. Ce dernier, qui avait presque trente ans de plus que lui, le jugeait avec condescendance et n'approuvait pas ses dépenses excessives. Il alla même jusqu'à informer son tuteur du montant de ses dettes, ce qui n'était pas anormal de la part d'un général à l'endroit d'un de ses jeunes officiers. Mais Hadrien ne pardonnait pas à Servianus d'avoir attiré sur lui la colère de Trajan, et leurs rapports étaient devenus si mauvais que lorsque le jeune tribun se mit en route pour devancer le courrier du légat, sa voiture se trouva bientôt cassée dans des circonstances suspectes. Il continua son chemin à pied et put apporter avant tous les autres à Trajan — du moins celui-ci eut-il la bonté de le lui laisser croire — la nouvelle de son avènement.

II. Il pensait probablement qu'il rentrerait sans tarder à Rome avec Trajan et Plotine à laquelle il avait su plaire. Mais comme on l'a vu, le nouvel empereur n'avait pas hâte d'aller parader au Capitole ni d'y régler des comptes, et il se donnait plus d'une année pour achever la fortification des frontières du Rhin et du Danube supérieur afin de n'avoir pas à y revenir.

1. Petit Grec.
2. 96 ap. J.-C.

Comme Hadrien était le plus proche héritier mâle de la branche Ulpia, et qu'il se trouvait en même temps dans l'intimité impériale, un parti ne tarda pas à se former autour de lui et il commença à nourrir des espérances d'autant plus grandes qu'il avait déjà reçu à Italica de son oncle paternel, Aelius Hadrien, très versé en astrologie, l'assurance d'un destin suprême. Pourtant il crut bien que tout était perdu quand un incident fit fondre sur lui la colère de Trajan. Celui-ci en effet fut un jour informé par son aide de camp Gallus qu'Hadrien tentait de séduire les pages qu'il faisait instruire pour servir à ses plaisirs dans son état-major. Trajan n'était pas d'un tempérament jaloux, mais il ne supportait pas la déloyauté et le désordre autour de lui. Hadrien tomba en disgrâce et en fut cruellement affecté, car il avait espéré au contraire entrer davantage dans la faveur du Prince en s'attachant ses mignons.

C'est à cette époque qu'il tira les Sorts virgiliens dont il reçut une réponse encourageante. Les vers qu'il sortit de l'urne étaient ceux de *l'Énéide,* livre VI : « Quel est ce vieillard qui paraît dans le lointain avec la couronne d'olivier et les ornements sacrés ? Je le reconnais à sa chevelure et à sa barbe, c'est un roi. Il fondera sur des lois la nouvelle grandeur de Rome. Il sera appelé au gouvernement d'un puissant Empire. »

Mais il voulut en savoir plus et interrogea les livres sibyllins qui lui confirmèrent son grand destin, de même que l'oracle du temple de Jupiter Vainqueur. Tant de signes concordants eussent dû le tranquilliser, mais son esprit était soupçonneux et inquiet, et sa nature impatiente. Son ambition immodérée et ses démarches obliques n'étaient pas faites pour plaire à Trajan qui, lui, avait à peine espéré le pouvoir et avait longtemps attendu les circonstances favorables. Enfin Sura et Plotine, qui le protégeaient, s'employèrent à le faire rentrer en grâce auprès de son oncle. Ils allèrent plus loin et profitèrent de la mansuétude de Trajan pour resserrer l'alliance d'Hadrien au sein de la famille Ulpia en lui donnant en mariage Sabine, la fille de Matidie. Ainsi le petit-neveu épousait la petite-nièce de l'Empereur, bien que ce dernier eût déconseillé cette union, compte tenu de ce qu'il connaissait du caractère des deux jeunes gens.

Sura, tel un régisseur de théâtre, excellait à pousser sur le devant de la scène les acteurs du pouvoir. On a senti sa main à l'avènement de Nerva, puis de Trajan et, plutôt que de briguer pour lui le premier rôle — car il aurait pu prétendre à être l'héritier éventuel de Trajan qui le considérait comme un frère — il préférait régner par ses conseils avisés et jouir de tous les avantages de la condition privée. Il avait amassé une grande fortune et il fallait être persifleur comme l'était Juvénal pour lui reprocher d'aimer d'une manière particulière les artistes qu'il protégeait, notamment le célèbre danseur Pylade. En cela, il ne faisait de mal à personne. Si ses qualités politiques s'alliaient à celles de Trajan, ses goûts d'esthète le rapprochaient d'Hadrien, et, eût-il vécu longtemps, les problèmes dynastiques eussent été réglés plus tôt et harmonieusement. Plotine, elle, était mue par un autre motif qui était l'amour qu'elle avait pour ce neveu brillant et dont on ne saurait affirmer qu'il fut entièrement partagé. Toujours est-il qu'elle eut la générosité, ou l'habileté, de mettre dans son lit Sabine encore adolescente et peu sensible, dit-on, aux séductions troubles de son cousin. Du moins celui-ci ne risquait-il plus d'être repoussé ou attiré hors de la famille, et par leur étroite alliance Plotine et Matidie veilleraient sur ce gage de continuité.

III. C'est essentiellement à cette faveur qu'il faut attribuer l'heureuse progression de la carrière d'Hadrien. Il fut fait questeur à vingt-quatre ans, sous le quatrième consulat de Trajan [1], et il eut le privilège d'aller lire au Sénat certains discours de l'Empereur. Sa première intervention révéla son accent encore provincial et les rires qu'il provoqua chez les Pères conscrits lui infligèrent une humiliation durable. Mais c'est là qu'on vit les premiers signes de sa volonté et de ses dons, car il sut très vite réformer sa diction et devint aussi éloquent en latin qu'il l'était déjà en grec. Car sa culture était à la mesure de sa mémoire, qu'il avait prodigieuse. Il se souvenait du nom de tous les gens

1. 101 ap. J.-C.

qu'il voyait une seule fois, et il pouvait réciter par cœur des livres qu'il venait de lire. Il les lisait surtout en grec, langue qu'il affectionnait comme étant celle des philosophes et des orateurs qui avaient le mieux exprimé le monde tel qu'il le concevait : ordonné, beau, et disposé pour le bonheur. Jusque dans son idée et sa pratique de l'amour il était imbu d'hellénisme, au point qu'on lui avait donné à Rome le nom de « petit Grec ».

Entraîné par le courant de la nouvelle sophistique, c'est-à-dire la renaissance des valeurs oubliées de l'atticisme, il avait laissé pousser sa barbe et en cela il suivit, ou plutôt accompagna, une mode qui s'écartait singulièrement de la manière de penser, de vivre, de se vêtir des Romains des siècles précédents. Je sais qu'une telle mode l'arrangeait parce qu'elle cachait une cicatrice qu'il avait au menton, mais cette circonstance l'a moins motivé à s'orner d'une barbe et d'une chevelure bouclées qu'elle n'a témoigné d'une volonté de rompre avec le type austère et apparemment viril de l'homme romain traditionnel. A quel point il se distinguait ainsi de Trajan et de ses compagnons, glabres et coiffés court, leur bouche et leurs maxillaires exprimant leur énergie, n'est pas sans intention secrète. Le fait est que ce qui était l'apanage des philosophes que Domitien avait chassés de Rome et des intellectuels d'Athènes nostalgiques du passé, devint, à l'initiative d'Hadrien, l'apparence normale du Romain et l'est demeuré jusqu'à ce siècle puisque moi-même je trouve naturel de porter la barbe. Non pas la barbe olympienne qui fut celle d'Hadrien mûrissant, ni celle sans apprêt de Marc Aurèle, mais le collier qui ne gêne pas le port du casque et qui est autorisé dans l'armée.

Bientôt il fut chargé de rédiger les comptes rendus des séances du Sénat qui sont publiées dans le journal, les *Acta diurna*, qu'on voit affiché à Rome et dans toutes les provinces. Ce stage administratif à la questure fut vite interrompu par la première campagne contre les Daces où Hadrien fut attaché à l'état-major de Trajan. De retour à Rome, il occupa le tribunat du peuple, fonction de transition qui n'a plus beaucoup de sens depuis la fin de la République. Quand la guerre reprit contre Décébale, il y participa comme légat d'une des treize légions engagées, la Ire Minerva qui venait de Bonn. Sa conduite y fut apparemment excellente car il reçut des décorations, et de Trajan, en témoignage de satisfaction, le diamant que lui-même tenait de Nerva. Il vit là un espoir d'adoption et plus que jamais se crut appelé à la succession. Son oncle en effet eut de grandes bontés pour lui, et lui offrit quatre millions de sesterces afin qu'il pût donner des jeux au peuple à son entrée en charge de questeur : cela se passait sous le consulat de Sura et de Servianus [1]. Envoyé l'année suivante à Sirmium comme légat de Pannonie inférieure, il eut à contenir les Sarmates jazyges qui étaient déjà des clients turbulents de Rome. Mais il se heurta aussi à des fonctionnaires indociles et on vit là qu'il serait très strict sur l'administration de l'Empire, plus que ne l'était Trajan à qui il reprochait ses indulgences, essayant de les faire rectifier par l'intermédiaire de Plotine.

Il revint à Rome pour recevoir le titre de consul suppléant qui était le prélude à une belle carrière, et c'est à ce moment que Sura lui laissa entendre assez clairement que Trajan allait l'adopter. Mais cet ami mourut bientôt pour la plus grande peine de tous. Hadrien reçut au moins la succession d'une de ses fonctions importantes qui était la rédaction des discours de l'Empereur, en quoi il se rendit utile et se fit valoir. Les Athéniens, qui étaient experts en flatteries, et en pronostics, voyant sa faveur, le nommèrent alors archonte de leur ville, charge honorifique qu'il accepta avec joie et dont ils tirèrent des profits plus tard. Sur les années qu'il passa au Palatin dans l'entourage impérial, nous ne savons rien, sinon qu'il était proche de sa tante Plotine, qu'il aidait à gérer ses œuvres en faveur des jeunes filles. Il lui faisait connaître des philosophes et elle fut séduite comme lui par la doctrine des épicuriens, quoiqu'il s'en détachât vite pour celle des stoïciens que lui enseigna Épictète. Ce dernier, qui se méfiait des astrologues, ne put l'empêcher cependant de s'instruire dans la science des Chaldéens. Il eut aussi des entretiens avec un célèbre docteur de la doctrine juive, le rabbi ben Hanania. C'est dire combien était vive sa curiosité ou changeant son esprit. Ceux auxquels s'attachait son intérêt

1. 102 ap. J.-C.

n'eurent pas toujours à s'en louer, car il était à la fois jaloux et inconstant. Il avait l'habitude d'intercepter et de lire la correspondance de ses amis et il se servait des informations ainsi recueillies sur leur vie privée pour les décontenancer. Mais surtout il se voulait supérieur à chacun, si capables fussent-ils en leur art. Il était, il est vrai, doué de grandes facilités, pouvait peindre, avait des connaissances en mathématiques, composait des poèmes souvent érotiques pour des éphèbes et même, paraît-il, pour des femmes mariées. Tout cela n'eût pas été critiquable s'il n'en avait été démesurément imbu, comme on le vit lorsqu'il eut le pouvoir d'écarter de son chemin ceux qui lui portaient ombrage.

IV. Malgré cette exceptionnelle confiance en lui, ou peut-être à cause d'elle, Trajan ne semblait pas pressé de le mettre en position d'hériter l'Empire, bien que Plotine et Matidie lui en fissent la recommandation insistante. Sa carrière était brillante, mais pas significative d'un destin suprême, et il s'en désespérait. La faveur où le tenait Trajan était ambiguë parce qu'on pouvait l'interpréter comme celle d'un oncle et d'un tuteur, mais difficilement comme celle d'un père adoptif. Or l'adoption était l'acte formel qui engageait le processus successoral. Tout le monde spéculait en vain sur les intentions secrètes de l'Empereur lorsqu'il se mit en route, à soixante ans, pour une campagne longue et périlleuse contre les Parthes. Plotine obtint qu'Hadrien y participât avec un rang de légat, mais on ne voit pas qu'il s'illustrât dans les opérations dont la gloire revint à d'autres et notamment à Quietus qu'il détestait. Il demeura à Antioche dans le gouvernement de la Syrie, poste que les circonstances rendirent hautement stratégique lorsque Trajan, ébranlé par les revers que l'on sait, et frappé par la maladie, lui confia l'intérim des provinces d'Orient avec les armées qui y stationnaient. L'Empereur s'embarqua pour Rome où l'attendait un triomphe, avec l'idée de revenir bientôt consolider ses conquêtes. Mais il mourut, comme on l'a vu, dans le port de Sélinonte. J'ai réservé quelques circonstances que l'on croit savoir sur sa mort pour les placer dans le début du règne d'Hadrien qui en fut fort hypothéqué.

C'est le 7 août que Trajan est supposé avoir dicté son testament par lequel il faisait d'Hadrien son fils adoptif, donc le César héritier de l'Empire. Certains affirment qu'il était déjà inconscient et peut-être mort et qu'un imposteur caché sous le lit contrefit sa voix mourante. Toujours est-il, et c'est là ce qui compte, que la lettre que Plotine envoya au Sénat de la part de Trajan comme étant sa dernière volonté fut écrite et signée par elle, ce qu'elle n'avait jamais fait auparavant. Le doute que beaucoup en conçurent ne put être levé car les témoins de ce moment étaient tous de la faction de Plotine, à savoir Attianus, le médecin Criton, et le gouverneur de Cilicie, Bruttius Praesens. Mais il y avait aussi l'assistant personnel de l'Empereur, Ulpius Trajanus Phaedimos, un affranchi de sa famille, et celui-ci mourut mystérieusement deux jours plus tard dans la force de sa jeunesse, à vingt-neuf ans, ce qui parut très suspect. Quant à Matidie, elle était la mère de celle qui allait devenir impératrice et l'on sait qu'Hadrien, s'il détesta sa femme, eut un culte très inhabituel pour sa belle-mère à laquelle, lorsqu'elle mourut trois ans plus tard, il éleva un temple sur le Champ de Mars. Le 9 août, la copie de cette lettre dont l'original n'arriverait au Sénat qu'à la fin du mois parvint à Hadrien en même temps qu'un message secret de Plotine annonçant la mort de Trajan. Cette annonce ne devait être révélée que le surlendemain pour que le César eût le temps de faire préparer son avènement au rang d'Auguste par ses légions d'Orient, en réalité par lui-même. Ainsi fut fait.

Pour empêcher qu'on ne parlât d'usurpation et qu'on n'eût le temps à Rome de prendre d'autres dispositions, Hadrien écrivit au Sénat une lettre qui suivit de très près celle de Plotine et dans laquelle il faisait savoir que ses légions l'avaient proclamé et qu'il s'excusait de n'avoir pas eu le temps d'en référer à cette Assemblée, lui-même et les soldats ayant estimé que la République ne pouvait demeurer un si long délai sans commandement. Dans la même lettre, il demandait les honneurs divins pour Trajan. Le Sénat entérina le fait, mais il eût pu se dispenser de le désigner Père de la Patrie, titre qu'Auguste n'accepta qu'à la fin de sa vie, et qu'Hadrien repoussa d'ailleurs. Il voulut que tous les hommages allassent à Trajan et que, même mort, il triomphât seul comme prévu. Alors le Sénat renchérit sur les honneurs au défunt et lui en vota qui furent bientôt oubliés, tels les jeux Trajaniques. En revanche, ce qui fut promis et tenu aussitôt, c'est un double *donativum* aux soldats et trois pièces d'or à chaque citoyen. Trajan n'avait pas été aussi généreux, peut-être parce qu'il n'avait rien à se faire pardonner. Mais il avait dispensé l'Italie du cadeau de joyeux avènement, dit or coronaire, tandis qu'Hadrien ne le réduisit que de moitié.

Hadrien empereur alla au-devant de Plotine qui, avec Attianus et Matidie, ramenait à Antioche les cendres de Trajan et de là à Rome. Lui-même demeura en Syrie pour négocier avec les Parthes, puis il passa l'hiver à Byzance d'où il put surveiller les troubles que provoquaient sur la frontière de Dacie, au nord des bouches du Danube, les Sarmates roxolans. Il rétablit la pension antérieurement payée à Rasparaganus, leur roi, et ils se tinrent calmes quelque temps. Par nécessité ou par calcul, Hadrien tardait à rentrer à Rome où Attianus veillait à tout. Il n'ignorait pas qu'il y était beaucoup moins aimé que Trajan et qu'il aurait de la peine à faire accepter l'abandon des conquêtes en Orient, car telle était son intention. Il n'avait jamais été partisan de la campagne contre les Parthes et le cours des événements le confirmait dans l'idée que les provinces occupées ne pouvaient être conservées. Il évacua toute la région au-delà de l'Euphrate et donna en compensation à Parthamapates l'Osrhoène. Il renonça même à l'Arménie qui redevint un État-client sous un roi Arsacide agréé par Rome. On lui prêta même l'intention d'évacuer la Dacie ; mais on n'eut pas la preuve que ce bruit était fondé. Toujours est-il qu'un parti se forma contre Hadrien et l'on dit qu'une conspiration animée par quatre anciens généraux de Trajan faillit lui ôter la vie.

V. Je ne suis pas sûr qu'il y ait eu une vraie conspiration parce que les auteurs présumés étaient éloignés les uns des autres, sauf Palma et Celsus, mais ceux-là, déjà âgés et couverts de gloire, n'avaient plus joué de rôle dans les dernières campagnes de Trajan. Ils s'étaient retirés dans des villes d'eaux. Nigrinus, qui venait de gouverner la Dacie, séjournait dans ses propriétés d'Émilie avec sa nouvelle femme Plautia, veuve d'un Ceionus d'une très ancienne noblesse romaine. Pour cela il s'était vu, dit-on, offrir une alliance dynastique par Hadrien. Quant au quatrième, Lusius Quietus, il se trouvait en Moésie, après avoir été relevé de son proconsulat de Judée et privé du commandement de sa célèbre cavalerie maure. Plus que tout autre il eût eu des raisons de comploter, mais il est peu vraisemblable qu'il ait pu former avec les trois précédents le projet d'assassiner Hadrien à l'occasion d'une chasse en Moésie. La seule chose dont on peut être assuré, c'est qu'aucun n'était d'accord avec la politique d'abandon de conquêtes auxquelles ils avaient brillamment participé — et ils n'étaient pas seuls à penser ainsi. Il y avait à l'armée et au Sénat un parti qui voyait que la paix ne serait pas vraiment garantie tant que les frontières ne seraient pas renforcées en Orient ou en Europe par des États-tampons, ou des zones sous influence romaine. Les fleuves Danube et Euphrate n'étaient pas des frontières suffisantes. Les Germains, les Sarmates, toujours prêts à les franchir, trouvaient un appui chez les Parthes qui fomentaient partout l'agitation. Fallait-il user de la force ou la montrer seulement ? La première politique, celle de Trajan, restait sans conclusion. Hadrien y était opposé, il mit en œuvre la seconde.

Pour cela il se référa à des décisions que Trajan aurait prises avant sa mort et il en fut de même dans bien des cas où sa gestion allait à contre-pied de celle de son père adoptif, que tout le monde vénérait et qu'il invoquait abusivement au début de son règne. Il eût été plus approprié qu'il se référât au testament d'Auguste qui avait, lui, recommandé de ne plus agrandir l'Empire, et de fait Hadrien avait bien des traits de l'héritier du divin Jules, sa dissimulation et sa prudence en particulier. Comme lui, il se plaisait à déconcerter, alternant la dureté et l'aménité, si bien que l'on ne connaissait pas les limites de son caractère ni la tolérance de son gouvernement. Pour ma part, je crois qu'il était naturellement cruel et vindicatif, mais que le souvenir du règne de Domitien et du sort qu'avait subi ce prince brutal contenait d'habitude ses impulsions. Mais lorsqu'il s'y laissait aller, on voyait bien, en dépit de ses habiletés hypocrites, jusqu'où son ambition et son égoïsme le portaient. En cela, il était plutôt le pupille d'Attianus que de Trajan. Attianus, en effet, le poussait à garder par la violence le pouvoir qu'ils avaient acquis par l'imposture. Il voulut le convaincre de faire tuer Baebius Macer, le préfet de la Ville, Laborinus Maximus et Frugi Crassus, mais il obtint seulement l'exil des deux derniers dont on a déjà parlé dans la vie de Trajan. En revanche, il eut moins de peine à le persuader du prétendu complot des quatre généraux de Trajan, et Palma fut exécuté à Terracine, Celsus à Baïes, Nigrinus à Faventia et Quietus sur une route en Moésie. Beaucoup d'autres connurent le même sort, mais on n'en parla pas.

Cette action créa un si grand trouble des esprits à Rome qu'Hadrien, qui n'y était pas encore rentré, précipita son retour par l'Illyrie. Il alla aussitôt devant le Sénat qui avait lâchement opiné à la sentence contre les Consulaires pour dire qu'il n'avait pas commandé ces exécutions, ce qu'il écrira à nouveau dans ses Mémoires, sans emporter la conviction. Il en fit retomber la responsabilité sur Attianus, mais personne ne le crut. Pour calmer les inquiétudes, il jura qu'il ne punirait aucun sénateur que sur l'avis de cette Assemblée. Puis il donna un double congiaire au peuple, s'ajoutant aux trois pièces d'or. Il décréta des remises de dettes et brûla sur le Forum de Trajan les créances non recouvrées depuis quinze ans. Il confirma l'usage observé depuis Nerva qui affectait au Trésor public et non au fisc impérial les biens de confiscation. Il augmenta les distributions de blé et le montant des *alimenta* pour les jeunes. Enfin il offrit au peuple six jours de combats de gladiateurs et des jeux où furent mises à mort mille bêtes sauvages. Du coup, le calme revint dans l'opinion et les critiques ne trouvèrent plus d'écho.

VI. Comme presque tous les règnes que Suétone a rapportés et ceux que je raconterai à sa suite, celui-ci connut un moment de grâce après les traumatismes inévitables de la succession qui est le seul acte juridique que nos légistes n'ont jamais pu codifier. Mais une fois que le formalisme a repris ses droits et pendant que le nouvel appareil du prince se met en place, révélant sa nature profonde et l'exaltant en bien ou en mal, l'État est abandonné à sa routine administrative qui est la meilleure du monde. Durant quelques mois, deux ans au plus, les vieux services s'activent tandis que les nouveaux maîtres découvrent les dimensions inimaginables du pouvoir. Alors des réformes abandonnées, des lois retardées, des pratiques éteintes sont remises en train. Le prince et ses conseillers encore inexpérimentés entérinent les actes que les bureaux ne pouvaient plus faire avancer, en raison de la volonté usée ou dépravée du règne précédent, ou bien d'un état de guerre. Ce qui est populaire est mis au bénéfice du nouvel empereur, ce qui ne l'est pas est présenté comme le passif de l'héritage reçu. Ainsi Nerva et Trajan firent avec Domitien, ainsi Hadrien fit avec Trajan. Ce dernier, il faut le dire, avait un peu négligé, dans ses courses orientales, et Rome et ses lois. L'administration, qu'il avait construite à sa mesure, le Sénat, qu'il avait séduit, le peuple, qu'il avait envoûté, attendaient son retour avec une joyeuse impatience. Hadrien, quand il eut réparé ses tout premiers faux pas, n'eut qu'à se laisser jouir de ce qui fût revenu à Trajan. Il lui fit un triomphe magnifique qui était funéraire et où l'effigie de cire du Parthicus Maximus fut véhiculée sur un char le long de la Via Sacra jusqu'à la Colonne dans le piédestal de laquelle on scella l'urne d'or rapportée par Plotine. Puis le nouvel empereur demeura deux ans parmi ses concitoyens, faisant le tri de ce que son prédécesseur lui avait légué d'avantageux.

La réforme de l'administration de l'Empire en était, je l'ai dit, l'actif le plus important. Trajan avait posé les fondations d'un nouveau système où le bon vouloir du Prince et de son entourage domestique n'était plus la source unique des décisions essentielles. Non que le Sénat eût été réinvesti de ses anciens pouvoirs, car il vit au contraire ses prérogatives transférées, à proportion des égards factices qu'on lui rendait, à la classe montante des chevaliers. Mais ce n'était pas non plus, comme on l'a dit trop souvent, parce que ses membres avaient abondamment fait la démonstration de leur incapacité ou de leur désintérêt, vu qu'ils étaient dès leur jeunesse initiés à toutes les charges, mais plutôt parce que ces charges devenaient de plus en plus nombreuses à tous les niveaux et qu'il y en avait beaucoup d'ordinaires, ou de très techniques, pour lesquelles il fallait des hommes d'une autre sorte. Auparavant celles-ci revenaient aux affranchis de la maison impériale, mais ces individus d'origine servile et parvenus par l'intrigue, autant ils étaient dévoués au Prince sur lequel ils régnaient souvent, autant ils l'étaient peu à Rome et à la République. Beaucoup s'étaient rendus odieux sous Claude, Néron et Domitien, et ils opprimaient les citoyens et les provinciaux dont ils eussent dû être les serviteurs. C'est donc eux plus que les hommes distingués qui pâtirent des réformes que Trajan introduisit dans l'administration dont il fit un corps permanent et hiérarchisé. Les chevaliers furent les bénéficiaires de cette remise en ordre du service de l'État dans des formes qui s'inspirent du modèle égyptien et qui est devenu aujourd'hui une lourde machine.

VII. J'ai observé que dans ce tableau on oublie généralement ces gens d'origine simple, mais libre, que sont les citoyens romains non fortunés. Or que deviendraient la gestion et l'économie de la Ville et de l'Empire s'ils n'y étaient employés à des tâches non serviles ? Je pense à ce propos à mon grand-père, L. Marius Perpetuus, qui avait une belle écriture et une bonne connaissance du latin, et qui pour cette raison fut engagé comme *scriba questerius* par le préteur C. Pomponius Marcellus. Lorsque ce dernier fut fait proconsul d'Asie, il emmena avec lui ce secrétaire très compétent, à la fin du règne d'Hadrien. Déjà était entrée en vigueur la réforme qui créait des carrières purement civiles et qui dispensait du service militaire les fonctionnaires même équestres. Ainsi le recrutement à la base de l'administration ne fut plus réservé aux seuls centurions ou primipiles des légions ou, dans l'ordre équestre, aux préfets des troupes auxiliaires. On vit alors que la plèbe romaine n'était pas faite uniquement de chômeurs assistés ou de fainéants ataviques. J'en parlerai mieux lorsque je décrirai la clientèle de notre famille.

Mon grand-père s'était élevé à la faveur de cette réforme jusqu'à un échelon de sexagénaire[1], mais il n'eut pas le temps d'aller au-delà en franchissant la barrière de l'ordre équestre pour lequel il faut un cens de quatre cent mille sesterces. Toutefois il put donner à son fils, avec ses mêmes *nomen* et *cognomen,* les moyens d'acquérir ce privilège. La chose se passa l'année de la mort d'Hadrien et nous aurons l'occasion d'y revenir bientôt quand nous fermerons la boucle du règne qui eut un début et une fin impitoyables avec, entre les deux, quinze années d'un cours pacifique et bienfaisant. Ce cours, à vrai dire, se déroula presque tout entier loin de Rome dont Hadrien se hâta de fuir les maléfices, soit en voyageant dans toutes les provinces où il était fêté d'étape en étape, soit en se délectant dans son domaine de Tibur, à quelques heures de la Ville, au milieu d'un immense musée où étaient résumées toutes les beautés du monde. On a dit que ce fut pour mieux jouir de ces beautés pour lesquelles il avait un goût charnel qu'Hadrien fit la paix avec les ennemis de Rome et organisa l'administration comme un mécanisme précis. S'il y a du vrai dans ce jugement, cela n'enlève rien à son mérite, car il mit un soin rigoureux à maintenir et à gérer l'ordre qui était le plus propre à satisfaire ses passions d'esthète. Et en cela il fut incomparablement plus intelligent que Néron, Caligula ou Commode dont les plaisirs somptueux ruinèrent l'État et causèrent la mort de beaucoup d'hommes de mérite.

Sans doute, il construisit plus pour les autres que pour lui, mais il y trouvait autant d'agrément dans les deux cas, car il se voulait de grands talents en architecture. Cela le conduisit même à adopter une attitude mesquine vis-à-vis d'Apollodore, mais ce dernier l'avait provoqué en l'humiliant du temps de Trajan ; un jour qu'Hadrien critiquait un de ses projets, le génial architecte lui dit vivement : « Toi, retourne à tes citrouilles, construire n'est pas ton affaire », faisant allusion aux natures mortes que peignait le Graeculus. Mais plus tard, devenu empereur, il crut prendre sa revanche en envoyant à Apollodore les plans de sa composition du Temple de Vénus et

1. Traitement annuel de 60 000 sesterces.

de Rome, qui est le plus grand et le plus magnifique jamais construit. Or le vieil architecte lui répondit que tout y était disproportionné, et que les déesses, si elles voulaient se lever de leur siège, se cogneraient la tête sur la voûte. Furieux, Hadrien exila Apollodore et ordonna qu'on détruisît son superbe pont sur le Danube. Certains ont prétendu qu'il le fit mettre à mort, mais je pense plutôt que cet ami de Trajan succomba d'indignation. Dans le domaine des lettres aussi, Hadrien se croyait supérieur à tous et non seulement il acceptait mal qu'on le surpassât de son vivant, mais il alla même jusqu'à jalouser les grands auteurs du passé, préférant Caton à Cicéron, Ennius à Virgile. Il censura Homère et exhuma d'on ne sait où les œuvres d'un Antimaque qu'il mit au rang des plus grands. Quant aux vivants, s'il n'avait pas de prétexte contre eux, il leur suscitait des rivaux qu'il sortait du néant.

VIII. Pourtant il se plaisait dans un commerce étroit avec de célèbres philosophes comme Épictète ou des rhéteurs comme Héliodore, le père d'Avidius Cassius, ou Favorinus d'Arles. Ce dernier, qui avait toute sa confiance, se méfiait cependant, et un jour que ses amis lui reprochaient d'avoir cédé dans une discussion savante sur un point où l'Empereur avait tort, il leur répondit : « Vous en parlez à votre aise, mais vous ne me persuaderez pas qu'un homme qui commande à trente légions n'est pas le plus grand expert du monde. » Plus tard, il persécuta Favorinus, mais très peu échappèrent à ce sort lorsque la maladie lui ôta la prudence qui avait mis un frein aux excès de son orgueil. Toutefois, s'il est probable que ses bonnes qualités ne lui furent pas naturelles, elles furent longtemps avantageuses pour tout l'Empire qu'il géra comme l'eût voulu Trajan ; car quoi qu'en fussent les apparences, il fit tout dans l'imitation de ce prince qu'il avait si longtemps copié dans le vain espoir de lui complaire, buvant à l'égal de lui, marchant comme lui nu-tête, exerçant autant les soldats, travaillant non moins intensément, et allant, on l'a vu, jusqu'à lui disputer ses mignons. Mais à la différence de ce dernier, il pensait moins à sa gloire qu'à son plaisir, pour lequel il lui fallait plus de tranquillité dans l'état des choses. D'où sa prudence et sa méfiance exagérées. D'où aussi son excellente gestion de l'Empire.

IX. Quand il eut reconquis la faveur des Romains, ce qui est facile avec des libéralités (il fit tuer cent lions et cent lionnes dans l'arène le jour anniversaire de son avènement), il commença son périple dans les provinces qui fut à la fois l'inspection la plus minutieuse et le voyage le plus agrémenté qu'un empereur ait accompli depuis Auguste. Mais s'il put demeurer éloigné de Rome presque toute la durée de son règne et garder le contrôle des choses depuis les extrémités du monde où il se porta, c'est parce qu'il avait mis en place un très bon gouvernement auquel il était relié en permanence par un parfait système de poste. Le gouvernement était maintenant celui de Turbo qu'il avait nommé préfet du prétoire après lui avoir confié la Dacie et l'Égypte. Turbo avait déjà servi sous Trajan qui l'estimait fort parce qu'il s'était élevé d'un grade modeste aux plus hauts commandements par sa seule valeur. Il travaillait le jour et la nuit, ne rentrait plus chez lui, et, comme Vespasien, il disait qu'il devrait mourir debout. Il était très loyal à Hadrien qui le mit à la place d'Attianus après avoir convaincu celui-ci d'accepter d'entrer au Sénat, honneur qui lui retirait l'avantage de commander les prétoriens. Similis, le second préfet — car l'habitude était maintenant qu'il y en eût deux — partit de lui-même après avoir servi sept années avec un zèle et une modestie admirables. Il vécut encore sept années dans la vie privée et fit graver sur sa tombe qu'il n'avait eu le bonheur de vivre que celles-ci. Il fut remplacé par Septime Clarus, homme de grande culture et protecteur de Suétone qui dirigea le bureau des Archives impériales d'où il tira, comme je le fais moi-même, ses informations les plus sûres.

Pour mieux asseoir son gouvernement, Hadrien donna une structure permanente au Conseil impérial qui jusque-là se réunissait sans règles fixes. Le Prince y appelait qui il voulait parmi ses familiers, les sénateurs et les hauts fonctionnaires.

Désormais, tous seraient stables et appointés. Le préfet du prétoire en réglerait les séances. Les plus éminents juristes, tel Salvius Julianus de Carthage, l'auteur de l'Édit perpétuel, y siégeaient aux côtés de Neratius Priscus et de Julius Servianus auxquels l'Empire aurait pu échoir s'il n'avait été saisi par Hadrien. Mais, à la différence des quatre généraux suprêmes, ils furent épargnés avec certains autres à qui le nouvel Auguste se plaisait à dire : « Vous l'avez échappé belle ! » A cette époque, il manifestait beaucoup de déférence pour son beau-frère trois fois consul, et se levait en sa présence. Il ne craignait pas Servianus qui avait trente ans de plus que lui et pourtant, vingt ans plus tard, on verra qu'il lui voua une jalousie mortelle.

Comment l'appareil d'État, avec ses bureaux qui demeuraient à Rome, et le Sénat qui était amputé de ses compétences législatives par le Conseil impérial et le prétoire, lesquels suivaient l'Empereur sur les chemins, pouvaient-ils fonctionner si harmonieusement, c'est le secret de la logistique portée à la perfection par Trajan. Celui-ci avait ouvert quantité de routes propices aux voitures de la poste et aux cavaliers des services spéciaux, *statores, equites singulares, frumentarii,* dont Hadrien fit ses courriers omniprésents. Ainsi assuré que le centre du pouvoir était partout où il le voulait, le nouvel empereur quitta Rome le troisième mois du consulat de Catilius Severus et d'Aurelius Fulvius, personnages dont nous reparlerons, pour une première pérégrination de dix années dans les provinces. Il commença par celles de l'Occident, non qu'il les préférât, mais au contraire parce qu'il voulait n'avoir plus à y revenir. Or leur sûreté laissait à désirer. Les frontières du Rhin n'avaient pas été visitées depuis que Trajan les avait pour longtemps fortifiées, mais les légions s'y étaient relâchées. La Bretagne connaissait de violentes insurrections du peuple intraitable des Brigantes. Au sud, la Maurétanie était agitée par les tribus des hommes de Quietus que Turbo n'avait pu totalement pacifier. Au milieu de cela, la Gaule et l'Espagne étaient de grandes provinces calmes et civilisées, mais Hadrien se proposait seulement de les traverser car elles n'avaient pas d'attrait culturel à ses yeux, même celle qui était la terre de ses ancêtres. Toute son intelligence et toute sa sensibilité le portaient vers la Grèce et l'Orient où il avait hâte de se plonger à nouveau.

X. Il traversa la Gaule pour se rendre directement dans les camps de Germanie qu'il avait quittés vingt ans plus tôt, en même temps que Trajan. Il y vit que la sûreté avait fait s'assoupir la vigilance des soldats qui, comme les sous-officiers, étaient de plus en plus souvent recrutés sur les lieux mêmes et y avaient leur famille : l'avantage qu'on y trouvait d'avoir des troupes plus promptes dans le danger à défendre leur terre natale ne balançait pas l'inconvénient d'une moindre discipline dans la paix. Mais de toute façon on n'avait pas le choix puisque les Romains et les Italiens répugnaient à s'engager dans des armées campées si loin. Quatre légions suffisaient à tenir le Rhin avec le même nombre de camps fixes, la VIIIe Augusta à Argentoratum, la XXIe Primigenia à Magontiacum, la Ire Minerva à Bonn, la XXXe Ulpia à Veteracastra [1]. Hadrien y apporta de sévères réformes, supprimant les salles de banquets, les portiques des jardins et les grottes artificielles. Il interdit que les tribuns fussent élus par les soldats et que quiconque s'éloignât du camp sans ordre de mission. Il remit en vigueur les exercices de marche auxquels il participa à pied, ne portant lui-même qu'un baudrier d'écaille, sans or, et sans agrafes précieuses sur son manteau. Quand il eut édicté, comme partout sur son passage, un ordre rigoureux, il s'embarqua pour la Bretagne.

Cette province n'avait jamais été complètement conquise depuis que César l'avait envahie cent soixante-dix ans plus tôt. Beaucoup de tribus très sauvages refusaient les bienfaits de l'ordre romain et on peut lire dans Tacite les récits qu'il tenait de son beau-père Agricola, général de Domitien, notamment la résistance inflexible de la reine de fer Boudicca. Hadrien trouva une situation très difficile parce que l'année précédente une légion entière, la IXe Hispania, avait été détruite par les Brigantes insoumis. A aucun moment pourtant il n'envisagea, comme Néron, d'abandonner une île si riche en métaux et où étaient installés déjà beaucoup de commerçants romains dans la ville de Lundinium. Mais il la sépara en deux en élevant un mur dans sa partie la plus étroite entre les deux mers. Ce mur

1. Strasbourg, Mayence, Bonn, Xanten.

était plutôt un fossé fortifié de point en point, d'une longueur de soixante-treize milles. Il enfermait sur leurs terres désolées les tribus du nord de l'île qui sont tout à fait impropres à la civilisation. Il ne manqua pas de gens pour voir là un nouveau signe de la politique purement défensive d'Hadrien et lui reprocher de borner l'Empire. Mais dans le cas de la Bretagne il n'avait pas tort, comme les règnes suivants l'ont montré, de renoncer à pacifier des tribus sauvages sur des territoires sans valeur.

C'est à cette époque que se situe une affaire domestique dont la raison n'a jamais été bien éclaircie. Sur un rapport qui lui était parvenu à Lundinium, Hadrien révoqua le préfet du prétoire Septicius Clarus et retira sa charge de conservateur des archives à Suétone, avec le prétexte qu'ils s'étaient conduits envers l'impératrice Sabine d'une manière plus familière que ne l'autorisait l'étiquette de la Cour. Or il était bien connu qu'il permettait ordinairement qu'on traitât mal son épouse pour laquelle il avait de l'antipathie, allant jusqu'à dire qu'il divorcerait s'il était de condition privée. Faut-il en conclure que ces deux personnages, et quelques autres qui partagèrent leur disgrâce, avaient montré trop de compréhension pour Sabine qui ne supportait pas Hadrien, allant jusqu'à dire, elle, qu'elle ne voulait pas infliger au monde la descendance d'un être aussi détestable ? C'est un fait que leur union demeura stérile. Mais quel était le fond du grief d'Hadrien contre ces deux chevaliers qui avaient été ses amis ? Nous ne le savons pas.

Il retourna en Gaule et à cette occasion visita Nîmes où venait de mourir Plotine à qui il devait l'Empire. Il se vêtit de noir pendant neuf jours et éleva dans cette ville une basilique à l'Impératrice devenue *diva.* Il composa des hymnes en son honneur puis, quelques jours plus tard, un poème pour célébrer son cheval Barysthenus mort à Apt où il repose dans un mausolée. De là il passa en Espagne et hiverna à Tarracone. Il y convoqua les députés de toutes les villes parce qu'il était mécontent qu'aucun citoyen de sa province natale ne voulût servir dans l'armée, ceux d'origine italienne comme lui invoquant les prétextes les plus dérisoires, et les indigènes refusant violemment d'être enrôlés. Tous ces hommes jeunes avaient à l'esprit l'anéantissement de la IXe Hispania en Bretagne. L'Empereur dut traiter le problème avec beaucoup de diplomatie, représentant les avantages que l'Espagne tirait de la sécurité de l'Empire. Il ajouta des marques de générosité en édifiant partout des monuments, en particulier à Italica.

Pour protéger le sud du pays des invasions des Maures d'Afrique, il éleva là aussi des défenses, mais il alla en construire d'autres chez les Maures eux-mêmes pour mettre ceux qui obéissaient à Rome à l'abri des insoumis de la montagne d'où Quietus tirait son origine, toujours prêts à piller les récoltes des plaines fertiles. Peut-être Turbo avait-il déjà mené à bien le travail de pacification dans lequel il était expert. On s'expliquerait ainsi qu'Hadrien ne resta que quelques mois au-delà des colonnes d'Hercule et qu'il n'eut plus d'ennuis dans cette partie d'Afrique jusqu'à la fin de son règne. S'il reçut alors de grandes actions de grâces, c'est peut-être plutôt pour les embellissements qu'il fit, les temples et les statues dorées qu'il érigea partout, et l'ordre qu'il mit dans l'administration.

Il revint en Espagne et là se situa un incident où il montra un grand sang-froid. Comme il se promenait dans un parc voisin de Tarracone, un esclave de son hôte se jeta sur lui l'épée à la main. Il le maîtrisa et le remit aux officiers de la sécurité, puis s'étant convaincu que l'homme avait l'esprit dérangé, il ordonna qu'il fût confié à des médecins et non supplicié. Apparemment il n'en fit pas davantage une affaire, mais j'ai peine à croire que son caractère déjà soupçonneux n'en fut pas profondément marqué. Sans doute, dans cette circonstance et dans quelques autres, se conduisit-il comme s'il était un vrai disciple d'Épictète, traitant en malades ceux qui agissaient hors de la raison et humanisant le sort des esclaves. Pourtant on le verra aussi se comporter injustement et avec brutalité envers beaucoup. Mais nous n'en sommes qu'à la quatrième année de son règne et il est lui-même dans sa quarante-neuvième année [1]. Il vit dans la plénitude de son ambition sans limites et de son universelle curiosité, et il fait alors voile vers la Grèce d'Asie.

1. 122 ap. J.-C.

XI. Son règne ne fut plus ensuite qu'un magnifique voyage interrompu seulement par un retour d'un an à Rome puis achevé dans une longue maladie seize ans plus tard. Il ne put profiter durablement de l'extraordinaire retraite qu'il s'était édifiée à Tibur et où il se préparait à jouir, dans les limites d'un grand jardin, de tous les chefs-d'œuvre de la nature et de l'art qu'il avait aimés au cours de ses pérégrinations. Celles-ci l'avaient amené d'abord à Éphèse où il institua les fêtes quinquennales appelées olympiades Hadrianiques, puis il fonda plusieurs villes auxquelles il accorda l'honneur de porter son nom, mais sans retirer à la capitale de la province d'Asie le droit de frapper la monnaie, privilège qu'il étendit à d'autres cités. Celles qui avaient été ruinées par un récent tremblement de terre furent restaurées et j'ai retrouvé plus tard les traces munificentes de son passage, attestées par son nom gravé sur les monuments. Il alla vers le nord, visita Cyzique, puis rendit hommage à Ajax sur sa tombe dans l'ancienne Troie. De là, il se rendit en Bithynie, province proconsulaire que Trajan avait retirée au Sénat pour y envoyer comme légat impérial son ami Pline. Ce n'était pas que les Bithyniens fussent difficiles à gouverner, au contraire, mais Trajan pensait déjà à ses campagnes parthes et il voulait être assuré des régions autour de la mer Noire. Hadrien eut le même souci avec son ami le légat Arrien qu'il envoya en inspection et dont nous avons la magnifique relation, *Périple du Pont-Euxin*. Son livre sert encore de manuel aux géographes, aux stratèges et aux commerçants parce qu'il décrit avec précision et agrément les villes et les populations qui témoignent jusqu'au pied du Caucase du rayonnement de Rome. Cet Arrien était un homme d'une grande ampleur d'esprit parce qu'on lui doit aussi d'avoir recueilli ses entretiens avec Épictète dans un livre immortel.

Je ne saurais énumérer toutes les cités qu'Hadrien visita jusqu'à Trébizonde et où l'on voit toujours ses statues à profusion. Je signalerai seulement qu'il s'arrêta à Melissa où se trouvait la tombe d'Alcibiade qui avait été assassiné en ce lieu alors qu'il tentait d'échapper aux poursuites des Athéniens en se rendant chez leur ennemi, le roi de Perse. Il fit relever en marbre de Paros cette tombe abandonnée, non qu'il voulût réhabiliter la forfaiture d'Alcibiade, mais par respect pour un Grec illustre dont le caractère, la culture et les mœurs lui étaient singulièrement proches. C'est au cours de ce voyage qu'il rencontra un jeune Bithynien, Antinoüs, ordinaire par la naissance mais non par la distinction et la beauté, qu'il s'attacha intimement au point de lui faire partager pendant neuf années ses plaisirs et ses secrètes pensées. On n'a pas de signes, toutefois, que le garçon ait abusé de ce privilège pour exercer une influence sur les choses du gouvernement. Au contraire, c'est lorsqu'il sortit de ce monde que la conduite d'Hadrien parut se déranger, comme si cette présence passive d'un être doué de charme avait su fixer son caractère changeant. On ne trouve rien que d'excellent dans ces années de règne qui furent marquées par une infinité de bonnes lois et de constructions. Il semait, pour ainsi dire, sur son chemin des villes qu'on peut reconnaître à ce qu'elles portent son nom. J'en ai même vu une qui s'appelle Hadrianosthère [1] et qui a été fondée pour commémorer une journée où il tua beaucoup de gibier, et notamment un ours de grande taille. En général, c'est autour d'un temple dédié aux émotions qu'il ressentait que s'élevaient les villes nouvelles et si l'on ne compte plus celles qui célèbrent le nom d'Antinoüs, on n'en connaît pas une qui porte celui de Sabine.

XII. Les bonnes lois qu'il fit améliorèrent la condition des *humiliores*. Ainsi il défendit que les maîtres pussent en aucun cas tuer leurs esclaves, réservant aux tribunaux de juger leurs crimes. Il ordonna une enquête sur ces prisons domestiques qu'on appelle ergastules et les supprima. Il édicta que dans les cas où un maître d'esclaves était tué, seuls ceux qui avaient pu être témoins du meurtre seraient mis à la torture. De même, un maître n'eut plus le droit de vendre ses esclaves aux lanistes pour en faire des gladiateurs malgré eux. En revanche, il refusa aux spectateurs du Cirque qui le lui demandaient l'affranchissement d'un cocher qui ne lui appartenait pas. Et de cette sorte de gens il ne tolérait aucune conduite familière avec les *hones-*

1. Hadrianosthère : chasse d'Hadrien.

tiores et les *clarissimes.* Un jour qu'il en voyait un du Palais se promenant sur le Forum en compagnie de deux sénateurs, il envoya quelqu'un le gifler avec cet avis : « Tu ne dois pas te pavaner entre ceux qui pourraient être tes maîtres. » Il établit une législation pour distribuer les terres abandonnées et les remettre en culture. Celui qui trouvait un trésor chez lui pouvait le garder et il n'en conservait que la moitié si c'était dans le fonds d'un autre. Les bains publics étaient réservés aux malades jusqu'à deux heures après midi. Il fit de l'Italie trois circonscriptions judiciaires qu'il confia à d'anciens consuls, ce qui ajouta au ressentiment que le Sénat avait contre lui, car ce corps y voyait une atteinte à ses privilèges. Comme Salvius Julianus lui était très précieux pour légiférer, il doubla d'un seul coup ses appointements.

Partout il recevait un bon accueil parce qu'il apportait des libéralités, accordait des honneurs et des avantages fiscaux aux intellectuels, surtout les rhéteurs et les sophistes comme Favorinus, Polemo, et leurs disciples Hérode Atticus et Aristide qui parlaient magnifiquement de la grandeur de Rome. Toutefois il manifesta de l'humeur contre les habitants d'Antioche et d'Alexandrie, les deux autres métropoles de l'Empire, parce que ceux-ci, à leur habitude, persiflaient sur son passage et raillaient Antinoüs. Il faut dire que les Alexandrins étaient perpétuellement en sédition et qu'à peine les Grecs et les Juifs rentrés dans leur quartier après que Turbo eut mis fin à leur massacre réciproque par un massacre général, Hadrien dut faire réprimer une guerre civile entre deux partis égyptiens qui voulaient s'approprier chacun le nouveau bœuf Apis découvert dans le pays. On prétend que ce bœuf avait tous les signes de la divinité. Les gens d'Antioche, eux, étaient spirituels et versatiles et de plus ils n'avaient pas beaucoup de respect pour l'autorité de Rome. Hadrien pensa leur retirer des privilèges mais il était surtout pressé d'aller en donner de nouveaux aux Athéniens qui, bien que tout aussi convaincus de leur supériorité, savaient mieux la dissimuler et déployaient leurs séductions intellectuelles devant l'Empereur, déjà archonte d'honneur de leur ville.

Il vit que la cité, toujours enfermée dans les murailles de

Périclès, n'était plus à la mesure de son prestige intellectuel dans l'Empire. Il fit des plans pour la restaurer et l'agrandir. Le nouveau quartier qu'il bâtit au pied de la colline Acropole s'ouvre par un arc magnifique de marbre de Pentélique sur lequel on peut encore lire d'un côté : « Ici est Athènes, la cité de Thésée », et de l'autre : « Ici commence Hadrianapolis, la cité d'Hadrien et non de Thésée. » Il y éleva un très grand temple qu'il dédia à Jupiter Olympien, c'est-à-dire à lui-même. Il fit construire une bibliothèque portée par cent vingt colonnes et surmontée d'un toit doré, rivalisant avec celle d'Alexandrie. Il donna tant de travail aux ouvriers et de satisfactions aux artistes — ne serait-ce que pour les centaines de statues de lui-même qui ornent la ville — qu'il releva la grandeur de la cité dont il fit le centre d'une nouvelle ligue panhellénique, mais ce ne fut guère plus qu'un symbole. Il institua des jeux et donna un spectacle où mille bêtes sauvages périrent. Il demeura un hiver et rentra à Rome après cinq ans d'absence [1].

XIII. Sur le chemin du retour, il s'arrêta en Sicile qui était à ses yeux encore un peu de cette Grèce qu'il préférait à tout. Il voulut gravir l'Etna pour voir de plus haut le lever du soleil car, contrairement aux Romains, il aimait les spectacles grandioses de la nature. Dans la Ville il continua à se livrer à sa passion de construire. Pour laisser l'espace au temple de Vénus et de Rome, il fit déplacer le colosse de Néron, que tirèrent vingt-quatre éléphants, et remplaça sa tête par celle du Soleil. Il acheva le Panthéon d'Agrippa avec une voûte grandiose qui est un chef-d'œuvre incomparable de l'architecture. Il ne fit construire qu'un pont, qui porte son nom, et ce fut pour rejoindre le mausolée rond qu'il se préparait sur l'autre rive du Tibre. Tout cela coûtait très cher mais donnait du travail à d'innombrables ouvriers qu'il eût autrement fallu entretenir à ne rien faire aux frais de l'État. Quand il ne traçait pas de plans ou ne dictait pas de lois — mais il pouvait s'appliquer à plusieurs

1. 128 ap. J.-C.

choses à la fois —, il écrivait des poèmes érotiques. Cependant la passion des voyages était la plus forte en lui, et il ne resta pas longtemps à Rome.

Il revint en Afrique, cette fois-ci à Carthage qui n'avait pas reçu depuis Scipion une visite aussi glorieuse et qui, du même coup, changea son nom pour celui d'Hadrianapolis. Il visita Zama et Utique. Une grande pluie tomba à son arrivée, qui fut interprétée comme un don de sa générosité parce qu'elle mettait fin à une sécheresse inhabituelle. Ordinairement le pays est fort bien arrosé et il y a peu de provinces aussi prospères, notamment pour le blé et l'olive. On a conservé l'ordre du jour qu'il adressa à la IIIe Augusta, la seule légion qui stationne en Afrique, en son camp fixe de Lambèse. C'est un modèle pour l'exercice et la stratégie qui a servi depuis et servira à toutes les armées de l'Empire. Puisse-t-il ne pas trop inspirer les adversaires de Rome. De là, par l'Italie, il se hâta de revenir en Grèce. Il fut initié à Éleusis au plus haut degré des Mystères, qui est, dit-on, l'Époptie royale dont peu d'hommes ont le secret. Il alla à Thèbes relever le tombeau d'Épaminondas. Déjà, au cours de son précédent voyage, il avait consulté l'oracle de Delphes. Il présida aux Dionysies. Bref, il ne manqua de sacrifier à aucun rite, car bien qu'il fût Pontifex Maximus, c'est-à-dire le chef suprême de la religion romaine, il était curieux de tous les autres cultes et ne négligeait pas la moindre protection divine d'où qu'elle vînt. Il éleva même un temple au Dieu inconnu pour le cas où il en aurait oublié un. C'est peu dire qu'il était attentif aux puissances surnaturelles, car il versa aussi dans l'astrologie : on dit qu'il se guidait sur les horoscopes, pour lui et les gens avec qui il avait affaire. Ainsi il avait écrit à l'avance tout ce qui adviendrait d'important dans sa vie et jusqu'à l'heure de sa mort. Il tenait cet art de mages chaldéens et égyptiens.

XIV. Ces derniers, il désirait les visiter chez eux, et ce fut l'objet d'un autre grand voyage qui le mena d'abord dans la Cappadoce et la Cilicie jusqu'à Tarse, d'où il passa en Syrie, jusqu'à Palmyre. Puis, l'année suivante, il alla en Judée, à Jérusalem, voir l'avancement des travaux qu'il avait commandés pour faire de la cité des Juifs une colonie romaine. Il s'assura que le temple de Salomon serait bien remplacé par un temple dédié à Jupiter et il donna à la cité en construction le nom d'Aelia Capitolina afin que le culte de sa personne remplaçât celui de Javeh. Sans plus se soucier des sentiments du peuple juif, il continua son voyage vers l'Égypte, relevant en passant à Péluse le tombeau de Pompée. Mais tandis qu'il jouissait de la douceur de l'automne sur le delta du Nil, le destin lui enleva subitement son cher Antinoüs[1]. Nul ne fut témoin de la noyade du jeune homme, mais certains prétendent qu'il se suicida et ils ajoutent qu'il avait ainsi offert sa vie à l'Empereur malade, suivant en cela une antique coutume égyptienne. Il était à l'évidence d'un tempérament grave et asthénique si l'on s'en rapporte aux images de lui qui couvrent toute la terre. Hadrien, en effet, après l'avoir pleuré comme une femme, voulut l'immortaliser. Des prêtres égyptiens complaisants lui affirmèrent qu'il était apparu dans le ciel comme un astre nouveau, et il fut divinisé par plusieurs religions. Je ne saurais dire le nombre de cultes, de temples et de villes neuves qui lui furent dédiés. Sur les lieux de sa disparition une grande cité nommée Antinoée fut élevée et l'on voit aujourd'hui qu'elle est prospère car Hadrien détourna sur elle les courants du commerce au détriment d'Alexandrie. Il est vrai que les habitants de cette dernière ville méritaient d'être punis car, à leur habitude, ils raillèrent la passion demesurée et impie de l'Empereur.

XV. Le voyage d'agrément fut néanmoins poursuivi car j'ai vu de mes yeux sur le haut Nil des inscriptions attestant le passage de la Cour impériale, notamment sur le Colosse de Memnon, qui ne manqua pas de donner de la voix au soleil levant pour ces illustres visiteurs. La poétesse Julia Balbilla, amie de Sabine, grava dans le socle de la statue des vers que j'ai pu lire.

1. 30 octobre 130 ap. J.-C.

On revint hiverner à Alexandrie, puis, ayant repris le chemin de Rome, c'est en Grèce qu'Hadrien apprit de graves nouvelles de Judée. En effet, à peine avait-il quitté cette province quelques mois plus tôt, que les habitants entrèrent en rébellion sous la conduite d'un des leurs qui s'était fait passer pour un nouveau Messie et qui était en réalité un habile agitateur et chef de guerre. Au début, le légat Tincius Rufus n'y prêta pas beaucoup d'attention car il était improbable qu'un peuple écrasé à plusieurs reprises depuis soixante ans, par Titus d'abord, puis par Quietus, enfin par Turbo, eût l'envie et la force d'affronter à nouveau les légions. Mais on ignorait que celui qui s'était nommé « le fils de l'Étoile », Bar Kocheba en hébreu, organisait depuis longtemps une armée dans l'ombre et qu'il avait constitué un immense réseau de fortifications souterraines. Des sicaires armés le rejoignirent clandestinement de toutes les juiveries d'Orient, et ils occupèrent Jérusalem. Rufus débordé fit appel au gouverneur de la Syrie, Publicius Marcellus, qui rassembla plusieurs armées.

Hadrien, qui n'avait pas mesuré l'offense ressentie par les habitants de Jérusalem voyant leur lieu sacré occupé par Jupiter et s'étant au surplus entendu interdire leur pratique de la circoncision, revint en hâte sur place et décida de faire venir de Bretagne Sextus Julius Severus, spécialiste des guerres de répression. Mais déjà les fanatiques s'étaient rendus inexpugnables dans leurs citadelles secrètes, et Bar Kocheba émettait des monnaies qui célébraient l'an I de la libération de son peuple. Une légion entière, la XIIe, disparut on ne sait comment. Julius Severus décida de prendre son temps, et quatre ans durant avec soixante-cinq mille soldats il réduisit un à un les points d'appui des Juifs qui étaient au nombre de cinquante et que dominait le rocher fortifié de Bether. Neuf cent quatre-vingt-cinq bourgades furent rasées. Il perdit un grand nombre d'hommes et en massacra une infinité. Quand le pays fut ruiné et dépeuplé, on vendit les derniers survivants au marché d'esclaves de Gaza où l'on dit que le prix de l'homme tomba au-dessous de celui de l'âne. Hadrien pensa avoir débarrassé des Juifs jusqu'à la fin des temps la Judée, qu'il renomma Palestine. Mais il ne s'en glorifia pas, car dans un message au Sénat il omit la formule rituelle : « Quant à nous et à nos armées, nous nous portons bien. »

XVI. En réalité, depuis quelque temps déjà, il ne se portait pas bien, ce que n'ignoraient pas ses proches et qui poussa Antinoüs au sacrifice. Ses humeurs inquiètes prirent à nouveau possession de lui, avec quelques signes douloureux dans les jambes et d'abondants saignements de nez. C'est à ce moment qu'il commença à se brouiller avec ses vieux amis, Nepos, Favorinus et même Turbo. Il s'était retiré dans sa villa de Tibur, mais je doute qu'il en ait pleinement ressenti les délices. Jusqu'à sa mort, il ne voyagea plus que dans ce musée de quelques hectares. Se souvint-il alors de la négligence qu'il avait amèrement reprochée à Trajan vieillissant, est-ce le soin du bien public qui l'inspira ou bien quelque passion inavouée, ce fut en tout cas à ce moment qu'il décida de choisir dans son entourage l'héritier que Sabine ne lui avait pas donné. Il n'est peut-être pas sans signification qu'il ait attendu la mort de l'Impératrice pour fixer son choix : s'il n'avait guère d'égards pour elle, au point qu'on put le soupçonner de l'avoir empoisonnée, il n'eût osé lui imposer comme fils adoptif un homme aux mœurs corrompues. Cet homme lui était assurément très cher pour sa naissance noble, sa beauté ou pour toute autre raison obscure. Il s'appelait Ceionus Commodus Verus et il devint Lucius Aelius César dans la dix-huitième année du règne d'Hadrien [1].

Ce Ceionus appartenait à une ancienne famille italienne originaire de Faventia. Son père avait été consul, et sa mère Plautia, devenue veuve, s'était remariée à Nigrinus qu'Hadrien supprima peu après avoir pris le pouvoir. Le jeune homme, qui avait des prétentions aux lettres et surtout une grande propension au plaisir, séduisit Hadrien. Il lui révéla notamment la recette du tétrapharmaque, une mixture de tétines de truies cuites avec de la chair de paon et de sanglier qui devint le plat

1. Décembre 136 ap. J.-C.

préféré de l'Empereur. Il se couchait sur des pétales de roses pour lire Ovide, tandis que ses pages ailés, Aquilon et Borée, s'affairaient à ses ordres. Mais ce n'étaient que plaisirs innocents et on ne lui connaissait aucune méchanceté. Il délaissait son épouse, fille de Nigrinus, à qui il fit néanmoins un garçon à sa propre image. Quand il fut adopté à la surprise de tous, il avait trente-cinq ans et déjà portait les signes d'une grave consomption. Hadrien qui le voyait sous ce jour, et qui d'ailleurs avait lu la brièveté de sa vie dans son horoscope, ne ménagea pourtant pas ses efforts pour l'associer à l'Empire en dépit de toutes les résistances.

XVII. Celles-ci vinrent notamment du côté de sa famille, car il avait un petit-neveu, Pedanius, fils de son ami et collègue au consulat, Fuscus Salinator. Ce Fuscus était mort, mais le grand-père de Pedanius était bien vivant, quoique nonagénaire : il s'agissait de ce Julius Servianus, beau-frère d'Hadrien qui, on l'a dit, était en difficulté avec lui depuis sa jeunesse. Servianus aurait pu espérer succéder à Trajan et il reportait ses ambitions sur son petit-fils qui n'était pas plus éloigné d'Hadrien par le sang que celui-ci ne l'était de Trajan. Il fit, paraît-il, circuler un horoscope de Pedanius où se lisait son destin impérial. Est-il certain qu'il essaya aussi de soudoyer les prétoriens en sa faveur lorsque Hadrien jeta son dévolu sur Ceionus ? Si cela est, il mérita de recevoir l'ordre de se suicider, ce qu'il fit tranquillement en souhaitant à l'Empereur d'avoir une longue agonie, et de désirer sortir de la vie sans le pouvoir. Quant à Pedanius, qui n'avait que dix-huit ans, il ne méritait pas d'être étranglé quelle que fût sa présomption juvénile. Beaucoup d'autres, croit-on, disparurent dans cette affaire. Pour mettre un terme aux mauvais bruits, Hadrien donna des sommes considérables à Ceionus afin qu'il offrît de l'or aux soldats et des jeux au peuple. Puis il l'envoya mener la guerre dans les plaines glacées de Pannonie, ce qui ne laisse pas de surprendre. Sans doute ne croyait-il plus à l'avenir de ce fils, puisqu'il se lamentait : « Nous nous sommes appuyés sur un mur branlant » et « Il me semble que j'ai adopté un dieu. » Ces phrases cruelles furent rapportées par un préfet au César qui s'en plaignit à juste titre. Le préfet fut sanctionné et Ceionus revint à Rome. Il allait prononcer au Sénat en l'honneur d'Hadrien un discours ampoulé selon son habitude, lorsque dans la nuit du 31 décembre [1], il mourut d'un remède trop fort.

Hadrien formula un regret : « Nous avons perdu, dit-il, quatre cents millions de sesterces », puis il fit des obsèques impériales à cet héritier qu'il inhuma dans son mausolée tout neuf. Cependant son mal s'aggravait et, désespérant des médecins, il recourut à la magie qui le soulagea un moment en vidant son corps de l'eau qui le gonflait. Dans ce répit il retrouva le bon sens et s'il s'obstina à vouloir léguer l'Empire au fils d'Aelius César, Lucius Commodus, qui n'avait que sept ans, il prit une sécurité en lui associant un jeune homme de la tribu Annius Verus, d'origine espagnole elle aussi et apparentée à sa famille, Marcus, âgé de dix-sept ans. Il marqua, à vrai dire, une préférence pour ce dernier dont il avait eu le temps d'apprécier l'intelligence et le caractère réfléchi, et qu'il se plaisait à surnommer « Verissimus ». Toutefois, vu le jeune âge des deux garçons déjà orphelins, il leur donna un père adoptif en la personne d'un sénateur issu d'une autre grande famille provinciale, Arrius Antoninus Boionius. Par cette sage décision, il racheta tous ses errements précédents et rendit inoffensifs ceux auxquels l'aggravation de son mal allait le porter.

XVIII. Il eut la force de se transporter à Baïes où il pensait soulager ses douleurs, mais elles revinrent si inexorablement qu'il demandait qu'on le tuât. Son médecin, à qui il donna un tel ordre, préféra se suicider. Un autre domestique préposé à ses chasses, un Sarmate vigoureux nommé Mastor, parut lui obéir, mais prit la fuite au moment de passer à l'acte et prévint Antonin qui accourut et tenta d'apaiser son délire. Mais il lui ordonna de mettre à mort des sénateurs qu'il n'aimait pas,

1. 138 ap. J.-C.

mesure qu'Antonin différa jusqu'au moment où Hadrien, perdant sa retenue, cessa tout régime, mangea et but, puis mourut le 10 août [1], sous les yeux de son successeur, à l'âge de soixante-deux ans, au terme d'un règne de vingt et un ans. Son corps fut porté à Pouzzoles, dans l'ancienne villa de Cicéron, en attendant que le Sénat se décidât, sur les instances d'Antonin, à lui faire des obsèques dignes de son rang suprême.

Les présages qui annoncèrent la mort d'Hadrien furent ceux-ci : pendant qu'il sacrifiait, le voile glissa de sa tête et l'anneau tomba de son doigt. Au lieu de « la mort de mon fils », il dit « ma mort ». Il rêva qu'un lion l'étouffait. On lui envoya une femme qui avait perdu la vue et il la lui rendit en la touchant. Mais c'était un subterfuge. Un inconnu vint hurler au Sénat des choses incompréhensibles. Pressentant qu'il allait mourir, il composa un poème bien dans sa manière :

Ma petite âme câline, vagabonde,
Hôtesse de passage et amie de mon corps,
Dans quels lieux erres-tu maintenant,
Pâlotte, désespérée et nue,
Toi qui étais faite pour le bonheur ?

Cet homme était vraiment le plus divers, le plus contradictoire qui fût. Ses amis le connurent généreux, mais aucun continûment. Il pouvait être simple, mais les marques de son mépris étaient redoutables. Il protégeait les arts, mais il n'aimait pas le talent chez les autres. Il était sobre et fastueux à la fois. Il sut être magnanime : il permit au philosophe Euphrate, qui était las de vivre, de se suicider. Mais il s'emportait sans mesure : il creva l'œil d'un de ses secrétaires en le souffletant. Toutefois, il blessa davantage l'homme en lui proposant de l'argent en compensation. Je crois qu'il avait plus de dons de l'intelligence que de vraie grandeur d'âme.

1. 138 ap. J.-C.

IV.

ANTONIN LE PIEUX

I. Le nouvel empereur s'appelait Titus Aurelius Fulvius, du nom de ses grands-parents paternels, auquel il ajouta celui de Arrius Antoninus Boionius qu'il tenait de ses grands-parents maternels, les uns et les autres chargés d'honneurs et de biens considérables. La voix populaire, qui simplifie tout, l'appela Antoninus Pius, tant déjà, lorsqu'il fut choisi par Hadrien à l'âge de cinquante-deux ans, il était connu pour sa sagesse et ses vertus. Cette réputation était née, disent certains, de ce qu'on l'avait vu un jour soutenir son beau-père âgé sur les marches du Sénat. D'autres prétendent qu'il la mérita en soustrayant plusieurs hommes illustres aux fureurs ultimes d'Hadrien. Il est vrai, comme je l'ai raconté, qu'il sut différer l'exécution des ordres de l'Empereur égaré. Mais il fut plus grand encore quand il s'opposa aux vengeances posthumes du Sénat, déclarant tout net que si l'on annulait les derniers actes d'Hadrien, son adoption elle-même deviendrait caduque. Or les Pères conscrits ne pouvaient souhaiter meilleur prince qu'un des leurs qui n'avait rien demandé et était déjà âgé. On voit aussi par ce trait qu'Antonin était un juriste scrupuleux. Là était sa compétence principale, il n'avait jamais conduit d'armée au combat, et il eut le bonheur, aidé par sa prudence et son autorité naturelle, de vivre un long règne pacifique.

II. Le premier T. Aurelius Fulvius qui s'illustra fut son grand-père paternel, originaire de Nîmes dans la Gaule narbonnaise et qui commanda la IIIe Gallica sous Corbulon en Orient. Il fut deux fois consul et préfet de Rome. Son fils homonyme fut consul avec Domitien et mourut jeune. Du côté de sa mère, née Arria Fadilla, fille d'Arrius Antoninus et de Boionia Procilla, il n'y avait pas moins d'illustration. Arrius Antoninus fut deux fois consul et gouverna l'Asie. J'ai raconté que lorsque Nerva fut porté à l'Empire, il lui dit, en guise de félicitation : « Je te souhaite bien du plaisir... Tu vas échanger ta tranquillité contre une position dangereuse et pleine de corruption pour l'âme. » Peut-être était-il jaloux. Mais Pline, son ami, le considérait comme un homme des plus estimables et un grand lettré. Quand le jeune Antonin devint orphelin de père, sa mère s'étant remariée avec le consul Julius Lupus, ses deux aïeux se chargèrent de son éducation qui fut parfaite. Ses premières années se passèrent à la campagne, dans la villa familiale de Lanuvium, à dix-huit milles de Rome, près de la via Appia. Il y contracta un goût pour le genre de vie rustique qui ne l'abandonna jamais, de sorte qu'entre le lieu de sa naissance, le 13 des calendes d'octobre, sous le douzième consulat de Domitien [1] et celui de sa mort, à Lorium, près de la via Aurelia, soixante-quatorze ans plus tard, il n'y a que quelques étapes. Il ne s'éloigna de ses fermes que pour exercer les charges de la vie publique qui correspondaient à son rang : d'abord la voirie de Rome, le tribunat militaire, puis la questure à vingt-cinq ans, le tribunat du peuple et la préture ouvrant le Sénat, l'année de la mort de Trajan.

Dans toutes ces charges il eut, grâce à son immense fortune, la possibilité de se montrer magnificent et on parla longtemps de la splendeur des spectacles qu'il offrit au peuple. Mais il était extrêmement économe et frugal pour lui-même. Il gérait très bien les héritages qui s'accumulaient sur sa tête et qui étaient constitués, outre de propriétés foncières, de briqueteries dont on pourrait retrouver la marque de fabrique sur les monuments et les travaux d'art de l'Italie entière. Sous le règne de

1. 18 septembre 86.

Néron, il eût été de ceux que le Prince condamnait à mort pour un crime imaginaire, en réalité pour transférer leurs biens au fisc impérial. Depuis Nerva ce transfert continuait à s'opérer, non plus par force et d'un seul coup, mais volontairement et dans les cas où l'intérêt public le recommandait. C'est toute la différence entre la confiscation et l'évergetisme, cet art de la bienfaisance dont les cités grecques nous ont appris la pratique, si bien qu'au lieu d'encourir la mort les riches s'acquièrent, en se dépossédant eux-mêmes, la reconnaissance publique.

III. A l'époque de sa questure, il épousa Annia Faustina fille d'Annius Verus qui avait été consul et qui le serait deux fois encore, puis préfet de la Ville, comme on le verra plus tard car cette famille d'origine espagnole jouera un grand rôle dans l'Empire. Ainsi les vertus provinciales qu'incarnaient les colons gallo-romains et hispano-romains, conservateurs des anciennes traditions de la République emportées par leurs ancêtres deux siècles plus tôt, se retrouvaient conjuguées au centre de Rome. Ces gens-là n'avaient pas été mêlés aux turpitudes des héritiers de César. Leur vigueur morale, leur fortune et les hautes charges qu'ils accumulaient leur conféraient une puissante influence. Si l'on ajoute à cela leur clientèle privée et l'amitié agissante de leurs compatriotes, on voit que le pouvoir suprême était à leur portée. Mais ils avaient eu la sagesse de ne pas y prétendre prématurément et par des conduites forcées. Ils servaient l'État et veillaient au maintien des libertés du Sénat. Pour cela ils étaient prêts à payer de leur vie. Le pacte qu'ils avaient passé avec Nerva et Trajan ne fut pas toujours scrupuleusement respecté par Hadrien, qui cependant se ressaisit, comme on l'a vu, dans ses dernières heures. Il se souvint du sénateur compétent qu'il avait nommé consul dans la troisième année de son règne [1], en même temps que L. Catilius Severus qui l'était pour la deuxième fois. Il lui avait ensuite confié une mission délicate, celle de représenter le pouvoir impérial dans

1. 121 ap. J.-C.

une des trois circonscriptions de l'Italie qu'il avait découpée administrativement pour mieux en retirer le contrôle aux sénateurs. Comme il savait qu'Antonin n'aimait pas beaucoup se déplacer, il lui attribua l'Étrurie qui était la région où il avait le plus de propriétés. C'est dire combien il était sûr de l'intégrité de ce consulaire.

Antonin dut cependant, pour remplir son *cursus honorum,* voyager jusqu'en Asie lorsque le moment vint pour lui, à quarante-cinq ans, de tirer au sort le gouvernement d'une province proconsulaire. Celle d'Asie considérée comme plus enviable que celle d'Afrique lui échut par chance. Il y retrouva les traces de son grand-père maternel. Il débarqua à Éphèse avec sa femme Faustina et sa dernière fille, ses trois autres enfants étant déjà morts. Cette fille portait le même nom que sa mère et elle aurait le même caractère qui n'était pas propre à rendre un homme heureux, quelque indulgents ou aveugles qu'aient pu être ceux qu'elles épousèrent. On jugera de la patience que montrait Antonin en toutes les circonstances à l'anecdote suivante : passant par Smyrne, les autorités de la ville crurent bon de le loger dans la plus belle demeure qui était celle du célèbre avocat Polemo, alors en voyage. Mais ce dernier revint inopinément au milieu de la nuit et exigea que le gouverneur évacuât sur-le-champ son domicile. Antonin dut obtempérer, si grande était la puissance du rhéteur ami d'Hadrien. Il eût pu se venger plus tard lorsque, devenu empereur, il reçut Polemo à Rome, mais il se contenta de dire en souriant : « Qu'on le loge bien, et surtout qu'on le laisse dormir cette nuit. »

A la même époque de son proconsulat d'Asie, il eut une altercation avec Hérode Atticus sur un étroit chemin du mont Ida où leurs deux voitures se croisaient. Le rhéteur milliardaire refusa la priorité au gouverneur qui ne lui en tint pas rigueur puisqu'il le fit venir plus tard à Rome pour enseigner l'éloquence au jeune Marcus.

Son proconsulat terminé, il revint à Rome où Hadrien le fit entrer au Conseil impérial dont il était un des membres les plus écoutés en raison de sa connaissance du droit. Il faut dire que ses deux grands-pères n'avaient rien épargné pour développer cette partie de son éducation. Sous ces règnes brillants, il ne suffisait plus d'être riche et bien né pour être remarqué par le Prince, il fallait être supérieur à tous, sinon on se voyait supplanté par un chevalier, un *homo novus* plus compétent. Il ne faisait de doute pour personne, jusque dans le public, qu'Antonin réunissait en lui les plus grandes chances et les plus grandes qualités, mais le destin voulait qu'Hadrien allât d'abord au bout de ses mystérieux errements avant de redécouvrir, en un éclair, le bon sens. On a vu comment il se résolut finalement en faveur de deux jeunes gens, l'un à la nature improbable et d'une hérédité légère, l'autre de souche solide et déjà prometteur. Antonin fut choisi comme le meilleur pour conduire leur éducation. Mais il ne pouvait être seulement un tuteur ni un régent, fonctions d'autorité insuffisante pour l'Empire. Il en reçut donc l'héritage entier. On était assuré que son serment à Hadrien, devenu son père, serait inviolé.

IV. Mon père a vu souvent Antonin à cette époque-là marcher à pied du Palatin au Capitole sans apparat de gardes ni de licteurs. Sa taille et la noblesse de son maintien suffisaient à inspirer le respect. De plus il était beau, le visage régulier orné d'une barbe courte. Il avait cinquante-quatre ans lorsqu'il revêtit la pourpre. Sa santé était bonne mais au prix d'une existence régulière et d'une hygiène parfaite. Il ne recourait jamais aux remèdes, bien qu'il eût des maux de tête. Il prenait un peu de pain sec le matin avant les audiences. Nous avons beaucoup de détails sur lui par son fils adoptif Marc Aurèle qui l'a approché le plus longtemps et du plus près. Il nous dit entre autres choses que cet homme modéré en tout ne se baignait pas à n'importe quel moment, qu'il n'avait pas besoin d'aller à la selle en dehors de ses heures habituelles. Il savait quand il fallait se raidir et quand se détendre. Il aimait faire les choses par lui-même et avait la capacité de se suffire en tout. Il admettait des amis à sa table qui était fournie par les chasseurs, les oiseleurs et les pêcheurs de ses domaines. Il pratiquait une opulence sans faste, une économie sans avarice. Sa toge était tissée à Lorium, dans sa ferme d'en bas. S'il fit de grandes libéralités au peuple et aux soldats, Faustina trouva encore à lui reprocher son avarice, mais il lui répondit avec humeur qu'elle n'avait rien compris, qu'ils n'avaient plus de biens en propre, même leur maison, puisque leur fortune se confondait maintenant avec le Trésor public. Plus tard, il prit soin toutefois d'en réserver l'usufruit à sa fille.

Marc Aurèle nous dit aussi qu'Antonin avait une grande capacité de travail, qu'il n'abandonnait jamais une enquête en cours, qu'il examinait les faits minutieusement et qu'il était très accueillant à ceux qui donnaient des conseils utiles. Mais ensuite il montrait un attachement inébranlable aux décisions prises. S'il était capable de s'employer jusqu'à la nuit à une même tâche, réglant les plus petits détails, il n'y mettait jamais une outrance tragique et nul n'a pu dire de lui : « Il en sue ! » Dans les délibérations il pesait tout avec tant de scrupules qu'on l'appelait familièrement « taille-cumin », ou « coupeur de cheveux en quatre ». Mais aussi on admirait qu'il ne fît rien de contraire à la justice et à l'humanité, et sa bonne réputation fut telle que ses successeurs, même les plus indignes, voulurent mettre son nom à côté du leur, et aussi que la dynastie fondée par Nerva s'appela Antonine plutôt qu'Ulpienne ou qu'Aurélienne.

V. De même qu'il n'aimait pas se déplacer — pendant tout son règne il ne s'éloigna jamais de plus d'une journée d'étape de Rome —, il n'avait pas le goût d'innover, et je crois que c'est grâce à cette disposition de sa nature que l'œuvre d'Hadrien put se prolonger et trouver son accomplissement dans l'Empire. Un règne réformateur a besoin d'être suivi par un règne de conservation qui fixe dans la réalité les effets du mouvement. Mais il est juste de dire qu'Antonin fit davantage que d'appliquer les lois reçues, il les améliora comme l'eût voulu Hadrien dans le même sens humanitaire. C'est à lui qu'on doit la règle qu'un accusé est présumé innocent. Il défendit qu'on pût révoquer une clause d'affranchissement d'esclave dans un testament. On a de lui une lettre à un maître qui en avait appelé à l'État contre l'indiscipline de ses esclaves. « Ce n'est pas seulement par des actes d'autorité qu'il faut s'assurer de leur obéissance, mais encore en les traitant avec modération, en leur donnant ce qu'il faut, en n'exigeant rien d'eux au-delà de leurs forces. Si tu te conduis avec cruauté, le proconsul pour éviter une mutinerie te retirera tes droits sur eux. » Mon père, qui n'avait pas attendu de lire cet écrit pour traiter humainement ses gens, m'a dit qu'il fallait du courage pour rabrouer ainsi un propriétaire de grands domaines qui vivait quasiment seul au milieu d'un troupeau de mille esclaves. Même le droit d'en tuer un fut retiré au maître, tandis qu'il était jusqu'alors défendu seulement de tuer l'esclave d'autrui, sauf évidemment dans les cas de flagrant délit d'adultère.

Il réitéra et respecta le serment de ne mettre à mort aucun sénateur, et même l'un d'eux qui avait été convaincu de parricide fut seulement déporté dans une île. A vrai dire, cette île étant déserte il mourut sûrement de faim. Attilius Tatianus ayant comploté, il fut condamné à perdre ses biens et Antonin interdit qu'on recherchât ses complices, de même pour Priscius qui, découvert, se donna la mort. Le métier de délateur demeura interdit et les confiscations rarement édictées. Le libéralisme du Prince profita à toute la société et, si l'on fait la part du style hyperbolique qui est celui des rhéteurs, on peut trouver quelque chose de vrai dans le discours d'Aristide de Smyrne qui a été conservé et où l'on voit que le règne d'Hadrien avait laissé un mauvais souvenir : « Tout l'Empire était sous le coup de la peur ; des espions circulaient dans toutes les villes, étaient aux écoutes de toutes les paroles ; il n'était plus possible de parler ni de penser librement. Mais l'empereur Antonin a mis fin à ce régime oppressant et nous a rendu notre entière liberté. » C'est vrai que les Tacite, Suétone et Juvénal s'étaient tus sous Hadrien. Mais c'est vrai aussi que le retour de la tolérance ne vit pas le réveil des lettres, du moins dans l'Histoire et les autres genres sérieux qui, faute d'exercice, avaient perdu jusqu'à l'existence.

VI. Antonin ne continua pas avec la même vigueur la politique de construction de son prédécesseur. Il lui fit élever un temple et acheva son magnifique Panthéon. Quand son épouse mourut, dans la troisième année du règne[1], il la déifia et lui dédia le temple grandiose que l'on voit sur la Via Sacra. On ne peut douter qu'il était attaché à cette femme très belle dont il souffrit les infidélités, puisqu'il disait : « J'aimerais mieux vivre à Gyaros avec elle que sans elle au Palatin. » Gyaros est une île des Cyclades où l'on reléguait alors les grands coupables. Il prit ensuite une concubine, Lysistrata, pour laquelle il eut aussi des faiblesses s'il faut croire la rumeur qu'elle obtint que Fabius Repentinus reçût par faveur la charge de préfet du prétoire. Cette charge était de toute confiance. Gavius Maximus l'avait occupée pendant plus de vingt ans. Antonin était aussi constant que modéré dans ses attachements. Il eut la sagesse de ne pas persévérer dans l'amour des éphèbes auquel il avait cédé dans sa jeunesse. Il appréciait les comédiens, participait volontiers aux jeux de balle. Mais par-dessus tout il aimait pêcher à la ligne.

VII. L'Empire fut paisible à l'image de sa vie, peut-être aussi par l'effet de l'autorité tranquille qui se dégageait de sa personne et qui impressionnait chacun au-dedans et au-dehors des frontières. Pas plus qu'il n'eut à se reprocher le sang des citoyens, il ne répandit celui des ennemis. Il soutint moins de guerres encore qu'Hadrien. Il ne tirait pas prétexte des provocations pour faire avancer les légions, mais il renforça les défenses, notamment en Bretagne où il construisit un deuxième mur en terre et en gazon, plus septentrional que le premier mur d'Hadrien. Le roi des Parthes, Vologèse, s'étant montré menaçant, il lui fit entendre raison par le seul effet d'une lettre, et il ne lui rendit pas le trône d'or de Darius pris par Trajan. Il se plaisait à répéter après Scipion « qu'il aimait mieux garder la vie d'un citoyen romain que de tuer mille ennemis ».

1. 141 ap. J.-C.

Toutefois, si l'on y regarde de plus près, on voit que des foyers d'agitation fermentaient aux frontières des provinces. Il y eut d'abord des troubles en Numidie où on n'en avait jamais fini avec les tribus insoumises. Puis à l'autre extrémité de l'Empire, les Daces libres justifièrent quelques expéditions punitives, et l'on vit apparaître alors les avant-gardes des Alains inconnus jusqu'alors. Sur la mer Noire, les Olbiopolitains, sujets de Rome, étaient attaqués par les Tauroscythes. Antonin envoya un corps expéditionnaire pour les dégager. Il reçut à Rome le roi des Ibères caucasiens, Pharasmanes, qui avait méprisé l'invitation d'Hadrien, et il lui éleva une statue. Il donna aux Lazi un roi, Pacorus, et un aussi aux Quades. C'est dire que le système des États-clients et des subsides aux barbares fonctionnait encore bien et assurait l'ordre sur les frontières danubiennes et orientales. On a trace aussi de quelques troubles en Égypte, et même en Judée malgré la quasi-extermination des Juifs et l'autorisation généreusement rendue aux survivants par Antonin de pratiquer la circoncision. D'ailleurs en matière religieuse il fut tolérant pour les cultes étrangers, même celui des chrétiens qui portait ces gens à l'incivisme. Quant à lui, il avait une dévotion particulière pour Cybèle parce qu'elle régnait sur les choses de l'agriculture dont il avait le goût.

VIII. Bien qu'il fût seul maître de l'Empire, il associa très vite au gouvernement son fils adoptif Marcus Annius Verus et lui donna son patronyme d'Aurelius. Sa femme Faustina vivait encore quand il décida de rompre les fiançailles qu'Hadrien avait édictées d'une part entre Marcus et Fabia, la fille d'Aelius César, et d'autre part entre Faustina la Jeune, sa propre fille, et le frère de Fabia, Lucius Commodus. Lucius était encore un enfant de sept ans. Antonin offrit la main de Faustina à Marcus qui était en âge de se marier et qu'il avait déjà choisi pour lui succéder. En cela on peut douter qu'il ait été fidèle au testament d'Hadrien, qui avait voulu donner des chances égales aux deux jeunes gens, l'un parce qu'il était le fils du César mort prématurément, l'autre parce qu'il promettait d'être un homme remarquable. Ce qui est sûr, c'est qu'il privilégia toujours le second, l'appelant au consulat avec lui avant l'âge et le nommant corégent à vingt-quatre ans. Leur entente ne souffrit pas la moindre difficulté pendant quinze années, au point qu'on ne pourrait dire quelle part revient à l'un ou à l'autre dans la bienfaisante gestion de l'Empire.

Il y eut de grands prodiges durant ce règne. On vit dans le ciel une comète chevelue, il naquit un enfant à deux têtes et en Arabie apparut un serpent doté d'une crinière et qui se dévora lui-même jusqu'à la moitié du corps. On rapporte aussi qu'en Afrique quatre lions sauvages dépouillant tout à coup leur férocité se laissèrent volontiers capturer. Il y eut un tremblement de terre à Rhodes et le feu dévasta à Rome trois cent quarante immeubles ainsi qu'une partie des cités de Narbonne et de Carthage. La Ville connut aussi une disette exceptionnelle de blé qui fit que la population furieuse lança des pierres sur le passage d'Antonin qu'elle vénérait pourtant d'ordinaire comme le Père de la Patrie et comme un nouveau Numa. Cependant l'Empire était prospère, car non seulement le Trésor public n'était pas grevé par le coût de guerres et de voyages princiers, mais encore Antonin vendit pour l'augmenter le mobilier impérial dont il n'avait ni le goût ni l'usage. Si bien qu'il laissa à sa mort un excédent de deux milliards sept cents millions de sesterces en valeur or, somme égale à celle que légua Tibère, mais en fait plus importante si l'on tient compte de la dépréciation de la monnaie.

IX. On ne le voyait pas avancer en âge parce qu'il se tenait toujours très droit, recourant à cet effet dans ses dernières années à un corset fait de baguettes de tilleul. Il refusait de se faire suppléer et même pour ses discours j'ai la preuve qu'il les composait lui-même. Il était d'ailleurs éloquent naturellement et sa voix, aussi noble que sa physionomie, devint un peu rauque avec les années. Sa fin ne fut pas annoncée par des signes particuliers alors que son avènement l'avait été d'une façon singulière : un taureau était demeuré suspendu par les cornes aux branches d'un arbre qu'il avait soulevé, et en Étrurie des essaims d'abeilles vinrent loger sous son toit. La prêtresse de Thralle l'avait salué empereur au lieu de proconsul. Sa mort à soixante-quatorze ans, aux nones de mars du troisième consulat de Marc Aurèle [1], fut naturelle et sans prodiges. Il avait seulement absorbé un peu trop de fromage de chèvre des Alpes. Au deuxième jour de son indigestion, il sentit que la fin approchait et il fit venir à Lorium, où il séjournait, les préfets du prétoire à qui il recommanda sa fille et la République. Il fit ensuite transporter la statue d'or de Fortuna de sa chambre dans celle de Marc Aurèle. Au tribun qui vint, sur le soir, lui demander le mot il dit fermement : *Aequanimitas*[2]. Puis il eut dans la nuit une grande fièvre pendant laquelle il parla de la République et s'emporta contre les rois étrangers qui la défiaient. Enfin le calme lui revint et il se retourna comme pour dormir. On vit alors qu'il avait cessé de respirer. Ses derniers instants furent, comme sa vie, pleins de douceur. On eût dit un songe paisible.

Il n'emportait pas de secrets car il avait pour principe d'en détenir le moins qu'il pût et seulement pour les affaires d'État. Ceux-ci, il les partageait avec Marc Aurèle qui put continuer sans heurts et en homme mûr le gouvernement de l'Empire auquel il était parfaitement exercé. Si je devais faire une critique à ce règne, ce serait, comme l'avenir l'a montré, d'avoir été trop tranquille dans un monde trop mouvementé, et excessivement civilisé au milieu d'un océan de barbarie. Un esprit plus inquiet eût pu voir déjà les signes de la violence intérieure et extérieure. Un tempérament moins confiant eût prévenu l'une et l'autre avec moins de longanimité. Hadrien lui-même, s'il eût vécu plus avant, n'eût peut-être pas perpétué sa politique d'apaisement et de subsides qui donnait aux ennemis le répit et les moyens dont ils avaient besoin pour se refaire. Certes il est facile d'en juger ainsi quand on connaît le cours ultérieur des choses. Mais je soupçonne qu'Antonin avait quelque pressentiment et que ses colères contre les rois félons dans la nuit de sa mort n'étaient pas seulement l'effet de sa fièvre, mais aussi l'aveu de son inquiétude cachée.

1. 7 mars 161 ap. J.-C.
2. Égalité d'âme.

V.

MARC AURÈLE
et
LUCIUS VERUS

I.

I. Marc Aurèle était par naissance le neveu d'Antonin. Il devint son fils par l'adoption et son gendre par son mariage avec Faustina la Jeune qui était aussi sa plus proche cousine. Il avait quarante ans lorsqu'il revêtit l'ensemble des attributs de l'Imperium qu'il n'avait exercé depuis l'adolescence qu'en second auprès de son père adoptif et à son école. Il dit alors qu'il voulait en tout se comporter comme un disciple d'Antonin. Mais les événements ne lui laissèrent pas la même tranquillité et il dut faire un grand effort sur sa nature pour quitter ses études philosophiques et ses travaux de législateur quand il lui fallut revêtir l'armure et aller vivre dans des régions inhospitalières. Mais avant de raconter cette seconde partie de sa carrière qui m'est mieux connue parce qu'elle correspond à mon entrée dans la vie et qu'elle annonce un âge de violence qui m'est, hélas, familier, je dois revenir sur les années heureuses de sa formation telle que les témoins les plus sûrs me l'ont racontée et telle que je l'ai vérifiée dans les archives et les livres.

II. A sa naissance, le 10 des calendes d'avril de l'an 874 de Rome [1], cet empereur portait le nom de Marcus Annius Verus. Il conserva sa vie durant le prénom de Marcus, et il changea

1. 21 avril 121 ap. J.-C.

son nom de famille Annius lorsqu'il entra à dix-sept ans dans celle d'Antonin qui appartenait à la *gens* Aurelia, puis il adopta aussi le nom de son nouveau père, Antonin. Quant au deuxième nom d'origine, Verus, il le laissa à son frère d'adoption, L. Ceionus Commodus, qui devint, à ses côtés, l'empereur Lucius Verus. Je n'ignore pas combien tout cela peut être troublant pour le lecteur, mais ces échanges de noms sont comme un jeu dans nos grandes familles où les problèmes d'héritage tiennent au moins autant de place que ceux de l'hérédité, sans parler de la nécessité de se distinguer les uns des autres. Le père de Marc s'appelait lui aussi Annius Verus. Il n'eut pas le temps de s'illustrer car il mourut dans la charge de préteur quand Marc n'avait que neuf ans. L'enfant fut adopté par son grand-père du même nom qui le prit dans sa maison près du palais de Latran sur l'Esquilin. Ce Verus avait été préfet de Rome et trois fois consul, après être entré au Sénat par la faveur de Vespasien et de Titus. Le bisaïeul paternel n'était que préteur et venait de Succube, petite ville de Bétique proche d'Italica. Déjà des liens avaient pu se nouer là-bas entre la famille de Trajan et d'Hadrien et celle de Marc Aurèle. La faction espagnole était en tout cas devenue très forte à Rome.

Les toutes premières années de Marc s'étaient passées dans sa maison natale du mont Caelius où vivait l'aïeul de sa mère Catilius Severus, celui-là même qu'on a vu succéder à Hadrien au proconsulat d'Orient lors de la mort de Trajan (il eût bien voulu lui succéder aussi sur le trône vingt ans plus tard, mais Antonin lui fut préféré et il paya son ambition non de sa vie, comme Servianus, mais de sa charge de préfet de Rome). De lui, Marc Aurèle écrira : « Je lui suis reconnaissant de n'avoir pas été mis à l'école publique, d'avoir eu de bons maîtres à domicile et d'avoir compris qu'il faut pour cela savoir largement dépenser. » Il est certain que l'enfant eut, dès les premiers rudiments de l'étude, un grand avantage sur tous ceux qui passent des années à apprendre à lire chez les médiocres *litteratori*. Il avait l'esprit déjà si ouvert quand, après la mort de son père, il vint avec sa mère chez le vieil Annius Verus, qu'il put bénéficier aussitôt de l'enseignement des meilleurs maîtres de l'Empire.

III. Domitia Lucilla Calvilla, sa mère, était elle-même une personne cultivée et de naissance illustre, fille et petite-fille de consuls originaires de la Narbonnaise. Elle écrivait très bien le grec. Pour mieux veiller à l'éducation de Marc et de sa sœur Annia Cornificia, et pour concentrer sur eux la fortune considérable qu'elle avait héritée, elle ne se remaria pas et vécut vertueusement. Elle apprit à son fils à se contenter de peu et à se dégoûter de l'arrogance des riches patriciens.

C'est à ce moment-là qu'Hadrien le remarqua et le surnomma *Verissimus.* Il le fit entrer dans l'ordre des chevaliers et dans la confrérie très distinguée des prêtres saliens qui conservent les vieilles formules sacrées dont on a perdu le sens ; mais, constamment en voyage, il ne put s'occuper beaucoup de lui. Ses aïeux s'y employaient avec une attention et une générosité dont on a peu d'exemples. J'ai dénombré quinze maîtres pour sa formation, et des plus réputés. Les premiers qui lui enseignèrent les éléments furent, outre son bisaïeul maternel, le *litterator* Euphorion et le comédien Geminus, maître en bonne prononciation et en maintien. Andronius fut à la fois *geometra* et *musicus.* Quand il eut onze ans, il reçut les leçons des *grammatici* grecs et latins Polio, Aper et Alexandre. De ce dernier il dit qu'il a appris à ne pas critiquer, mais à reprendre doucement les fautes des autres.

Ensuite, après qu'il eut revêtu la toge virile, à quatorze ans, il fut entre les mains des *oratores,* les Grecs Macer, Celer, et surtout Hérode Atticus, le citoyen le plus riche et le plus éloquent de son temps, qui était un ami de sa famille, et les Latins, au premier rang desquels Cornelius Fronto, déjà très célèbre par ses discours. Fronto fut le plus affectionné des maîtres de Marc Aurèle qu'il s'efforça de gagner aux disciplines de la rhétorique ; mais, à peine adolescent, le garçon s'était voué à la philosophie qui conduit à une tout autre manière d'être. On raconte que, convaincu par son maître en peinture, le savant Diognète, il avait pris le manteau grec et qu'il s'exerçait à coucher sur des planches. Sa mère, qui voyait sa santé s'altérer, le supplia de dormir au moins sur une fourrure. C'est à cette époque que le chevalier Junius Rusticus, grandement estimé par Domitia Lucilla, acquit une forte influence sur Marc et l'initia au stoïcisme en lui faisant lire les entretiens d'Épictète consignés quelques années plus tôt par cet Arrien qu'on a vu comme légat sous Hadrien. Rusticus eut plus de chance que Sénèque avec Néron, et son élève non seulement se pénétra de ses leçons et en fit bénéficier l'Empire, mais le fit parvenir lui-même aux plus hautes charges, le consulat, la préfecture de la Ville, avec des statues d'or. Il devint le conseiller le plus écouté du Prince qui lui donnait l'accolade avant même les préfets du prétoire. Il ne perdit rien pour autant de sa simplicité et de sa rigueur, et Marc Aurèle se félicita plus tard d'avoir supporté sans broncher les intransigeances de son caractère. Fronto lui aussi eut le consulat et les statues d'or, mais son influence fut moins profonde car sa nature était plus indulgente et plus attachée à la forme qu'à la substance des choses.

IV. Je n'en ai pas fini d'énumérer les maîtres qui entourèrent cet enfant instruit sous les auspices les plus favorables dont on ait jamais eu l'exemple. Il y eut Sextus de Chéronèse, philosophe stoïcien et neveu de Plutarque, dont Marc Aurèle nous dit qu'il fut à la fois le moins passionné et le plus tendre des hommes. Il reçut de lui l'art de vivre conformément à la nature et de s'accommoder à toute espèce de gens. D'Alexandre Péloplaton, le célèbre orateur qu'il fit chef de la chancellerie grecque, il apprit à ne jamais dire à quiconque : « Je n'ai pas le temps de m'occuper de toi », vertu tout à fait rare chez un empereur. Le grand proconsul Claudius Maximus lui enseigna aussi la force de caractère et à parler comme il pensait, à ne point s'étonner ni se précipiter, à être toujours d'humeur égale. Il reconnut devoir beaucoup encore au consul Claudius Severus, d'illustre famille, qui lui inculqua l'idée d'un État juridique fondé sur l'égalité des droits, donnant à tous le même droit à la parole et respectant la liberté des sujets. Ce sont là les propres termes dont usa l'Empereur sur la fin de sa vie en hommage à l'homme dont il voulut que sa seconde fille Fadilla épousât le fils.

Enfin je n'aurai garde d'oublier le philosophe Apollonius de

Chalcis qui fut mandé à Rome lorsque Marc Aurèle était déjà César et habitait le Palatin. Il arriva de sa province accompagné d'un grand train, comme étaient accoutumés à le faire les célèbres professeurs, si bien qu'on disait : « Voici Jason qui débarque avec ses Argonautes chercher la toison d'or. » Il s'installa dans une maison et attendit, car, fit-il savoir, c'est à l'élève de se déranger. Antonin prit la chose en riant et observa qu'il était plus facile à Apollonius de venir de Chalcis à Rome, que du mont Caelius au Palatin. En effet Marc Aurèle se déplaça, et cela même quand il fut empereur. Si grand était son attachement à ses maîtres qu'on le vit pleurer lorsque le plus ancien mourut. Comme les gens de la Cour s'en étonnaient, Antonin leur dit : « Laissez-le donc être un homme pareil aux autres. » Par quoi on voit qu'Antonin fut aussi son précepteur.

V. Tant de soins ne suffisent pas à donner les raisons du parfait équilibre de ce prince, car il eût pu en contracter une fièvre de l'esprit. Il fallait au contraire qu'il eût de naissance une très bonne nature et une grande capacité d'assimilation. Ensuite il fut bien protégé par ses grands-pères de toutes les corruptions de la petite enfance, car il sortit tôt du cercle des femmes et ne retomba pas dans celui des esclaves de cuisine comme tous les enfants, fussent-ils princiers. Il dit lui-même qu'il eut la chance de ne pas demeurer longtemps chez la concubine de son grand-père, et, adolescent, il résista aux tentations de Theodotus et de Benedicta, deux jeunes gens de sa maison qui l'eussent sans doute perverti. D'un autre côté on pourrait dire qu'il eut trop d'adultes et de vieilles gens autour de lui, et que cela empêcha son imagination de se développer. Mais je ne vois pas ce qu'il eût fait d'une telle faculté auprès d'un prince qui ne voulait rien modifier dans les choses et dont l'héritage lui échut quand il était déjà un homme accompli. Pour le bonheur du genre humain, il ne rongeait pas son frein comme Tibère sous Auguste, ou Domitien sous Vespasien, ou même Hadrien sous Trajan et, accédant enfin au pouvoir, il ne décréta pas de présomptueux changements. Mais il sut se plier, comme on le verra, à ceux que la nécessité lui imposa pour le salut de l'Empire.

Il ne dut nullement à l'intrigue le choix d'Hadrien, mais il est certain que l'éclat de sa famille dont tous les avantages et tous les soins semblaient se concentrer sur lui seul prédisposait bien ce prince en sa faveur. Une succession heureuse impliquait l'assentiment des factions les plus puissantes du Sénat, même si l'Empereur avait su régner sans elles ou contre elles. Les espagnoles de Bétique et les gauloises de Narbonnaise étaient imposantes, mais les Ceionii d'Italie avaient le pas sur elles par l'ancienneté du nom. Après la disparition du César Ceionus Commodus, Hadrien fut obligé de composer et il mit en place les trois clans qui s'ajoutaient et se neutralisaient en même temps, assuré qu'un au moins aurait des chances de durer. Je me suis souvent demandé si le fils de Commodus n'avait pas sa secrète préférence puisqu'il lui donna en fiançailles la fille de l'Empereur désigné. Mais il est vrai que Marcus était déjà dans l'alliance d'Antonin, car l'impératrice Faustina et le père du garçon étaient frère et sœur. A ce titre, il vivait dans l'intimité de la famille impériale et l'on connaît par certaines lettres le mode de vie qu'il pratiquait dans les résidences estivales d'Antonin, à Lorium ou à Baïes, chassant ou visitant des antiquités le jour, mais surtout s'exerçant la nuit à la poésie et aux dissertations et annotant jusqu'à trente ouvrages à la suite. Son esprit brûlait son corps et il devint non seulement très maigre mais il souffrit aussi de maux d'estomac, prenant pour tout remède et pour principale nourriture la thériaque composée de soixante-douze ingrédients.

VI. Après avoir revêtu la toge virile, il fut désigné Prince de la Jeunesse, puis une fois et pour une journée préfet *ad interim* de la Ville, honneur réservé chaque année à un jeune patricien quand la coutume veut que toutes les autorités se rendent en corps sur les monts Albains, aux dates des Féeries latines, pour sacrifier à Jupiter. La nuit qui précéda son adoption, il rêva qu'il avait des épaules d'ivoire. Déjà dans son enfance, il avait reçu un présage de l'Empire, la couronne de laurier qu'il avait lancée avec les prêtres saliens étant tombée sur la tête du dieu Mars. Il pleura quand il apprit qu'il devait quitter les jardins de sa mère pour aller vivre dans la maison de Tibère sur le Palatin. Comme on lui représentait sa chance inouïe, il fit à ses proches une dissertation sur les maux qui s'attachaient au pouvoir souverain. Mais cela ne doit pas laisser penser qu'il était un discoureur solennel et un esprit doctoral. Il savait rire et jouer à la balle. Il était d'abord facile et ne voulut jamais que les gardes écartassent ceux qui venaient le saluer et auxquels il tendait volontiers la main. Comme Antonin, il refusa autant qu'il put l'appareil du luxe et de l'autorité. En résumé, il était grave sans morosité, sobre sans ostentation, bon sans faiblesse.

Antonin lui marqua tout de suite une nette préférence. Il le fit asseoir à sa droite aux jeux et lui confia l'organisation des combats de gladiateurs, ce qui lui assura la faveur du peuple. Il lui obtint une dispense d'âge pour être préteur, puis consul à ses côtés. Il lui offrit la main de sa fille Faustina, dont il rompit les fiançailles avec Lucius Ceionus, mais Marc qui se trouvait trop jeune demanda du temps pour réfléchir. Certains en ont conclu qu'il se défiait déjà d'elle, mais elle était encore une enfant. Il se résolut à l'épouser lorsqu'il eut vingt-quatre ans [1]. Elle lui donna leur première fille Galeria deux ans après. C'est à ce moment-là qu'il fut chargé d'organiser les jeux séculaires qui célébrèrent dans des fêtes magnifiques le neuf centième anniversaire de la fondation de Rome. Mon père m'a raconté qu'on admira à cette occasion des animaux jamais vus, des hippopotames, des *strepsicerotas,* sortes de chèvres bondissantes, et des *crocutos,* croisement d'hyènes et de lionnes qui imitent la voix des bergers pour s'approcher des troupeaux. Marc Aurèle reçut dans ces années la puissance tribunitienne qui donnait aux empereurs les droits exorbitants des anciens tribuns du peuple de la République, et aussi les pouvoirs proconsulaires qui le mettaient en possession des provinces. Il ne lui manquait que le grand pontificat.

Je ne cesse encore aujourd'hui de m'étonner que cette éléva-

1. 145 ap. J.-C.

tion régulière et au vu de tous d'un garçon qui n'était pas né dans la pourpre et qui, n'ayant commandé aucune légion, n'avait ni l'expérience de la guerre ni la confiance aveugle des soldats, que cette élévation, dis-je, n'ait pas été contestée, même par quelques-uns. Sans doute chaque étape fut-elle marquée de remises de dettes, de fêtes au peuple et de dons aux soldats. Mais auparavant et depuis, ce ne sont qu'exemples de tumultes et de crimes lorsqu'un trône est en jeu. Sans doute aussi la tranquillité d'âme d'Antonin désarmait-elle les factieux. On raconte qu'un jour qu'il se promenait dans un jardin avec le consul Valerius Omullus, ce dernier lui montra la mère de Marc Aurèle en prière devant une statue d'Apollon et lui chuchota : « Elle demande au Dieu de te rappeler bien vite pour ne pas trop attendre l'avènement de son fils. » Mais Antonin savait à quoi s'en tenir sur l'impudence d'Omullus : étant allé auparavant le visiter chez lui, il avait admiré des colonnes de porphyre et, comme il lui en demandait l'origine, l'autre lui répondit : « Tu es mon hôte, donc tu ne poses pas de question. » L'on constate qu'il ne lui en arriva aucun mal.

VII. Quand Antonin fut mort, le Sénat ratifia sa volonté d'investir Marc Aurèle et celui-ci, après avoir paru hésiter comme le veut la coutume, demanda instamment que son frère d'adoption Lucius Verus lui soit associé sur un pied d'égalité. C'est pourquoi on vit ce fait sans précédent d'un Empire bicéphale. Marc Aurèle emmena alors le co-empereur Verus au camp des prétoriens et tous les deux, après avoir distribué vingt mille sesterces à chacun, somme considérable, se firent acclamer par eux, ce qui était et est toujours une condition de la légitimité. On s'explique mal les raisons de cette exigence fraternelle de Marc Aurèle qui allait au-delà de la volonté d'Antonin. Peut-être avait-il alors une grande affection pour Verus qui la méritait par son caractère agréable, et voulut-il lui être loyal en même temps qu'au testament d'Hadrien. Il s'y ajoutait sans doute, à ce qu'on prétend, qu'il voyait en lui un collègue capable de le seconder dans des tâches militaires qui n'étaient pas de son goût. Il crut à tort qu'il pourrait lui déléguer une part des soucis de l'Empire tandis qu'il continuerait à faire régner la philosophie. Il avait, on le verra, d'excellentes maximes pour le gouvernement des hommes. Mais les événements extérieurs lui ôtèrent bientôt le loisir de s'en occuper comme il l'eût voulu.

Il ne suffisait pas en effet qu'un débordement du Tibre, en noyant quantité de gens, d'animaux, et de greniers à blé, portât la désolation et la famine à Rome, il fallut aussi qu'une offensive des Celtes mît en péril les provinces de Germanie et de Rhétie et que la sédition agitât à nouveau les Bretons. Contre les premiers fut envoyé Aufidius Victorinus, et les seconds furent réduits par Calpurnius Agricola. Mais on vit là le signe que nos ennemis n'avaient été si longtemps tranquilles que pour mieux se préparer à reprendre les hostilités dès la venue au pouvoir de nouveaux princes apparemment moins énergiques. C'est en tout cas le calcul que fit le roi des Parthes, Vologèse III, qu'Antonin avait dissuadé, mais qui crut pouvoir intimider un César philosophe et un co-César mondain. Il mit à exécution un plan médité et fit entrer en Arménie son général Chosroès pour détrôner Tiridate, l'Arsacide client de Rome. C'était une rupture du pacte, et aussitôt le gouverneur de Cappadoce, le sénateur gaulois Severianus, impétueux comme tous ceux de son peuple, courut en Arménie où il subit une cruelle défaite à Elegeia. Sa légion anéantie, il se suicida. Le Parthe avait le champ libre. Après avoir installé sur le trône d'Arménie un fidèle de Vologèse, Pacorus, il entra en Syrie où il mit en déroute le légat Attidius Cornelianus. Il apparut que les légions d'Orient avaient perdu toute combativité. Les hommes recrutés sur place et même les officiers romains, livrés à l'inactivité et aux plaisirs, faisaient fi de la discipline. La panique s'empara des habitants de la province et ceux d'Antioche, toujours versatiles, hésitaient sur leur fidélité aux empereurs.

VIII. L'annonce de la défaite d'Elegeia fut reçue à Rome avec la même stupeur que celle de Crassus à Carrhes deux siècles plus tôt. Où étaient les Corbulon, où étaient les Vespasien et les Trajan ? Ils existaient, par bonheur, loin de là, à la tête d'armées aguerries. Marc Aurèle dépêcha les meilleurs d'entre eux avec des unités prélevées sur le Rhin et le Danube. On s'attendait à ce qu'il prît leur tête. Mais il en jugea autrement et déclara qu'il devait demeurer à Rome d'où il était mieux à même de régler toutes les affaires civiles et militaires. C'était sans doute la décision sage pour un homme expert en gouvernement plutôt qu'en stratégie. Mais s'il crut que Verus serait un meilleur chef d'état-major, il se trompa. Ce dernier cependant fut envoyé mener la guerre. Il partit au printemps [1] et Marc Aurèle tint à l'accompagner jusqu'à Capoue, sur la route de Brindisi, puis il le rejoindrait encore à Canossa où il était tombé malade. C'est dire le soin qu'il prenait de ce frère qui ne souffrait en vérité que de ses excès de table et de plaisir. S'il pensait, comme on l'a dit, que la guerre serait favorable à sa santé physique et morale, il eut lieu d'être déçu, car les étapes du voyage de Verus, qui dura presque une année, furent une succession de fêtes et de débauches. A Athènes où il séjourna chez Hérode Atticus, dont il avait lui aussi été l'élève, il se fit initier par celui-ci aux mystères d'Éleusis. Arrivé à Antioche, il s'installa dans le lieu de plaisir qu'est le faubourg de Daphné.

Cependant des hommes de valeur tels que Statius Priscus, transféré de Bretagne avec d'excellentes unités, l'avaient précédé sur le terrain où se trouvaient déjà Martius Verus et Avidius Cassius. Le premier reprit l'Arménie et ruina la capitale Artaxata. Il en fonda une nouvelle, Kainepolis, la Ville Neuve, où il installa un ami de Rome, le sénateur Sohaemus. Lucius prit le nom de Parthique, mais ne réussit pas à contraindre Vologèse à traiter. Ce fut à Avidius Cassius d'engager la campagne en direction du sud à la poursuite du Roi des Rois qui reculait, comme font toujours les Parthes, vers sa capitale de Ctésiphon, en brûlant la terre sur son passage. Cassius traversa l'Euphrate, prit Édesse, vainquit à Doura-Europos et bouscula Vologèse qui put se sauver à la nage à travers le Tigre et rejoindre les régions inaccessibles de son Empire, laissant la Mésopotamie et l'Assyrie aux Romains. Les légions entrèrent à Séleu-

1. 162 ap. J.-C.

cie, ville peuplée de Grecs, qui n'offrirent pas de résistance, en dépit de quoi Avidius Cassius ruina leurs demeures et les massacra. Il fit de même, avec davantage de raison, ce me semble, pour Ctésiphon, la ville royale. On eût dit qu'il recommençait les exploits de Trajan, mais il n'alla pas jusqu'au golfe Persique et ne prétendit pas occuper les provinces. D'ailleurs, le sort ne le lui eût pas permis, au contraire, car la destruction injuste de Séleucie fut payée d'une épidémie de peste qui força l'armée romaine à la retraite.

Ce malheur n'empêcha pas Lucius de prendre les titres de Parthicus Maximus et de Médique. Il insista pour les partager avec Marc Aurèle mais celui-ci différa de les accepter car il lui importait moins de triompher que de travailler à la réussite des entreprises. Bien plus, il honora Verus en lui donnant en mariage sa deuxième fille Lucilla qu'il accompagna jusqu'à Brindisi, mais pas au-delà parce qu'on eût dit alors qu'il voulait profiter des victoires des autres. En réalité, il avait, par sa bonne gestion, ses conseils et ses ordres, bien contribué à ces victoires. Il envoya son cousin Libo conduire Lucilla, avec l'espoir qu'il régenterait un peu Verus, ce que Libo fit si bien qu'on ne s'étonna pas d'apprendre bientôt sa mort. Marc Aurèle en fut d'autant plus affecté qu'il ne put s'opposer à ce que la veuve de son cousin se remariât avec l'affranchi et l'homme à tout faire de Verus, Agaclytus. Cet Agaclytus, pas davantage que les autres compagnons du Prince, le comédien Pâris, ou la belle Panthea de Smyrne, n'était aussi corrompu que les affranchis de Claude ou de Néron, pour la raison que Verus ne l'était lui-même pas autant que ces empereurs. Il avait bien leurs penchants à la paresse et à la débauche, mais le fond de sa nature était sans méchanceté. Il était gai, affectueux et rempli de bonnes intentions qui avortaient sans se tourner jamais en cruauté.

IX. Quatre ans après son départ de Rome, il y revint en triomphateur[1]. La Ire Minerva regagna Bonn, la IIe Adiutrix la Pannonie, la XIIIe Gemina la Dacie. Martius Verus fut laissé

1. 166 ap. J.-C.

gouverneur en Cappadoce et Avidius Cassius reçut un commandement exceptionnel sur la Syrie, y compris l'Égypte où des troubles se produisaient. Bien que Rome eût finalement renforcé son autorité dans ces régions orientales, il eût mieux valu que Severianus ne se fût jamais fait surprendre à Elegeia et que nous n'eussions pas eu à relever l'affront. Car on ne rapporta pas de territoires nouveaux, mais la peste, et on sema là-bas le germe de l'ambition séditieuse de Cassius. De plus, on laissa aux barbares tout le loisir de préparer leurs assauts sur le Danube. Malgré les ravages que faisait l'épidémie à Rome où elle était déjà arrivée comme dans toutes les parties de l'Empire, le triomphe fut magnifique. Lucius demanda que Marc Aurèle et même ses enfants y fussent associés, si bien que l'on vit pour la première fois à Rome des jeunes filles sur un char triomphal. Deux des fils survivants de Marc Aurèle et de Faustine, Commode âgé de cinq ans et Annius Verus âgé de trois ans, furent faits César par le Sénat. Marc Aurèle accepta enfin le titre de Père de la Patrie.

X. Ce prince était d'une bonne taille, mais il se fatigua avant l'âge. Il garda toute sa vie ses cheveux qui, depuis l'enfance, étaient bouclés et courts comme sa barbe. Celle-ci n'était pas, dit-on, des plus soignées, mais il ne cherchait pas les apprêts. Son nez était droit, son visage plutôt allongé, les yeux un peu gonflés étaient grands et cernés, car il lisait trop et ne mangeait pas assez. Malgré la barbe, on voyait ses joues creusées. Son corps flottait dans ses vêtements. Il marchait avec lenteur et parlait très bas. Mais cela ne signifiait pas qu'il eût peu d'énergie et son regard intérieur ne le rendait pas distrait ou froid envers les autres. Je sais qu'on a essayé de lui reprocher ses vertus mêmes, mais très injustement. Car il n'était sévère et économe que pour lui-même. Jamais il ne priva les autres de leur dû et s'il fit des lois contre la somptuosité, ce ne fut pas à propos des banquets et des fêtes qu'il dispensait généreusement, mais à propos des gladiateurs dont le prix était devenu excessif pour les provinces, la Gaule en particulier. De même il fixa un maximum de cinq pièces d'or au salaire des comédiens.

Son application au travail est légendaire. Quand il était à Rome il présidait les séances du Sénat et il ne se retirait jamais avant que le consul n'eût dit la formule : « Nous ne vous retenons plus, Pères conscrits. » Il jugeait les procès de son ressort et demeurait à son tribunal jusqu'à la nuit tombée. Il se penchait quelquefois dix jours de suite sur la même affaire, et il remplissait plus largement que quiconque la clepsydre des avocats. Il augmenta jusqu'à deux cent trente les jours fastes où l'on pouvait juger. Il n'hésitait pas à remplacer les préteurs incapables. Mais ils étaient rares, car il étudiait lui-même soigneusement toutes les candidatures aux postes de responsabilité. Quelque indulgent qu'il fût en son âme, il sanctionnait les défaillances et veillait à ce que rien ne soit fait avec précipitation car, disait-il, la moindre négligence suffirait à ce que le blâme s'étendît à tous ses actes. Il s'inquiétait d'ailleurs de la réputation qu'on lui faisait, alors même qu'il n'était soucieux ni de gloire ni de popularité. Mais il pensait que les autres pouvaient avoir d'excellentes raisons de le censurer et, outre que ses erreurs eussent pu être néfastes à l'État, il en tirerait l'occasion de s'améliorer.

XI. Il se conduisit avec les citoyens comme s'il gouvernait un État libre. Il se disait souvent à lui-même : « Prends garde de ne pas te césariser, car cela arrive vite », et c'est pourquoi il avait d'extrêmes égards pour le Sénat. Il réunissait même les anciens Comices populaires. D'ailleurs on peut juger d'après ses préceptes de la manière dont il gérait les affaires publiques parce qu'il suivait la règle d'agir conformément à ses paroles, ce que je n'ai jamais vu faire par aucun prince. Aussi ajoutait-il d'autres règles comme : parler peu, de façon naturelle, en sachant mot pour mot ce que l'on dit, et, devant le Sénat, très distinctement. Et encore : ne rien faire au hasard et embrasser peu d'affaires. Pas plus qu'Antonin il n'aimait à innover, et si son œuvre législative est importante, elle consiste davantage à remettre en vigueur d'anciennes lois qu'à en inventer de nouvelles. Il fit faire de grands progrès dans la codification des textes, et surtout dans le droit des tutelles et des successions. Il diminua la sévérité des peines. Il ordonna qu'on enregistre chaque naissance jusqu'au trentième jour afin que le statut des citoyens et de ceux qui ne l'étaient pas fût mieux établi dans les provinces.

Mais on n'aurait pas une juste idée de son règne si l'on méconnaissait le soin qu'il prenait à choisir ses conseillers et les exécutants de ses ordres. Il observait d'abord longuement ceux auxquels il confierait les tâches de l'État, si bien que jamais on ne vit tant d'hommes de mérite dans un gouvernement. Il usait en cela d'une patience infinie. Il disait : « N'aie pas honte de te faire aider », et à ceux qui lui reprochaient de s'entourer de trop d'avis : « Il est plus juste que je suive l'opinion de tant de gens compétents au lieu de vouloir leur imposer la mienne. » Néanmoins, certains critiquèrent ses scrupules et ses recherches philosophiques sur le juste et l'injuste. Mais l'Histoire prouva que ceux-là n'étaient pas les meilleurs. Au demeurant, Marc Aurèle n'avait pas une vue utopique de la société et il écrivait : « N'espère pas réaliser la République de Platon, mais contente-toi du plus petit progrès. » Sa sagesse faisait beaucoup d'émules parmi lesquels on ne saurait départager les sincères des opportunistes, mais on peut dire en général qu'il rendit bons bien des méchants, et excellents les bons. Il n'eut aucune faiblesse pour les gens de guerre, ne leur donnant que leur dû, et il les tint en respect.

XII. Cependant le destin fut ingrat envers ce prince de bonne volonté. A peine finie la guerre des Parthes qu'il n'avait pas voulue, de grandes alarmes se levèrent sur les frontières du Danube. Les officiers qui tenaient cette partie du *limes* ne pouvaient différer plus longtemps par leur valeur et leur diplomatie la poussée qu'exerçaient les peuples germains installés depuis un siècle sur l'autre rive du fleuve, parce que ces peuples étaient eux-mêmes soumis à une irrésistible pression par d'autres tribus qui venaient du nord. Pourquoi ces mouvements répercutés de proche en proche à partir d'une impulsion lointaine, on ne pouvait le savoir, et moins encore le prévoir. Certains voyageurs qui faisaient le commerce de l'ambre parlaient de grandes inondations à l'embouchure de l'Oder et de la Vistule sur une mer septentrionale. Toujours est-il que les Goths étaient partout en migration, exigeant des terres de leurs frères déjà installés depuis les régions au nord de l'Italie jusqu'aux bouches du Danube. Ainsi les Quades, les Marcomans, les Carpes et les Costoboques, tous germains, bousculés de leurs terres alors que Rome les avait à grand-peine et à grands frais sédentarisés et assistés en vivres, en argent et en armes depuis un siècle, exigèrent d'être accueillis dans nos provinces, sous la menace d'y entrer par la force. L'urgence ou le spectacle de la désorganisation causée chez nous par la peste les firent brusquement passer aux actes et, traversant le fleuve, ils envahirent l'Illyrie et se présentèrent devant Aquilée, dernière défense avant le Pô. On en vit même jusqu'à Vérone.

C'est alors que Marc Aurèle montra la grandeur de son caractère. Quittant le manteau du philosophe, il revêtit l'armure de l'Imperator et il ordonna les plus vigoureuses dispositions sur toutes les frontières. Pour financer le coût de deux nouvelles légions Italica, et plutôt que de taxer les provinces, il vendit aux enchères sur le Forum de Trajan les objets de valeur du Palais, le mobilier et la vaisselle d'or, les vases de cristal et même les robes de soie et les bijoux de Faustina. La vente dura deux mois et rapporta d'immenses ressources. Quant aux acheteurs de tous ces trésors, il leur permit de venir les lui rendre lorsque la guerre serait finie. Il enrôla tous les hommes qu'il put, même des esclaves et des bandits. Il osa emmener avec lui des gladiateurs malgré la colère de beaucoup de Romains qui disaient qu'il voulait les priver de leur plus grand plaisir pour les obliger à philosopher comme lui. Mais ces insensés ne devaient pas être nombreux car j'ai pour ma part gardé le souvenir d'une très grande frayeur. J'avais dix ans et je voyais bien l'agitation de la maison. Un matin on me fit partir en hâte à la campagne avec mon jeune frère. Je fus très surpris de voir sur le parvis de tous les temples les statues des Dieux couchées sur des lits et environnées de mets délicats, dans la fumée des encens. C'était, m'a-t-on dit, pour conjurer l'épidémie, mais je suis sûr que les Romains avaient plus peur encore des barbares, car on se souvenait en tremblant des Gaulois, des Cimbres et des Teutons. Il paraît même que certains allaient jusqu'à sacrifier des nouveau-nés.

XIII. Marc Aurèle fit savoir au Sénat qu'il fallait que les deux Empereurs partissent ensemble à la guerre, et quand toutes les purifications furent faites selon les rites de toutes les religions, ce qui retarda de neuf jours le départ, la garde et les nouvelles légions prirent la Via Flaminia. Quand elles apparurent à proximité d'Aquilée, l'immense armée des Germains se retira, comme surprise et effrayée. Sans doute craignait-elle d'être enveloppée à revers par les autres légions car Marc Aurèle avait mis en mouvement toutes nos forces dans l'Empire. Il savait que l'art militaire est, comme le gouvernement civil, d'abord affaire d'organisation, et il fut en cela aussi grand capitaine que bien d'autres plus illustres. Quoique Verus l'incitât fort à rentrer à Rome, il suivit les conseils de ses généraux qui le pressaient au contraire de chasser les Germains. Il y eut en Italie et en Pannonie des combats très meurtriers où le préfet du prétoire, Furius Victorinus, périt avec beaucoup de ses hommes. Mais les Germains découragés mirent à mort les chefs qui les avaient conduits dans cette aventure. Ils demandèrent à regagner l'amitié des Romains, et les Quades, dont le roi avait été tué au combat, ne voulurent lui donner de successeur qu'agréé par Rome. Mais Marc Aurèle savait que cette victoire n'assurait qu'une trêve.

Les deux Empereurs revinrent vers Rome au début de l'année suivante[1]. Non loin d'Aquilée, Lucius Verus, qui était assis à côté de Marc Aurèle dans le carrosse, fut frappé d'apoplexie. Bien que Marc Aurèle ait ordonné au médecin Posidippos de lui faire une saignée, il mourut dans les trois jours sans avoir repris la parole. Il avait vécu quarante-deux ans, et régné onze. Son corps fut ramené à Rome et placé à côté de celui de

1. Janvier 169 ap. J.-C.

son père Aelius César, dans le tombeau d'Hadrien. Il fut déifié et Marc Aurèle prit grand soin de tous ses proches. Mais il le pleura peu, dit-on. On l'entendit même dire qu'il allait pouvoir enfin commencer à gouverner l'Empire, déchargé d'un collègue qui ne l'aidait guère. Il alla jusqu'à s'attribuer, et à lui seul, le mérite de la victoire sur les Parthes. Il avait raison, j'en suis sûr, mais cette attitude inusuelle chez lui fit naître de mauvais bruits dont je reparlerai. J'arrête ici la première partie du récit de ce règne qui devient désormais sans partage celui de Marc Aurèle. Que n'est-il demeuré tel jusqu'à sa fin, pour le bonheur de l'humanité !

II.

I. Avant d'abandonner Lucius Verus au jugement de la postérité qui s'étonnera qu'il ait pu être longtemps l'égal de Marc Aurèle au gouvernement, je dois rappeler qu'il était d'une famille très ancienne et influente au Sénat, et que cela eût suffi pour justifier l'engagement d'Hadrien, auquel on a prêté aussi d'autres raisons moins avouables. Marc Aurèle n'était pas homme à rompre un tel testament, qu'il fût politique ou affectif. Il n'eût pu le faire que pour le salut de l'État, mais Lucius était tout à fait inoffensif et la corruption de ses mœurs privées ne s'étendit jamais à ses actions publiques. Son visage était beau et noble, ses sourcils formaient une ligne droite majestueuse. Ses cheveux bouclés étaient illuminés par des paillettes d'or. Sa barbe était abondante, mais il la fit couper à Antioche pour complaire à sa maîtresse Panthea. Il avait eu les professeurs les plus célèbres parmi les mêmes qui enseignèrent Marc Aurèle, mais il en avait tiré un moins grand profit. Il leur resta toujours très attaché, et il écrivait souvent à Fronto et à Hérode Atticus. Il fut, dit-on, meilleur orateur que poète ou, pour parler vrai, encore plus mauvais poète que mauvais orateur. D'ailleurs il faisait composer ses discours par les écrivains dont il aimait s'entourer. Toutefois sa compagnie préférée était celle des histrions.

Assidu aux combats de gladiateurs, il en donnait même pendant ses dîners. Il était plus fervent encore des courses de chars et il faisait courir sous la casaque verte que préfère le peuple.

La faction bleue, qui appartient aux classes supérieures, manifesta un jour publiquement contre lui, bien qu'il fût à côté de Marc Aurèle, parce qu'il favorisait abusivement sa propre écurie. Il avait un cheval magnifique, dénommé l'Oiseau, qu'il logeait dans le palais de Tibère, couvert de housses pourpres, et qui était nourri de dattes et de raisins secs. Quand il mourut, il lui éleva un tombeau sur le Vatican. J'ai parlé de ses affranchis et de ses histrions. Il avait ramené de Syrie un certain comédien appelé Memphis et qu'il nomma Apolaustus, c'est-à-dire Grand Maître des jouissances. La villa qu'il s'était fait bâtir sur la Via Clodia était un lieu de débauches célèbre. Marc Aurèle eut la bonté de s'y rendre à son invitation et il y resta cinq jours qu'il consacra aux affaires de l'État, mais en revint consterné. Il ne pouvait manquer toutefois d'être touché par la gentillesse désarmante de ce frère qui l'aimait et le respectait, toujours soumis à lui dans ses actes publics.

On raconta beaucoup de choses sur les circonstances de sa mort, notamment qu'il avait été empoisonné à l'instigation de sa belle-mère Faustina, furieuse qu'il ait révélé à Lucilla la coupable liaison qu'elle aurait eue avec lui. Un autre mobile de ce crime a été avancé : Lucius et sa sœur Fabia animée par le dépit, car elle avait vu rompre ses fiançailles avec Marc Aurèle, décidèrent de supprimer celui-ci. Mais l'affranchi Agaclytus révéla l'affaire à Faustina qui devança le complot. Enfin on a insinué que Marc Aurèle lui-même, voulant régner sans partage, avait inventé d'enduire de poison un couteau sur un seul côté et, coupant en deux une tétine de truie, en aurait mangé la partie saine et offert à son frère la partie contaminée. Mais ces récits se rapporteraient plutôt aux règnes de Néron et de Caligula. Pour ma part, je n'y attache pas de crédit, et quand la conduite de Verus l'aurait justifié, un tel acte ne peut pas même être supposé de la part d'un prince aussi humain que l'était Marc Aurèle. Ce sont des esprits sacrilèges qui le lui ont attribué.

II. Assurément, l'Empereur n'était plus dès lors gêné par un collègue qui n'avait de cesse que l'on fît la paix pour retourner aux plaisirs de la Via Clodia. Il avait décidé quant à lui que son poste serait quelque part sur les frontières. Il voulut avant de repartir, et sans attendre la fin convenable du veuvage de Lucilla, que celle-ci qui était encore jeune fût à nouveau en puissance de mari et il lui choisit à cet effet l'homme de son temps en qui il avait le plus de confiance, Claudius Pompeianus. Faustina était opposée à ce mariage parce que Pompeianus était un Syrien, fils d'un simple chevalier d'Antioche, et Lucilla ne l'aimait pas parce qu'il était quinquagénaire et laid. Mais Marc Aurèle passa outre et fit de Pompeianus son gendre et son conseiller le plus intime. Tout porte à croire que cet *homo novus* était un chef d'état-major incomparable pour les affaires civiles et militaires, et il n'avait pas d'ambitions pour lui-même. Un événement domestique douloureux survint à cette époque au couple impérial qui perdit son plus jeune fils, Annius Verus, âgé de sept ans, après une opération à l'oreille. Commode demeurait le seul garçon vivant. Marc Aurèle décréta un deuil très court afin de ne pas troubler le déroulement des jeux Capitolins.

Quand il s'éloigna de Rome au printemps [1] avec la garde commandée par le préfet du prétoire Macrinius Vindex, il ne se doutait pas qu'il n'y reviendrait que six années plus tard. Il rencontra des ennemis d'autant plus déterminés qu'il avait décidé d'aller détruire les bases d'où partaient leurs attaques et les centres de leur établissement bien au nord du Danube. Ces gens dont les coalitions se dispersaient vite lorsqu'ils étaient trop aventurés, comme à Aquilée, se trouvaient de grandes solidarités lorsqu'on les cherchait chez eux. Les Marcomans surtout, dont le roi Bellomar avait noué des alliances avec les Quades et d'autres peuples germains, les Bures, les Hermondures et les Naristes, auxquels se joignirent les Jazyges sarmates. Même l'habileté des officiers spéciaux qui avaient l'art depuis très longtemps de les faire se battre les uns contre les autres plutôt que contre nous ne produisait plus d'effets. Il faut se rappeler

1. 171 ap. J.-C.

que ces peuples étaient eux-mêmes pressés par des envahisseurs du nord. Enfin, ils avaient acquis de l'habileté parce que beaucoup d'entre eux que nous avions engagés dans nos rangs retournaient instruire leurs compatriotes. Ce fut donc une des guerres les plus longues et les plus meurtrières de toute l'histoire de Rome et si elle n'eut pas d'historiographe, les sculptures de la colonne de Marc Aurèle sur le Champ de Mars en parlent avec assez d'éloquence.

Environ à l'époque où l'Empereur se rendait à son quartier général de Pannonie, à Carnuntum sur le Danube, des peuples sauvages qui vivaient au nord de la Dacie, les Costoboques, firent une brutale incursion en Thrace et en Macédoine, atteignirent l'Achaïe, pillant Éleusis et semant la terreur. Ils furent repoussés mais le légat de Dacie, Claudius Fronto, y laissa la vie. Je parlerai à peine des offensives que les Cattes entreprirent sur le Rhin au même moment et qui furent contenues par le légat de Belgique, Didius Julianus, qui aspira plus tard à l'Empire. Plus grave fut la révolte des Bucoles, paysans du delta du Nil qui, d'abord déguisés en femmes, sous la conduite d'un prêtre exalté, Isodorus, attaquèrent par traîtrise nos centurions et firent serment sur leurs entrailles de chasser les Romains. Ils les repoussèrent en effet et, devenus une troupe innombrable, menacèrent de prendre Alexandrie. Alors Avidius Cassius vint de Syrie et, profitant de leurs divisions, les écrasa, ce dont il tira une grande renommée qui l'enfla de prétention. C'était donc ainsi que, partout, on payait le prix d'une trop longue paix.

III. Cependant Marc Aurèle ne négligeait rien pour éviter d'emmener ses légions dans des pays montagneux et sauvages dont les Germains connaissaient tous les détours. Mais n'obtenant ni par la négociation ni par la menace de la force le renouvellement de la foi jurée des anciens clients de Rome, ou bien cette foi étant trahie aussitôt que jurée, il se résolut à entrer dans les pays baignés par la Morave et par le Gran. De nouvelles générations d'hommes choisis par lui dans la classe équestre révélèrent leur valeur en cette circonstance. Ce furent Tarrutenus Paternus, Macrinius Vindex, Basseus Rufus, Claudius Pompeianus et Helvius Pertinax. Le premier acquit la préfecture du prétoire à la fin du règne, le second la perdit sur-le-champ dans des combats malheureux et fut remplacé par le troisième. Celui-ci, Basseus Rufus, était de la plus obscure origine. On raconte que, garçon de ferme dans sa jeunesse, un voisin le vit un jour au haut d'un figuier qu'il taillait et lui cria pour rire : « Descends de là, grand préfet ! » Il s'éleva dans le rang, et se distingua dans des fonctions civiles, obtenant en effet les grands postes de préfet d'Égypte puis du prétoire, si bien que cet homme valeureux dont l'inculture était proverbiale, devint indispensable à l'État. Quant à Pompeianus, Marc Aurèle le réservait-il comme substitut éventuel de Commode en cas de malheur, et en toute hypothèse comme le second père de cet héritier immature ? On verra comment il s'effaça devant Pertinax lorsque la dynastie fut éteinte. Ce Pertinax avait aussi franchi tous les grades dans l'armée dont le commandement échappait peu à peu aux familles clarissimes pour être attribué aux plus valables, ainsi qu'il est nécessaire dans les moments de grands périls.

La progression dans le pays des Quades fut très difficile et plusieurs fois les Romains ne furent sauvés que par des phénomènes naturels qu'on imputa à l'intervention des Dieux. Jupiter lui-même envoya la foudre sur les machines de guerre que les ennemis avaient traîtreusement copiées d'après les nôtres. Dans une autre circonstance, les légions s'étaient engagées au cœur d'un pays aride des montagnes carpathiques où elles se trouvèrent en plein été sans eau et encerclées par les Germains. Sur l'intervention d'un prêtre égyptien utilisé par l'armée, Arnuphis, le dieu Thot-Shou, ou, selon d'autres, Jupiter Pluviosus, fit par surprise éclater un orage qui noya les attaquants au moment où officiers et soldats légionnaires allaient tomber de soif et de découragement. Il y en eut pour dire aussi que ce miracle de la pluie, reproduit sur la Colonne, fut dû aux invocations des chrétiens car il y en avait quelques-uns dans la XIIe Fulminata acheminée de Cappadoce. Mais cette prétention est une pure imposture de ces gens. Le résultat fut, en tout cas, que le sort des armes tourna et que les Quades furent écrasés par nos soldats désaltérés. Ils demandèrent la paix et ne l'obtinrent qu'en rendant le bétail, les chevaux et treize mille prisonniers ou déserteurs qu'ils avaient emmenés de la province de Pannonie. Ils s'engagèrent à se retirer de deux lieues du Danube et à ne pas commercer avec les Marcomans, car ceux-ci auraient pu dans les marchés s'infiltrer chez nous pour nous espionner. Mieux valait séparer par des zones interdites ces cousins toujours prêts à se liguer contre Rome.

Ces précautions prises, Marc Aurèle put s'attaquer aux Marcomans selon le vieux principe qu'il fallait diviser pour dominer. Cette campagne fut aussi très meurtrière et c'est là que le préfet Vindex perdit la vie. Mais l'ennemi, n'ayant pu s'opposer au passage du Danube par nos troupes, fut subjugué et à son tour reçut les conditions imposées aux Quades. Nos lignes de défense furent portées très au nord du fleuve et le grand quadrilatère de montagnes en centre de l'Europe fut sous notre contrôle. Mais il était évident que, même après que les Jazyges eurent été vaincus l'année suivante, et que fut occupée la grande plaine de la Tisza, au coude du Danube, qui formait un rentrant dangereux entre la Pannonie et la Dacie, nous aurions eu de grandes difficultés à défendre et à administrer ces régions. On a prêté cependant l'intention à Marc Aurèle de créer une province de Marcomanie et une de Sarmatie, et seul l'accident dont nous parlerons plus loin l'en aurait empêché. Je crois plutôt qu'il eût mis à profit ses victoires pour imposer une surveillance plus stricte sur tous les peuples qui maintenant venaient demander à traiter. On vit même à Carnuntum en ambassade un jeune roi germain de treize ans, Battarius. Les Jazyges avaient dépêché leur roi Barradaspanus pour négocier, mais Marc Aurèle le renvoya parce qu'il n'avait pas confiance et ce roi fut emprisonné par ses sujets. Il avait mis à prix la tête d'Ariogaesus, roi quade qui avait chassé Furtius favorable aux Romains, et quand cet usurpateur fut capturé, il se contenta de l'exiler à Alexandrie.

Cette générosité envers les rois ne s'appliquait pas à leurs sujets. Les prisonniers étaient généralement exécutés. Parmi les survivants, beaucoup furent refoulés ou déportés sur des terres non cultivées. Mais l'expérience se révéla malheureuse car ils suscitèrent de grands troubles dans le nord de l'Italie. Quand les Germains eurent restitué les hommes libres de Pannonie qu'ils avaient emmenés dans leurs raids, et qui se comptaient par dizaines de milliers, Marc Aurèle allégea les interdictions de communiquer entre eux qu'il leur avait imposées. Mais il savait bien que cette guerre n'était pas vraiment achevée, malgré les salutations de Germanique et de Sarmatique que lui adressait le Sénat. Et c'est seulement parce qu'il reçut à Sirminum où il avait transporté son quartier général un message alarmant de Martius Verus, légat de Cappadoce, qu'il précipita la paix avec les Germains et prit le chemin de l'Orient. Ce message lui apprenait qu'Avidius Cassius, ayant reçu à Antioche la nouvelle de sa mort, ou l'ayant anticipée, s'était fait proclamer empereur par ses légions.

IV. Je tiens cette malheureuse usurpation pour un des événements les plus néfastes de l'histoire de Rome, car même si ses conséquences parurent être bientôt réduites à rien, la bienfaisante continuité des règnes réparateurs fut altérée et les germes de la violence, plus nocifs que ceux de la peste, se trouvèrent réactivés dans la République. Qui mit l'affaire en mouvement, je ne prétends pas le savoir avec certitude. On a dit que Cassius avait tout inventé et qu'il attendait l'instant propice pour mettre à exécution un projet mûri de longue main. Cet instant fut une maladie préoccupante de Marc Aurèle, à l'approche du moment où Commode allait être en âge de régner. Le légat d'Orient faisait profession de mépriser autant la délicatesse du père que la lourdeur du fils. Il estimait qu'il fallait une plus grande énergie pour gouverner un Empire menacé et que cette énergie serait mieux incarnée par lui et par la caste des chevaliers dont il était issu. En effet, son père Héliodore, bien qu'il se soit élevé à la préfecture d'Égypte, n'était à l'origine qu'un maître de rhétorique syrien remarqué par Hadrien. Les prétentions de Cassius de descendre du grand tyrannicide n'étaient pas prouvées, encore qu'il l'évoquât pour dire qu'il voulait défendre les libertés républicaines et rétablir les vieilles mœurs.

Il est très probable, d'après des bruits que j'ai moi-même entendus à cette époque où j'étudiais chez les rhéteurs, que l'entreprise n'était pas née de la seule imagination fiévreuse de Cassius et de son impatience qui l'aurait déjà, dit-on, fait entrer dans un vague complot contre Antonin. Ce personnage était de trop d'expérience pour s'aventurer sans avoir des appuis solides. Il en avait sûrement dans les milieux d'affaires d'Antioche et d'Alexandrie qui entretenaient des rapports constants avec ceux de Rome et d'Ostie, chevaliers pour la plupart. Ces hommes reprochaient à Marc Aurèle de donner plus de place aux choses de la morale qu'à celles de l'économie et de s'occuper trop des problèmes de l'Occident et pas assez de ceux de l'Orient où était la source de leur prospérité. Ils voyaient que les guerres contre les peuples du Nord étaient coûteuses en hommes et en argent. Une Marcomanie leur importait moins que la Mésopotamie, et moins la route de l'ambre que celle des épices. Pour toutes ces raisons, Avidius Cassius avait pu se ménager des appuis secrets jusque dans le Sénat comme on le sut par la suite.

Mais je ne peux passer sous silence une autre complicité supposée, quoiqu'il m'en coûte de jeter de l'ombre sur la mémoire d'une femme qui fut divinisée : je dirai à sa décharge qu'elle a pu agir pour ce qu'elle croyait être l'intérêt de l'État. L'impératrice Faustina, en effet, voyait son mari atteint d'un mal très alarmant dont le siège était l'estomac. J'ai déjà dit que Marc Aurèle était fatigué avant l'âge par le travail et les scrupules de sa conscience, et qu'il survivait grâce à la médication du grand médecin Galien, la thériaque où entraient des plantes opiacées et des vipères broyées. Le climat rude et le spectacle des atrocités de la guerre firent que son mal s'aggrava dans le troisième hiver plus vite que n'agissait le remède, et l'Impératrice alertée par ses proches vint à Sirmium, comme en témoigne le titre de *Mater Castrorum* qui lui fut décerné par les soldats à ce moment-là. Désespérant de voir survivre son mari, considérant l'extrême jeunesse de Commode, et craignant que Pompeianus qu'elle avait accepté de mauvais gré comme gendre fût investi pour la régence, et pourquoi pas pour l'Empire, elle tourna ses espoirs vers l'homme le plus fort après lui, Avidius Cassius. On croit qu'elle lui écrivit pour lui dire de se tenir prêt à la succession et dans son lit et sur le trône, à condition que fussent réservés les droits de Commode. Certains prétendent que cette lettre existait et qu'un dénommé Manilius, secrétaire d'Avidius Cassius, menaça plus tard de la produire. Mais on a la preuve aussi que Martius Verus brûla lui-même les papiers de Cassius. Quoi qu'il en soit, je ne m'étonnerais pas que Faustina ait cherché à éviter d'être réduite à la condition privée au profit de sa fille qui avait déjà été impératrice avec Lucius Verus.

Mais soit qu'il eût reçu d'abord la fausse nouvelle de la mort de Marc Aurèle, soit qu'il eût négligé l'offre de Faustina pour se réserver à lui-même et à sa seule famille le pouvoir souverain, Avidius Cassius annonça tout à coup, à Antioche, le 15 avril, que l'Empereur était monté au Ciel et il le déclara divin. En même temps qu'il se faisait acclamer par les légions de Syrie, il s'assura du ralliement des deux de Palestine et de celle d'Arabie, plus de celle d'Égypte dont le préfet Statianus se rangea à ses côtés, soit en tout sept légions. Il affirma même effrontément qu'il avait l'appui de celles de Pannonie où servaient beaucoup d'Orientaux. Mais il rencontra le refus de Martius Verus, légat de Cappadoce, qui avait mené avec lui la campagne parthe et qui se déclara fidèle à Marc Aurèle, menaçant sérieusement avec ses deux légions les arrières de l'usurpateur. Ce dernier pouvait toutefois prétendre à priver Rome de ses approvisionnements en blé d'Égypte. Si l'on considère que Marc Aurèle disposait du soutien loyal des commandants des seize légions du Rhin et du Danube, plus éventuellement de ceux de Bretagne, d'Espagne et de Numidie, sans compter les cohortes prétoriennes, on voit que le rapport des forces restait en sa faveur. C'est pourquoi il apprit la nouvelle avec beaucoup de sérénité.

V. Il n'en fut pas moins extrêmement prompt et énergique à réagir. Il expédia à Rome où déjà les agents de Cassius semaient le trouble, annonçant l'arrivée prochaine de l'usurpateur, une force de protection spéciale commandée par Vettius Sabinianus, légat de basse Pannonie, et il fit venir à Sirmium Commode qu'il avait laissé aux soins du médecin Galien. La ville avait alors pour préfet Vitrasius Pollio, cousin de l'Empereur, qui fit décréter par le Sénat Avidius Cassius ennemi public. Bien qu'il y en eût beaucoup pour craindre que le Syrien ne vînt se venger de cette condamnation, on évita les troubles en faisant au nom de Commode de grandes libéralités à la plèbe. Puis Marc Aurèle, voyant qu'il ne pouvait plus tenir secrète à ses soldats la trahison de leurs frères de Syrie, leur adressa un long discours dont je ne saurais dire s'il est inspiré par la candeur de son âme ou l'habileté de sa dialectique. C'est en tout cas un morceau très surprenant dont je ne citerai que quelques passages :

« Que sert, mes chers compagnons, de s'irriter contre les Dieux puisqu'ils disposent de nous ? Pourtant ceux qui comme moi sont malheureux sans avoir mérité de l'être, ne peuvent s'empêcher de se plaindre. Toujours des guerres succédant à des guerres. Et maintenant, la guerre civile. Quel malheur encore plus grand que de ne plus voir la fidélité régner entre les hommes et que d'être trahi par un compagnon très cher ? Je mépriserais ce danger s'il ne menaçait que moi — car enfin je ne prétends pas être immortel. Mais parce qu'il met en jeu la paix civile, le sort de tous, je voudrais appeler Cassius devant vous et devant le Sénat pour qu'il fasse valoir ses prétentions. Et si l'on estimait que pour le bien de l'État je dusse me démettre en sa faveur, je le ferais volontiers. Pourquoi m'obstinerais-je dans une charge qui m'ôte depuis des années la paix et le sommeil ?

« Mais Cassius ne voudra rien entendre et me refusera sa confiance après m'avoir témoigné une si grave perfidie. Aussi je vous exhorte, mes compagnons, à avoir bon courage. D'ailleurs rien ne fera jamais que des soldats de Cilicie, de Syrie, et d'Égypte, fussent-ils cent fois plus nombreux que vous, ne prennent sur vous l'avantage. Si capable que soit Cassius, quelque chance qu'il ait eue jusqu'à maintenant, il ne fera rien de plus que ne le peut un lion conduisant une troupe de chèvres.

Dites-vous bien que c'est vous, et non lui, qui avez vaincu les Parthes. Et Martius Verus, qui est des nôtres, n'a pas moins de hauts faits à son actif.

« Peut-être même Cassius s'est-il déjà repenti depuis qu'il sait que je suis en vie. Il renoncera sûrement à son entreprise lorsqu'il apprendra que vous êtes en marche. Aussi n'ai-je qu'une crainte, c'est qu'il ne se donne la mort ou qu'un autre ne la lui inflige pour lui éviter la honte de s'affronter à nous. Ce serait me priver du seul avantage que je puisse tirer d'une guerre ou d'une victoire, celui de pardonner. Ces paroles peuvent vous paraître incroyables, mais il ne faudrait pas croire non plus que les bons sentiments ont cessé d'avoir cours parmi les hommes. Puissé-je profiter des malheurs présents pour démontrer qu'on peut tirer le bien de toute chose, même de la guerre civile. »

VI. Tel fut l'essentiel du discours de Marc Aurèle devant les légions, discours qui se retrouve dans la lettre qu'il adressa au Sénat et où ne figure nulle accusation injurieuse contre Cassius. Je dois dire qu'on n'entendit non plus de celui-ci aucune attaque contre Marc Aurèle. Quand Commode fut arrivé à Sirmium et qu'il y eut pris la toge virile, étant déjà César, l'armée conduite par l'Empereur, Pompeianus, Pertinax et beaucoup d'autres partit pour l'Orient après que la paix eut été conclue avec les barbares. Ceux-ci proposèrent même de participer à cette campagne, mais comme il s'agissait d'un affrontement entre Romains, leurs offres ne furent pas acceptées. Ces préparatifs avaient pris trois mois pendant lesquels Cassius assurait son pouvoir, nommant un préfet du prétoire et mettant ses fils dans des positions importantes, surtout l'aîné, Maecianus, qui était le véritable gouverneur de l'Égypte. Mais il ne put convaincre le légat de Bithynie de se rallier à lui malgré l'hésitation de ses troupes. Celui-ci s'appelait Clodius Albinus et il aspira lui-même à l'Empire plus tard. Quand la nouvelle que Marc Aurèle n'était pas mort et qu'il marchait sur Antioche se fut répandue là-bas, la position de Cassius devint très précaire et il n'eut pas à s'obstiner longtemps car un centurion nommé Antonius se lança sur lui avec son cheval dans un chemin et le blessa sérieusement mais non mortellement. C'est un décurion qui l'acheva. Ils lui coupèrent la tête et allèrent au-devant de l'Empereur. Il avait porté la pourpre pendant trois mois et six jours. Il n'y eut pas de grands troubles en Orient, sinon que Maecianus fut tué à Alexandrie avec quelques autres.

Quand Marc Aurèle vit la tête de Cassius que lui présentait Antonius, il n'éprouva aucune joie et demanda qu'on l'enterre aussitôt, regrettant même hautement que cette circonstance ne lui ait pas permis de pardonner. Il voulut que l'on brûlât tous les papiers enfermés dans la cassette de l'usurpateur afin qu'on ne connût jamais ses complices. Mais, comme je l'ai dit, Martius Verus, qui était entré le premier à Antioche pour y rétablir la légalité, avait déjà fait disparaître toutes les preuves, disant que Marc Aurèle l'en remercierait et que, si ce n'était pas le cas, il en supporterait volontiers les conséquences plutôt que d'avoir à dénoncer tant de trahisons. Mais l'Empereur le dépassa en générosité et écrivit au Sénat pour demander que l'on punît peu de gens, et surtout pas de sénateurs ni de membres de la famille. Il disait dans cette lettre : « Je vous conjure, Pères conscrits, de mettre un frein à votre rigueur et de pardonner aux fils, à la femme et au gendre de Cassius. Que dis-je, leur pardonner ? Mais ils ne sont pas criminels. Qu'ils aillent en sécurité où ils veulent et jouissent de leur patrimoine afin de témoigner partout de votre magnanimité. » En fait, il ordonna que le cadet, Heliodonus, fût déporté et ne gardât que la moitié de ses biens. Quant à la fille, Alexandra, et le gendre, Dryantianus, ils furent placés sous le contrôle d'une tante de l'Empereur, mais gardèrent leurs bijoux. Commode plus tard les fit périr. Marc Aurèle ne put s'empêcher de punir les gens d'Antioche en les privant des jeux dont Avidius les avait gratifiés pour qu'ils l'apprécient. Mais il ne put prolonger longtemps cette rigueur tant elle était insupportable à la population de cette ville volage.

VII. Je parlerai maintenant de Cassius qui eût pu être le meilleur ou le pire des Empereurs, si contrastée était sa nature. Il passait de la sobriété à l'intempérance, de la générosité à la cruauté. Il était extrêmement sévère dans le service, n'hésitant pas à faire mutiler les soldats pour de petits larcins et couper les jambes aux lâches pour qu'ils servent d'exemple. Même les braves aussi pouvaient être punis de mort lorsqu'ils accomplissaient des exploits sans ordres. Il fit crucifier des héros qui avaient commis des imprudences, et comme leurs camarades manifestaient, il sortit sans armure de sa tente et leur dit : « Tuez-moi donc et ajoutez le crime à la rébellion ! » Il était plus redouté qu'aimé et on vit bien que personne ne pleura sa mort. Mais il avait rétabli la discipline dans des troupes relâchées, supprimant les bains, les couronnes de fleurs et les plaisirs de Daphné qu'avaient tant appréciés Lucius Verus et ses officiers. Cet empereur avait écrit d'ailleurs à Marc Aurèle demeuré à Rome une lettre pleine de prémonition : « Avidius Cassius me paraît être avide de l'Empire. Je te conseille de faire surveiller ses démarches. Tout ce que nous faisons lui déplaît. Il tourne en dérision ton goût pour les lettres. Il nous appelle, toi une vieille philosophe, moi un écolier débauché. Vois quelles mesures tu dois prendre pour ta sûreté et celle de tes enfants... » Marc Aurèle lui répondit : « Si les Dieux veulent qu'il règne, nous n'y pouvons rien. Tu sais ce qu'avait coutume de dire Hadrien : " Nul prince n'a jamais tué son successeur. " Mais je crois que ses entreprises se détruiront elles-mêmes. Quant à mes enfants, qu'ils disparaissent si Avidius est plus digne qu'eux de régner. Au demeurant, c'est un général excellent, ferme et nécessaire à la République. »

Ce que Cassius eût été dans le gouvernement, on peut l'imaginer en lisant cette lettre qu'il écrivait à son gendre : « Que la République est malheureuse d'être la proie de ces riches et de ceux qui veulent le devenir ! Marc Aurèle est sans doute homme de bien. Mais pour faire louer sa clémence il laisse vivre des gens dont il blâme la conduite. Où est l'ancien Cassius dont je porte inutilement le nom ? Où sont les vertus de nos ancêtres ? Il y a longtemps qu'elles ont disparu, et l'on ne songe même pas à les faire revivre. Marc Aurèle fait le métier de philosophe. Il disserte sur la nature de l'âme, sur le juste et l'injuste, mais il ne sent pas vraiment l'État. Tu vois qu'il faudrait bien des glaives, bien des lois pour rendre à la République son ancienne forme. Malheur à tous ces gouverneurs de provinces ! Puis-je en effet regarder comme des proconsuls, comme des magistrats du peuple romain ceux qui croient que Marc Aurèle et le Sénat leur ont donné des provinces pour s'y enrichir ? » On voit là dans quelle opposition extrême et injuste Cassius s'était fourvoyé et quel démagogue il était devenu car sa lettre envoyée à Dryantianus était un programme politique qui sonnait agréablement aux oreilles des jeunes ambitieux et de tous les agités comme lui.

VIII. Marc Aurèle qui était avancé dans sa marche la continua jusqu'en Orient sous forme d'un voyage avec sa famille. Il évita Antioche et vit Émèse où régnait le grand prêtre de Baal, Julius Bassianus, entouré de ses filles Julia Domna et Julia Maesa dont je parlerai abondamment plus tard. Il passa en Judée et là on dit que voyant les Juifs survivants qui rôdaient dans les ruines de leur grandeur éteinte, il s'écria : « O Quades, O Marcomans, j'ai vu ici des êtres encore plus intraitables que vous ! » Il séjourna tout l'hiver à Alexandrie, malgré la sédition de cette ville, mais à cause de ses philosophes et de ses savants, et il vécut là sans formalités, comme un citoyen. Il y laissa sa cinquième fille Cornificia, mariée dans une famille honorable, celle du préfet Petronius Mamertinus. Alors qu'il recouvrait la santé dans ce voyage d'agrément, Faustina voyait la sienne décliner sous l'effet d'une maladie pernicieuse ou, disent certains, parce qu'elle était rongée par le remords et la crainte qu'on ne produisît sa correspondance avec Cassius dont Manilius aurait été en possession. Sur le chemin du retour elle trépassa subitement à Halala, un petit bourg proche du mont Taurus. Cet endroit où fut élevé un temple et fondée une ville nouvelle s'appelle depuis Faustinopolis.

On ne saurait affirmer que Marc Aurèle eut un grand chagrin s'il est vrai qu'il fut au courant des infidélités et des déloyautés de cette femme qui, fille d'empereur, se considérait comme la véritable héritière du trône. On rapporte à ce propos que son mari, alors qu'un ami le pressait de la répudier, se défendit ainsi : « Si je la renvoie, il faudra que je rende toute la dot. » Mais dans ses Mémoires il loue les Dieux de lui avoir octroyé une épouse si douce et si tendre. Il est vrai qu'elle lui donna treize enfants et si l'on ne retient pas la rumeur selon laquelle ils avaient pour pères ses amants, il faut admettre qu'elle n'eut guère le temps d'être infidèle. La rumeur cependant était si forte dans l'opinion, comme elle l'avait été à l'égard de sa mère, que les comédiens en tiraient avantage devant le public. L'un d'eux, simulant l'imbécillité, faisait répéter par son compère le nom de l'amant de sa femme. A la troisième fois, l'autre s'écriait : « Je te le dis *bis,* je te le dis *ter* : Tullus est le nom de cet homme. » Le public entendait Tertullus, qui était alors consul et que l'Empereur aurait vu un matin sortant de l'appartement de Faustina, d'où le prodigieux succès de cette comédie. On citait aussi Orfitus, Moderatus, Utilius, et des mimes, des pêcheurs de Gaete qui travaillaient nus sur les plages où l'Impératrice séjournait l'été. Mais la même rumeur veut que ce fût surtout parmi les gladiateurs que cette femme impudique choisissait ses partenaires. J'ai entendu raconter par les esclaves de mon père qui le tenaient de ceux du Palatin que Faustina, ayant remarqué un jour un gladiateur plus beau que les autres, tomba amoureuse de lui jusqu'à la fièvre. Désespérant de la guérir, Marc Aurèle consulta un mage chaldéen qui recommanda qu'on égorgeât l'homme et qu'elle se baignât dans son sang, puis qu'aussitôt après elle couchât avec son mari. Ce qui fut fait et eut pour résultat qu'elle retrouva la santé mais aussi qu'elle enfanta Commode qui, dès son plus jeune âge, ne voulut être rien d'autre qu'un gladiateur. Je n'attache pas une entière créance à cette histoire, mais elle a l'avantage d'expliquer logiquement les choses que l'on verra plus tard.

Marc Aurèle devenu veuf, Ceiona Fabia, sa première fiancée et la sœur de Lucius Verus, nourrit à nouveau l'espoir de l'épouser, car elle était maintenant veuve du consul Plautius Quintillus. Mais on peut être sûr que Lucilla, qui avait gardé les privilèges de son ancienne condition d'impératrice, notamment les licteurs et les feux qu'ils portaient devant elle, fit obstacle à ce mariage de son père pour n'avoir pas à renoncer au premier rang où elle était maintenant dans l'étiquette de la Cour. D'ailleurs Marc Aurèle ne désirait peut-être pas une nouvelle épouse impérieuse. Il dit qu'il ne voulait pas donner une autre mère à tant d'enfants, mais il prit bientôt comme concubine la fille de l'intendant de Faustina, Pudens, qui avait été élevée dans le Palais. Il revint à Rome en s'arrêtant à Tarse où il entendit le jeune orateur prodige de quinze ans, Hermogènes, puis à Smyrne où le célèbre rhéteur Aelius Aristide se fit prier pour venir discourir devant lui. Ensuite il séjourna à Athènes où il créa quatre chaires de philosophie. Là il demanda à Hérode Atticus qui régentait tout en Grèce, et souvent abusivement, de l'initier aux mystères d'Éleusis et il entra seul dans l'Anacteron où sont les objets sacrés, témoignant par là qu'il n'avait jamais commis ni ordonné aucun crime. Puis il arriva en Italie, à Brindisi, après avoir essuyé une violente tempête. Il reprit la toge et la fit prendre aux prétoriens qui ne peuvent pénétrer armés dans Rome.

IX. La première fois qu'il se retrouva devant la foule de l'Urbs, il fit allusion à ses longues années d'absence, et ses auditeurs levèrent huit doigts de leurs mains pour lui indiquer qu'ils s'attendaient à une distribution de pièces d'or égale à huit annuités. Il se soumit à cette exigence car il voulait faire accepter l'élévation exceptionnellement rapide de Commode au rang d'Imperator à ses côtés, ce qui impliquait qu'il fût déjà consul à l'âge de quinze ans, puis investi peu après de la puissance tribunitienne et proclamé Auguste. C'était beaucoup en peu de temps et l'on fut étonné de cette hâte. Mais elle s'explique si l'on se rapporte aux événements de l'année précédente, quand l'Empire fut usurpé par Cassius et la dynastie ouvertement contestée, alors que pour la première fois un empereur pouvait présenter à sa succession un fils donné par la nature et préservé par les Dieux. En faisant parvenir Commode à la puissance souveraine, Marc Aurèle répondait à l'appel du sang et aux dernières volontés de Faustina, quelles que fussent ses craintes quant au caractère incertain de ce fils. Pour plus de sûreté, il l'associa spectaculairement au triomphe qui se déroula le 23 décembre [1]. En effet, non seulement il le fit monter dans son quadrige avec lui, mais encore, arrivé au Cirque Flaminius, lui-même descendit et marcha à côté du char, montrant par là qu'il laissait son fils bénéficier seul de l'acclamation populaire.

Il demeura deux années à Rome pour parfaire les lois que son absence avait retardées. Il en est une, parmi d'autres, qui, inspirée d'un bon principe, eut des conséquences fâcheuses comme mon père me l'a rapporté. Chacun savait que Marc Aurèle n'aimait pas les jeux du Cirque et affectait de ne pas regarder les combats de gladiateurs, signant son courrier dans la loge impériale quand le sang coulait dans l'arène. Il avait même essayé, mais sans succès, de substituer des armes épointées à celles dont le tranchant était au contraire soigneusement contrôlé avant chaque engagement. Cependant, la vogue de ces représentations était devenue telle, jusque dans les petites villes des provinces, que le prix des combattants formés durant plusieurs années dans les écoles, richement nourris, examinés par les meilleurs médecins, tendait à être prohibitif, surtout quand les prisonniers de guerre ne suffisaient plus à la demande. Il y avait certes des volontaires ou des condamnés à mort, mais ces gens-là ne faisaient pas de bons professionnels.

Donc les notables des provinces qui devaient payer ces jeux demandèrent qu'on édictât un prix maximum pour les gladiateurs et un sénateur gaulois obtint qu'une loi fût passée dans ce sens, malgré les protestations des lanistes qui virent se raréfier la marchandise. Alors les notables décidèrent qu'on produirait davantage de condamnés à mort, et ceux de Lyon, où mon père était procurateur, eurent l'idée, à l'occasion de leur grande fête gauloise, de faire descendre dans l'arène des chrétiens dont la foule, pour d'obscures raisons, réclamait l'exécution. Mais ces gladiateurs au rabais furent tout à fait incapables, préférant être brûlés et mangés par les bêtes plutôt que de se battre courageusement les uns contre les autres. Mon père a gardé un

1. 176 ap. J.-C.

souvenir très pénible de cette représentation, mais j'ai appris que les chrétiens s'en faisaient gloire dans le monde entier. Ces gens-là ne sont pas faciles à comprendre, et Marc Aurèle n'avait pas tort d'être plus sévère contre eux que contre tous les autres. Ils veulent ébranler l'ordre établi et ils sont d'autant plus irréductibles que beaucoup d'entre eux recherchent la mort par laquelle ils prétendent gagner l'éternité. Cependant ceux de Lyon, selon mon père, avaient aussi le tort d'être asiates en trop grand nombre et particulièrement habiles dans le commerce local.

X. De nouvelles inquiétudes surgirent sur le Danube où la paix avait été trop vite conclue. Marc Aurèle jugea qu'il devait à nouveau reprendre le commandement des opérations, avec Commode cette fois-ci. Après avoir reçu l'accord du Sénat, il déclara ouverte la guerre dans les formes traditionnelles et lança le javelot trempé dans le sang. Avant de partir, ses amis le prièrent de les faire bénéficier de ses préceptes et il les entretint pendant trois jours. On dit qu'il n'y eut jamais autant de philosophes que sous son temps, car ce qu'on appelle l'esprit du règne n'est pas un vain mot. La douceur du Prince, de proche en proche, calme les mœurs de toutes les couches de la société. Marc Aurèle avança la date du mariage de Commode à qui fut destinée Crispina, la fille du consulaire Brutius Praesens. Puis le 3 août de la dix-septième année de son règne [1], l'armée se mit en route pour aller s'établir sur le Gran où depuis un an combattaient âprement les frères Quintilli, ces deux grands caractères qu'on ne vit jamais séparés l'un de l'autre. Pompeianus, Pertinax furent de cette guerre très confuse et très difficile. L'année suivante, le préfet du prétoire, Tarrutenus Paternus, remporta de grandes victoires qui forcèrent les Quades et les Marcomans à traiter. Les Jazyges sarmates qui craignaient leurs voisins germains ne demandèrent la paix que lorsque ceux-ci furent devenus inoffensifs. Les Quades, qui se préten-

1. 3 août 178 ap. J.-C.

daient opprimés par nos soldats et nos agents du fisc, voulurent émigrer chez les Semnons, mais les légions leur barrèrent la route.

Marc Aurèle se préparait à établir ces provinces enfin soumises au nord du Danube, et à leur apporter nos lois et notre culture. Mais le sort ne voulut pas qu'il achevât ce dessein pour lequel il avait usé son énergie au point de tenir la vie pour rien, comme on le voit dans ses réflexions écrites sur le bord du Gran. Lorsque la mort s'annonça, au camp de Vindibona[1], en mars de la dix-neuvième année de son règne, il ne lui résista pas. Le mal n'était pas celui de l'estomac dont il avait souffert toute sa vie, mais sans doute la peste car chacun semblait craindre la contagion et Commode qu'il avait appelé auprès de lui pour le conjurer de mener cette guerre jusqu'à son terme, manifesta son désir de se retirer pour ne pas prendre la maladie. Son père lui demanda qu'au moins il ne partît du camp que lorsqu'il partirait lui-même de la vie, issue qu'il hâta en s'abstenant de manger ou que des médecins précipitèrent, dit-on, pour complaire déjà à Commode. Le sixième jour, il fit approcher ses compagnons et leur parla avec tranquillité de la mort, ajoutant qu'au lieu de le pleurer ils feraient mieux de se protéger de la contagion. Mais comme ils se retiraient, il leur dit tristement : « Puisque vous me quittez, je vous dis au revoir, et je vous précède. » A ceux qui lui demandaient à qui il recommandait son fils, il déclara : « A vous, s'il en est digne, et aux Dieux immortels. » Au soir du septième jour[2], lorsque le tribun militaire vint lui demander le mot, il dit : « Adresse-toi au soleil levant, car pour moi je suis sur mon couchant. » Il fit venir Commode mais ce fut pour le renvoyer aussitôt, et il se couvrit la tête comme s'il voulait dormir. Il rendit l'âme au cours de la nuit. Il allait avoir cinquante-neuf ans.

1. Vienne.
2. 17 mars 180 ap. J.-C.

VI.

COMMODE

I. La nouvelle de la mort de l'Empereur nous parvint deux jours plus tard en Rhétie où j'étais alors tribun militaire à la IIIe Italica. Elle provoqua une grande affliction au sein de la légion, en particulier chez les centurions qui disaient avoir perdu leur père. Sans doute n'avaient-ils pas pour lui la même sorte d'attachement que leurs prédécesseurs avaient eu pour Trajan, plus proche d'eux par la manière. Marc Aurèle leur était moins familier, mais ils admiraient que cet homme de culture très raffinée soit venu partager leurs combats et ait exposé pendant dix années sa santé et même sa vie dans des régions inhospitalières, pour le salut de l'Empire. Il eût pu demeurer à Rome et déléguer les tâches militaires auxquelles il n'avait pas été formé à ses officiers supérieurs qu'il choisissait parmi ses amis les plus capables.

Ceux-ci justement, comme je pouvais le voir dans l'état-major de ma légion, étaient plongés dans la tristesse et plus encore dans l'inquiétude car ils disposaient sur la situation au sommet de l'État d'informations qui me manquaient ou dont je me souciais peu. J'avais vingt-deux ans et mes responsabilités étaient faibles à la tête d'une petite unité d'auxiliaires bataves. Ces hommes détachés avec moi de la XXIIe Primigenia de Mayence où j'avais commencé mon service militaire deux ans plus tôt en savaient plus qu'un jeune préfet des ailes sur la manière de combattre les Quades, leurs cousins par le sang et leurs alliés épisodiques. Au camp de Castra Regina, nous montions la garde sur le Danube supérieur, région assez calme. Le théâtre des opérations était plus bas sur le fleuve, là où la pression des Quades, des Bures et des Sarmates se manifestait quotidiennement. Carnuntum était le camp fixe d'où l'Empereur avait longtemps lancé ses offensives. Que la mort l'ait saisi au camp de Vindibona, un peu plus haut, devait avoir un sens. C'était un lieu propre aussi bien à négocier la fin de la guerre qu'à la relancer si la diplomatie échouait. Beaucoup de signes indiquaient que l'on allait vers un aboutissement car les Germains étaient convaincus, depuis la grave défaite que leur avait infligée Tarrutenus Paternus l'année précédente, qu'ils n'étaient plus en état de s'installer par force de l'autre côté du fleuve. Pour notre part, nos objectifs de sécurité étaient atteints, mais les moyens nous manquaient pour une plus vaste ambition.

II. Cette guerre avait été la plus longue et la plus meurtrière que Rome ait jamais menée, d'autant qu'aux pertes considérables subies dans les embuscades quotidiennes s'étaient ajoutées celles de la peste. On peut en voir quelques épisodes cruels parmi mille autres sur la colonne dédiée à Marc Aurèle au Champ de Mars. Par chance, nos adversaires étaient le plus souvent divisés, surtout les Germains contre les Sarmates, et il s'en fallait de peu que les conditions de paix qu'ils n'avaient pas respectées après nos premières victoires ne fussent implorées maintenant par eux. C'est pourquoi Marc Aurèle allait repartir pour une nouvelle et ultime campagne lorsqu'il mourut comme je l'ai raconté. Pour ma part je le pleurai, mais quelques jours après je me réjouis en écoutant le texte du discours que Commode avait adressé aux officiers et soldats de Vindibona et qui était lu dans toutes les unités de l'Empire à mesure qu'il leur parvenait. Ce discours était rempli de bons sentiments et de bonnes intentions. Il était accompagné, comme l'usage le veut, d'un *donativum* important. Je m'étonnais que nos légats ne missent pas plus d'enthousiasme à le lire et à le commenter, car il était vraiment celui d'un prince de la jeunesse et nous trouvions que trop d'hommes d'âge, amis de Marc Aurèle, tardaient à laisser la place aux générations qui entraient dans la carrière.

Je me souviens de quelques phrases de ce discours qui fut détruit ensuite lorsque, par ordre du Sénat, on effaça tout ce qui avait trait à Commode : « Mes chers compagnons — c'est ainsi que mon père aimait vous appeler — dès mon plus jeune âge cet homme qui est maintenant le compagnon des Dieux, me portait parmi vous et me plaçait dans vos bras, insigne témoignage de confiance. Car déjà j'étais destiné à l'Empire. Ce n'était pas, comme précédemment, à un successeur adopté qu'il laisserait son œuvre, mais à un héritier donné par la Nature et la Fortune. Je suis né dans la pourpre et à mon entrée dans le monde le Soleil a lui sur moi comme sur un homme et un Empereur à la fois : cela doit nous donner courage et confiance. Il nous en faut pour mener à son terme cette guerre et porter jusqu'aux mers septentrionales les frontières de l'Empire. En vous illustrant vous rendrez hommage à notre commun père, qui, là où il est maintenant, nous observe. Je suis sûr d'ailleurs que l'ennemi, bousculé comme il va l'être au début d'un nouveau règne impérial, n'osera plus rien entreprendre. »

Je sus plus tard que ce discours avait été écrit par Claudius Pompeianus, l'homme le plus influent du gouvernement depuis plus de dix ans et à qui Marc Aurèle sur son lit de mort avait légué la charge de veiller sur Commode, lequel était aussi son jeune beau-frère. Mais Pompeianus avait dû en discuter âprement tous les termes avec les gens de l'entourage de Commode qui étaient partisans de rentrer aussitôt à Rome pour jouir des délices du pouvoir. A leurs voix s'ajoutaient celles de certains officiers qui étaient fatigués d'une guerre interminable où tant de leurs camarades avaient perdu la vie. Et s'il est vrai qu'il y avait peu de sens à prolonger ce type de combat, ou à pénétrer chez l'ennemi qui aurait retrouvé sur son terrain le courage du désespoir, il n'en était pas moins inconcevable de perdre, par un retour précipité, les bénéfices d'une campagne presque gagnée. Pompeianus avait, en plus de son grand prestige, l'appui de Tarrutenus Paternus, le préfet du prétoire qui avait déjà porté les aigles au nord du Danube où nous occupions une ligne de bastions avancés. La majorité des membres du Conseil impérial hérité de Marc Aurèle, et où siégeaient deux autres beaux-frères de Commode, Antistius Burrus et Petronius Sura Mamertinus, fut de ce parti.

III. Mais déjà on pouvait voir se constituer autour de Commode un parti adverse, d'une tout autre nature. Il était normal que ce jeune prince, déjà empereur désigné depuis trois ans, eût ses familiers et fût ouvert à leurs conseils. Marc Aurèle toutefois n'avait pas pris assez soin de cette compagnie dans laquelle se plaisait son fils, car il pensait sans doute que la conduite de l'Empire était une chose sacrée, pour laquelle un type d'hommes de valeur et d'expérience était nécessaire, tandis que la vie privée pouvait se contenter d'une autre catégorie de personnages, fussent-ils d'un rang médiocre — et il en fallait même de serviles pour l'entretien du confort domestique. Je reviendrai sur ceux-là qui avaient déjà pris une influence outrancière sur le jeune César, en profitant de l'aveuglement de ses parents. Mais c'est bien la responsabilité de Marc Aurèle d'avoir laissé s'approcher trop près de Commode un ambitieux, Tigidius Perennis, qui s'était poussé dans l'administration jusqu'au poste de *ad epistulis,* secrétaire d'État aux affaires latines où il avait remplacé Tarrutenus Paternus devenu préfet du prétoire. Perennis était de l'ordre équestre et avait fait preuve de dispositions pour la chose militaire. Marc Aurèle ne trouva pas mauvais qu'un homme nouveau s'empressât à instruire dans cet art Commode qui n'avait montré de penchant que pour siffler, danser et faire de la poterie. Perennis se révéla surtout auprès de lui un habile manœuvrier et peu à peu investit sournoisement la place.

Ce n'est pas que Commode ait été privé de bons maîtres. Dès qu'il fut en âge, son père lui adjoignit des précepteurs aussi qualifiés que ceux dont il avait lui-même reçu l'enseignement. Antistius Capella fut son pédagogue latin, Onésicrate celui de grec et Aelius Sanctus lui apprit la philosophie, ou du moins tenta de la lui apprendre. Mais l'enfant n'était pas porté aux études et ses professeurs s'y employaient en vain. Je soupçonne que Faustina ne favorisa pas le développement de son esprit, car outre qu'elle était elle-même très sensuelle et fort éloignée des goûts intellectuels de son mari, elle avait une passion maternelle immodérée pour Commode qui était le seul fils survivant des treize enfants qu'elle avait mis au monde. Elle avait vu mourir en bas âge Aelius Antoninus, Aelius Aurelius, Hadrianus, puis le jumeau de Commode, Antonius Geminus, à l'âge de quatre ans, et enfin M. Annius Verus César, emporté à sept ans par un abcès dans l'oreille. Elle avait en revanche pu marier cinq filles. Il est naturel que la conservation de l'unique héritier du trône fût son souci obsédant et comme celui-ci semblait nerveusement instable, elle céda à tous ses caprices. Elle le confia aux soins du célèbre médecin Galien et affecta à sa surveillance constante un ancien esclave phrygien, domestique du Palais, Cleander, avec le titre de *nutritor*[1]. Un autre Phrygien de basse extraction, Saoteros, fut attaché à son service comme *a cubiculo*[2]. Ces gens devinrent, sans qu'on y prenne garde, les plus proches de ses attachements et lorsque, sur les conseils de personnes sérieuses, ses parents voulurent les éloigner de lui, il entra dans des crises incoercibles qui ne cessèrent que lorsqu'on les lui rendit.

Quand Faustina ne fut plus là, les choses empirèrent parce que Commode n'avait évidemment plus aucune affinité avec son père mais, en dépit de leur incompréhension mutuelle, le garçon, qui était au fond d'un naturel simple et faible, manifesta toujours un grand respect filial. Cependant, dans ses manières de penser et dans ses mœurs, il était tous les jours davantage soumis aux influences de ses chambellans qui devinrent les organisateurs de ses plaisirs. Chacun savait bien que le jeune César se livrait dès l'adolescence à la débauche et ne se souciait pas de ses devoirs d'État, alors même qu'il avait été consacré prématurément empereur avec son père, et ce dernier ne pouvait l'ignorer. Mais on osait espérer qu'il se reprendrait, le moment venu, et l'on avait au contraire de l'indulgence pour cette intempérance de la jeunesse. Il faut dire que Commode avait grandi en force et en beauté et son adresse aux exercices

1. Père nourrissier, précepteur.
2. Chambellan.

physiques contrastait heureusement avec la santé débile de son père. Au pis, on pensait qu'il aurait le caractère débonnaire de Lucius Verus dont le goût du plaisir ne s'était jamais mis au travers des affaires de l'État qu'il laissait volontiers administrer par Marc Aurèle et ses amis.

IV. Or en quittant la vie, Marc Aurèle léguait à son héritier ces mêmes amis qui, réunis dans le Conseil impérial, pouvaient continuer à gérer un État prospère et à l'abri des dangers extérieurs. C'est du moins la seule excuse que j'aie pu trouver à sa détermination persistante de mettre un enfant immature en possession de la totalité du pouvoir souverain sans s'assurer, comme l'avait fait Hadrien, qu'une forme de régence veillerait à la transition. Sauf à penser, comme certains l'ont osé, que ce grand empereur est mort désespéré et prisonnier de son fatalisme, on doit lui prêter l'illusion que Commode se trouverait contraint, par la force même de la coutume institutionnelle en vigueur depuis un siècle, de recourir aux services des meilleurs pour qu'ils gouvernent à ses côtés, sinon à sa place. Ce qu'il n'avait pas prévu, c'est que le même système pouvait être inversé et fonctionner au profit des pires. Perennis fut le premier à le comprendre, et il ne fut pas non plus le dernier. Mais avant de raconter la dégradation de la magnifique dynastie de Nerva sous ce règne infâme, je dois dire quelles circonstances en provoquèrent la cassure irrémédiable.

Ceux qui savaient entendre — mais je n'étais pas encore de ceux-là — avaient discerné dans le premier discours de Commode la voix des bons conseillers qui voulaient poursuivre l'offensive engagée contre les Germains, mais aussi celle des mauvais conseillers qui exaltaient l'orgueil et les caprices du jeune empereur de droit divin. Les premiers étaient les généraux de Marc Aurèle, Pompeianus, Paternus et Pertinax, les seconds étaient les courtisans orientaux, Saoteros et Cleander, appuyés secrètement par Perennis, qui voulaient accaparer l'esprit timide de Commode. Celui-ci, après quelque temps où il sembla soumis aux compagnons de son père, vint les trouver et leur dit avec embarras qu'il souhaitait retourner rapidement à Rome pour asseoir son autorité que certains groupes ambitieux et riches risquaient de mettre en question auprès du peuple. Pompeianus lui fit observer avec beaucoup de patience et de persuasion qu'il n'avait rien à craindre de tel puisque les généraux et les premiers du Sénat étaient ici même et que le Trésor public était en sûreté. En revanche, sa gloire serait ternie par un retour hâtif. A court d'arguments, Commode n'insista pas, mais ses chambellans le convainquirent à la fin de l'été que la saison glacée serait terrible sur le Danube, alors que les plaisirs les plus raffinés l'attendaient à Rome où se prélassaient ses habituels compagnons de débauche. Alors, sans plus consulter, il signa des ordres de retour et l'on eut peine à empêcher tout le monde d'être du voyage, à l'exception évidemment des meilleurs qui restèrent pour forcer les ennemis à consentir une paix honorable. Les défenses trop avancées furent repliées sur le Danube. On acheta à prix d'or l'alliance des plus obstinés.

Commode fut fêté avec allégresse sur tout le chemin de retour et le Sénat et le peuple de Rome se portèrent à sa rencontre. Il avait une belle apparence et au jour de son triomphe qui fut le 7 octobre, il semblait un jeune Apollon sur son char. Derrière lui se tenait Saoteros et il se retourna plusieurs fois pour l'embrasser sur la bouche, ce qui ne laissa pas de surprendre les gens de bien.

Mais l'on se résignait à ses vices et à ses intempérances domestiques parce que, pour les affaires de l'État qui l'intéressaient peu, il continuait à suivre les avis du Conseil impérial où siégeait maintenant Perennis qu'il avait fait nommer préfet du prétoire à côté de Paternus quand le collègue de ce dernier vint à disparaître. Il y eut donc dès lors deux clans au pouvoir, l'un des clarissimes auquel Paternus, encore de l'ordre équestre, s'était allié, l'autre des hommes nouveaux, d'origine servile et orientale, sur lequel Perennis, bien que chevalier italien, s'appuyait. Ces deux clans s'équilibrèrent à peu près jusqu'aux événements tragiques qui survinrent dans le milieu de la seconde année du règne [1].

1. Milieu 182 ap. J.-C.

V. J'ai parlé de Lucilla, l'aînée de tous les enfants survivants de Marc Aurèle et de Faustina qui, à peine veuve du co-empereur Lucius, avait été mariée, il y avait douze ans de cela, avec Claudius Pompeianus. Ce Syrien d'origine équestre avait plus du double d'âge qu'elle et il lui était antipathique autant qu'il était cher à son père. Il ne sut pas lui imposer son autorité maritale, et elle mena une vie très libre, au point que l'on ne comptait plus ses amants. Le souvenir de son ancienne grandeur dont elle avait gardé les privilèges, faisant encore porter les feux devant elle au théâtre où elle occupait la première place depuis la mort de sa mère, lui troublait l'esprit. Quand il lui fut représenté que l'épouse de Commode, Crispina, avait droit désormais à un rang supérieur au sien, elle chercha le moyen d'abattre Commode qu'elle détestait. A l'annonce que Crispina attendait un enfant (le fait est attesté sur des médailles, mais la naissance n'eut jamais lieu), sa fureur ne connut plus de bornes et elle n'eut pas de peine à la faire partager par de jeunes nobles qu'elle entretenait dans ses ambitions et dans ses plaisirs sensuels. Ummidus Quadratus, neveu de Marc Aurèle, était de ceux-là, et Claudius Pompeianus Quintianus, neveu de son mari, également. L'un et l'autre méprisaient Commode tout en étant ses compagnons de débauche. Lucilla les avait envoûtés, promettant même sa fille, issue de son mariage avec Lucius, à Quintianus qui était son amant. Ils décidèrent d'assassiner Commode qui ne se méfiait pas d'eux. Lucilla se garda bien de mettre son mari dans le complot, car elle savait qu'il avait juré à Marc Aurèle de veiller sur son fils. Mais d'autres grands personnages furent approchés en secret pour pourvoir à la suite.

L'attentat était bien préparé et Quintianus, qui était chargé de l'exécution, n'eut pas de peine à approcher Commode dans le passage voûté qui conduisait à l'amphithéâtre. Mais tout en se jetant sur lui en brandissant son poignard, il eut la sotte idée de proclamer avec grandiloquence : « Tiens, voilà ce que le Sénat t'envoie. » Les *equites singulares* qui accompagnaient toujours l'Empereur et qui étaient exercés à le protéger bondirent sur Quintianus qui put à peine blesser Commode. Peu d'événements dans l'histoire du monde auront eu des conséquences aussi désastreuses. Commode put rentrer au Palais où il souffrit davantage du choc nerveux ressenti que de sa blessure. L'avertissement de Quintianus retentit à ses oreilles jusqu'à la fin de son règne et il prit le Sénat tout entier en exécration.

Dans l'immédiat, les coupables furent châtiés avec une diligence qui ne laissa pas d'étonner, et Paternus, qui avait la haute main sur la police prétorienne, fit exécuter Quadratus et Pompeianus, plus quelques autres. J'étais alors à Rome où je commençais ma carrière civile de laticlave, mais, jeune préteur urbain, je n'entrerais au Sénat qu'à ma sortie de charge. Je ne fus donc pas au cœur de l'agitation qui s'empara de la classe politique et modifia radicalement la nature du régime. Nous sûmes que Lucilla avait été exilée à Capri. On rapporta aussi que, quelques jours après, le jeune chambellan Saoteros avait été tué par des inconnus, dans les jardins du Palatin. Mais on le regretta peu et tout parut redevenir normal après que de grandes prières publiques eurent été faites pour l'Empereur très aimé.

VI. J'appris plus tard la réalité de ces événements. Paternus voulut une enquête et une répression rapides, et il eut même l'accord de Perennis pour débarrasser le Palais, à cette occasion, de Saoteros dont l'influence vicieuse était devenue intolérable à tous. Les deux préfets du prétoire chargèrent Cleander de l'affaire et lui promirent qu'il deviendrait à son tour le plus important auprès de Commode. Ce dernier ne sut jamais la vérité, mais l'on dit qu'il eut plus de douleur de la perte de Saoteros que de l'attentat sur sa propre vie. Perennis cependant continuait pour sa part à enquêter sur le complot et il put produire la preuve, évidente ou supposée, que beaucoup d'autres étaient impliqués. Lui et Cleander réussirent en tout cas à convaincre Commode que Paternus avait tenté de couvrir les hauts responsables du complot et qu'il avait même choisi le successeur au trône : celui-ci aurait été Salvius Julianus, le fils du grand jurisconsulte d'Hadrien et compagnon de Marc Aurèle. Il avait été consul et commandant de grandes armées.

Que cette famille d'origine carthaginoise aspirât à l'Empire, on en aura d'autres témoignages plus tard. Ce Salvius avait un fils que Commode avait en vain essayé de débaucher et qui venait de se marier avec la fille de Paternus. Il n'en fallut pas davantage pour prouver le complot.

Paternus se trouva bientôt inopinément revêtu de la dignité sénatoriale, ce qui lui ôtait le commandement des prétoriens comme Hadrien l'avait fait envers Attianus en son temps. Quoique Commode eût juré avec son père de ne mettre à mort aucun sénateur, il le fit accuser et exécuter aussitôt, avec Salvius Julianus et d'autres. Parmi les victimes illustres furent les Quintilli, ces deux frères dont j'ai déjà parlé. Issus de la Troade, ils voulurent toujours être associés dans leurs fonctions, comme gouverneurs ou chefs d'armées, tant leur affection était grande. Ils avaient d'immenses propriétés qu'ils faisaient prospérer, car ils étaient très capables en toutes choses, et l'on connaît un excellent traité sur les arbres fruitiers qu'ils écrivirent. Leurs fils, non moins capables, étaient également unis. L'un d'eux périt sur-le-champ, mais l'autre, qui était en Syrie, vit venir le danger et essaya de s'y soustraire d'une manière ingénieuse : il emplit sa bouche du sang d'un lapin et se laissa glisser de son cheval. On le porta chez lui comme mort, mais il s'échappa dans la nuit et l'on brûla dans le cercueil un bélier à sa place. Malheureusement, la chose ne put rester secrète, et Commode ordonna qu'on le cherchât partout dans l'Empire. Beaucoup de ceux qui lui ressemblaient furent exécutés, mais à Rome on voyait bien que leurs têtes n'étaient pas la sienne et finalement on ne sut jamais ce qu'il advint de lui. Toujours est-il que cette illustre famille fut anéantie et que sa superbe résidence près de Rome sur la Via Appia fut accaparée par Commode qui la convoitait. A la fin de l'année, Lucilla fut étranglée à Capri sur ordre de son frère. Elle ne valait pas mieux que lui.

Perennis demeura seul préfet du prétoire, contrairement à l'usage. Il était devenu indispensable à Commode qu'il déchargeait de tous les soins du gouvernement. L'Empereur qui était plus craintif et soupçonneux encore après l'attentat ne se montrait plus en public et vivait ordinairement enfermé au Palatin ou dans ses villas suburbaines qu'il transforma en lieux de plaisir où s'ébattaient les plus beaux jeunes gens et les plus belles femmes de toutes conditions, jusqu'à trois cents de chaque, parmi lesquels il choisissait les partenaires de ses vices. Il avait une concubine préférée, Marcia, l'ancienne maîtresse de Quadratus, qu'il réputa amazonienne pour servir à ses exploits herculéens. Car il avait une vénération grandissante envers ce dieu très populaire dans l'Empire pour ses prouesses de toute nature. C'est alors qu'il commença à prendre pour emblème la massue et la peau de lion. On raconte qu'il s'amusait à assommer des infirmes qu'il déguisait en géants. Ce qui est sûr, c'est que Marcia sut lui demeurer nécessaire jusqu'à la fin et l'on ne saurait dire quel rôle joua cette femme supérieurement habile qu'on disait affiliée aux chrétiens. Il abandonna volontiers une autre concubine, Demostrata, à Cleander qui en eut des enfants qu'on éleva au Palais. C'est dire l'influence qu'avait prise cet autre Phrygien qui gouvernait les affranchis palatins parmi lesquels s'affirma un Égyptien, Eclectus, secrètement amant de Marcia. Toute cette coterie s'enrichit par de scandaleuses spéculations et malversations.

VII. Cependant Perennis qui, lui aussi, avait constitué une énorme fortune par les confiscations des biens des sénateurs condamnés, prenait au sérieux son rôle de gouvernant et, après avoir écarté tous les hommes de valeur en les exécutant, ou en les exilant — ce fut le cas de Pertinax, de Septime Sévère et de Didius Julianus —, il voulut contrôler les exactions des affranchis. Bien qu'il fût capable de tout, il demeurait marqué par sa formation de chevalier italien et sa conception de l'État était d'essence occidentale. Il s'efforça de gouverner avec efficacité pour la grandeur de Rome en même temps que pour la sienne. Le résultat fut qu'après trois années de cette pratique, aux ennemis irréductibles qu'il s'était faits dans les milieux sénatoriaux vinrent s'ajouter ceux que gênait sa rigueur. Les premiers troubles se manifestèrent en Bretagne où sa décision de remplacer les légats sénatoriaux par des légats de rang équestre, jugés plus sûrs par lui, provoqua un mécontentement tel que, dans des circonstances encore mal éclaircies, une troupe de mille cinq cents hommes descendit de l'île jusqu'en Italie sans être inquiétée sur son chemin. Était-ce une députation de rebelles, ou une *vexillia* tout entière qui rejoignait ses provinces d'origine, la seule chose évidente est qu'ils venaient se plaindre de Perennis et que Commode crut bon de les recevoir, en compagnie de Cleander, au lieu de les punir.

Il restait à Perennis le soutien des puissantes armées du Danube où il avait placé ses fils en position de commandement. Mais cet avantage même, habilement exploité contre lui, fut la cause de sa perte. Un jour d'octobre, en effet, alors que s'ouvraient les jeux Capitolins où concourent des athlètes, on vit surgir dans le Cirque un homme portant une longue barbe, vêtu comme un philosophe et qui, brandissant son bâton, s'adressa à l'Empereur en ces termes : « Il est bien temps, Commode, de célébrer des fêtes quand Perennis et ses fils complotent pour s'emparer de ton trône ! » Perennis fit aussitôt exécuter l'homme et les choses en seraient restées là si des soldats de Pannonie n'avaient en grand secret apporté à Rome des pièces de monnaie où figurait déjà le nom de Perennis. Cleander les introduisit aussitôt auprès de Commode qui sortit de l'hébétement où le plongeait sa vie de plaisirs pour décider d'appeler incontinent Perennis et de le faire exécuter par ses propres gardes. Les fils du préfet furent alors attirés dans un piège par une lettre flatteuse de Commode qui prétendait vouloir les féliciter à Rome pour leurs victoires. Ils périrent en chemin avant d'avoir appris la fin de leur père. Ce dernier ne fut regretté par personne sur le moment, et l'on admet qu'il voulut usurper l'Empire à son profit et à celui de ses fils. Si telle était son intention, il fut malavisé car, en dépit ou à cause de son administration efficace, il n'avait qu'un très petit parti pour lui et qui fut exterminé avec lui.

VIII. Commode se trouva brusquement privé de toute aide pour décider d'affaires auxquelles il ne connaissait rien. Pourtant il voulut, semble-t-il, ou il y fut en tout cas contraint, gouverner par lui-même. Il décréta qu'il y aurait désormais à nouveau deux préfets du prétoire, équilibrant l'un l'autre leur pouvoir, mais cela ne fit qu'ajouter à l'instabilité et au péril de la fonction. Niger, par exemple, ne l'occupa que quelques heures, d'autres y perdirent la vie avant même d'avoir compris où se trouvait la vraie source de l'autorité. D'ailleurs Commode ne persista pas plus d'un mois dans sa nouvelle disposition et il revint à ses plaisirs, se contentant de parapher des dossiers qu'il ne lisait pas et d'écrire « *Vale*[1] » au bas des lettres que d'autres rédigeaient pour lui. Ainsi Cleander lui faisait prendre toutes les décisions qui favorisaient ses intérêts et son goût immodéré du lucre. Ce parvenu ne sut pas mettre de bornes à son ambition. Il vendait les charges de l'État jusqu'à celles de gouverneur. Il négociait même les sentences, et les modes de supplices. Il révoqua les actes de Perennis et rappela Pertinax, Didius Julianus, Albinus et Septime Sévère, ceux-là mêmes qui devaient devenir ensuite empereurs, car il voyait bien qu'il ne pouvait rien faire sans ces gouverneurs capables. Par là il s'acquit quelques soutiens, et ce fut Pertinax, dit-on, qui le mit en garde contre la conspiration supposée d'Antistius Burrus, mari de Vibia Sabina, sixième des sœurs de Commode, dont il avait été le collègue au consulat quelques années plus tôt. Burrus fut condamné à mort en même temps qu'Ebutius, préfet du prétoire, qui s'était mis de son parti pour dénoncer la corruption impudente de Cleander. Ce dernier avait pris les devants et il se saisit de l'occasion pour accéder lui-même au commandement des prétoriens, avec le titre de secrétaire du Poignard qui faisait de lui le chef de toutes les forces de défense de l'Empire.

C'est à ce moment-là qu'il faut placer la très grave menace que fit peser sur les provinces une conjuration sans précédent par son ampleur et par sa nature. Un soldat du nom de Maternus, puni dans l'armée pour quelque faute, déserta en entraînant plusieurs de ses camarades avec lesquels il constitua une petite troupe d'une furieuse audace, experte en brigandage. Ses succès et l'appât du gain firent que beaucoup d'autres le rejoi-

1. Porte-toi bien.

gnirent, de sorte qu'il put bientôt former des cohortes organisées sur le modèle militaire et attaquer des villes dont il vidait les prisons pour grossir ses rangs. A tous il promettait la liberté et une part de butin. Il ravagea ainsi une partie de la Gaule et de l'Espagne. Quand la nouvelle en parvint à Rome, Commode donna l'ordre à ses légats d'anéantir ces troupes irrégulières. Maternus, qui était très habile, comprit qu'il ne pourrait résister aux légions et divisa ses partisans en groupes insaisissables. Lui-même et quelques-uns s'infiltrèrent en Italie par des chemins détournés. Il avait conçu un plan à la mesure de ses ambitions qui n'étaient pas médiocres. Comme il voyait bien qu'il avait dressé contre lui et la force publique et les gens d'ordre, et que les provinces n'étaient pas prêtes à se soulever contre Commode qui restait, en dépit de tout, très populaire, il ne visa à rien de moins que de le renverser par la ruse. Et puisqu'il était engagé sans retour jusqu'à la mort, que cette mort lui apportât au moins la célébrité.

Le 15 mars était la fête de Cybèle qui donnait lieu à Rome comme dans toutes les villes à de grandes processions où l'Empereur avait à cœur de se montrer. Maternus et plusieurs autres prirent l'uniforme de prétoriens et s'apprêtèrent à se mêler à la garde de l'Empereur pour mieux le tuer. Mais comme toujours dans ces entreprises-là, quelque complice trahit par jalousie ou cupidité. Maternus fut saisi à temps et décapité. Ses bandes, privées de son génie tactique, furent pourchassées et anéanties, ou se dispersèrent dans les régions sauvages qui sont de tout temps infestées de brigands. Le peuple en conclut que la Fortune était toujours favorable au jeune empereur et, indifférent aux persécutions contre les hommes de qualité, il continuait à former des vœux pour lui. Mais il n'avait pas la même indulgence envers ses conseillers auxquels il imputait les malheurs des temps. Jusqu'alors en effet, Commode ne se montrait que pour faire des largesses, donner des jeux splendides où il offrait en spectacle son adresse peu ordinaire à tuer des bêtes avec des flèches. Le reste du temps, il vivait au fond de ses palais et si déjà il se déguisait en cocher pour conduire des chars de course sous la casaque verte, c'était dans son stade privé, ou par des nuits sans lune.

IX. Mais un système aussi déréglé ne pouvait subsister car Cleander, si averti fût-il des choses du Palais où il vivait depuis vingt ans, n'avait pas les capacités de Perennis. Il n'était à l'origine qu'un portefaix d'Antioche que des officiers de Verus avaient acheté. Bien qu'il se fût hissé au rang de chevalier pour occuper la préfecture, il avait besoin de la compétence d'hommes de l'administration régulière et il se donna deux collègues, de sorte que l'on vit, chose insolite, trois préfets du prétoire à la fois. Mais on vit plus extraordinaire encore, une succession vertigineuse de consuls qui devaient atteindre le nombre de vingt-cinq pour une seule année. Tous ne périrent pas puisque Septime Sévère fut de ceux-là. Pour ma part, je poursuivais ma carrière à un rang qui ne m'exposait pas encore aux dangers du soupçon et de la jalousie, tout en bénéficiant des possibilités d'avancement rapide que créait au-dessus de moi la précarité des postes élevés. Pourtant, dans mes fonctions de curateur de la Voie latine, je voyais trop les méfaits de la corruption que Cleander, lui-même adonné sans mesure à cette pratique, ne pouvait contrôler chez les affranchis de la Cour dont la direction était passée à Eclectus. Ce dernier avait maintenant la fonction de premier chambellan et Marcia était quasiment impératrice.

L'âpreté de Cleander n'était pas seulement un trait de son caractère, il y était porté par la logique des choses. Pour conforter son pouvoir illégitime, il fallait qu'il achetât l'appui des prétoriens et la sympathie du peuple. Mais malgré ses largesses, et notamment la construction de magnifiques bains publics, il ne provoqua que haine et mépris. A cette époque, les méfaits de la peste furent terribles, elle tua jusqu'à deux mille personnes par jour à Rome, bien que chacun prît la précaution de sortir avec des feuilles de laurier dans les narines pour filtrer et purifier l'air qu'on respirait. A cela s'ajoutaient des morts mystérieuses que la rumeur attribuait à des individus insaisissables qui piquaient les gens dans la foule avec des aiguilles empoisonnées. Mais ce fut surtout la disette de blé qui porta la colère du peuple à son comble. Des causes de cette disette, je ne peux que relater ce qu'on m'en a dit car je n'étais plus à Rome d'où j'avais jugé prudent de m'éloigner, pressentant de grands malheurs. J'avais pu obtenir le poste agréable de curateur de la ville de Faventia, riche cité toscane que troublaient modérément les furies palatines.

X. Donc cette année-là, dixième du règne de Commode, et quatrième de la toute-puissance de Cleander [1], le préfet de la Ville était Pertinax, celui de l'Annone Dionysius Papirius et ceux du prétoire Regilius et Julianus, aux côtés de Cleander. Les uns et les autres devaient leur poste à ce dernier qui tenait aussi leur vie entre ses mains. Ces hommes étaient très compétents et le Phrygien eût pu subsister avec eux s'il n'avait fait le calcul diabolique de provoquer par des achats secrets une disette de blé d'Égypte, dans le double but de faire monter les prix à Rome à son profit et d'apparaître comme un sauveur le jour où il ouvrirait les greniers. Il avait la complicité de Papirius, chargé du ravitaillement, mais il pensait sans doute le rendre responsable aux yeux du peuple, le moment venu. Assurément, Papirius eut lieu de le craindre et prit les devants, d'accord avec Pertinax, car on ne peut attribuer au hasard les événements qui survinrent au Circus Maximus à la fin de l'été. Comme on allait donner le départ de la septième course, une troupe d'enfants conduits par une fille plus grande que nature et d'une beauté farouche, qu'on dit ensuite être une déesse, fit irruption sur la piste en poussant des cris effrayants. Ils réclamaient du pain, et la foule, s'enflammant subitement en leur faveur, descendit des gradins pour se porter sur la Via Appia toute proche où se trouvait, à six kilomètres, la villa des Quintilli, devenue résidence de l'Empereur. Cette troupe de plusieurs milliers de personnes criait qu'elle voulait la tête de Cleander et elle allait envahir les jardins quand les cavaliers de la garde foncèrent sur elle avec leurs sabres, en tuant beaucoup et poursuivant les autres jusqu'aux portes de la Ville. Mais là ils rencontrèrent la résistance des habitants qui, montés sur les murs et les toits, les accablèrent de pierres et de tuiles, les

1. 189 ap. J.-C.

désarçonnèrent et les tuèrent, tandis que les cohortes urbaines se rangeaient du côté du peuple.

Cependant, Commode, au fond de son immense demeure, ne savait rien de cette émeute et personne n'osait le prévenir. Fadilla, sa troisième sœur qui partageait ses plaisirs, redouta que la dynastie tout entière ne fût menacée, quoique le peuple n'eût pas insulté l'Empereur, et elle pénétra, comme elle en avait la licence, jusque dans sa chambre avec la mine défaite, lui criant que le peuple allait tous les tuer s'il ne sacrifiait pas son ministre abhorré. Marcia confirma ce récit et, sans doute sur ses instances, Commode fit venir Cleander, apparemment pour se divertir avec lui. Mais des hommes de sa garde privée, apostés dans la chambre, se saisirent du Phrygien et lui tranchèrent la tête qui fut portée à Rome sur une pique. Aussitôt tout rentra dans l'ordre. Demostrata fut égorgée et l'on fracassa sur les murs la tête des enfants qu'elle avait donnés à Cleander, en même temps qu'on exterminait tous ceux de son parti, y compris Apolaustus qui avait été, on s'en souvient, ministre des plaisirs de Lucius Verus. Quand on lui exposa tous ces corps affreusement mutilés, le peuple manifesta une grande liesse. Sur le conseil de ce qui lui restait de son entourage, Commode rentra à Rome où il fut accueilli triomphalement.

Tel est le récit que l'on m'a fait des événements qui précipitèrent la chute de Cleander, un des aventuriers les plus impudents de l'Histoire. Je les ai longtemps tenus pour exacts, mais l'expérience du Palais m'a montré plus tard que les choses n'avaient pas pu se passer si inopinément et comme par accident. Cleander était le chef suprême des prétoriens et des gardes de l'Empereur, de par sa fonction sans précédent de secrétaire du Poignard. Mais Eclectus, en sa qualité de maître de la chambre, lui avait succédé et l'avait supplanté dans l'intimité de Commode. Celui-ci, tout incapable de gouverner qu'il fût, était rusé et dissimulé, et il n'avait à se soucier que de ses jouissances et de sa sécurité, égoïsme qui donne même aux animaux des capacités supérieures. Marcia avait le même intérêt à ce qu'il survécût à tous. Voyant que Cleander ne tenait plus la situation en main, car déjà l'on criait contre lui dans les théâtres, elle organisa avec Papirius et d'autres sa perte au profit de son amant Eclectus. Mais en même temps elle précipita une véritable anarchie car il n'y avait plus beaucoup de ressources en hommes parmi les affranchis du Palais, et Commode, hébété autant par la peur que par le vin, ne se contrôla plus.

XI. Comment un régime aussi incohérent se perpétua-t-il encore trois années, je ne l'explique que par l'aveuglement du peuple qui imputait les vices du gouvernement à l'influence néfaste des ministres et attribuait la chance de Commode et ses exploits physiques à sa filiation divine. Mais cela même n'eût pas suffi à soutenir le règne si l'administration exceptionnellement solide léguée par les Antonins n'avait poursuivi son cours quelque temps encore de son propre mouvement. De Faventia, je pus continuer à faire fonctionner les affaires publiques avec les bureaux de Rome qui lisaient mes rapports et m'envoyaient de sages instructions. Mais je me trouvais encore trop près du centre brûlant de la politique et j'obtins de reprendre mon cursus militaire comme légat de la Ire Italica en Moésie, sur le bas Danube.

A Rome pendant ce temps le despotisme ne connaissait plus de bornes. Regilius, un des deux préfets, fut condamné à mort pour avoir participé aux spéculations de Cleander sur le blé. Il n'avait rien fait de plus que Papirius, mais il ne s'était pas retourné à temps. Julianus resta donc seul préfet. Commode l'aimait bien et l'appelait Papa, surtout les nuits d'orgie où il lui commandait de danser nu devant ses favorites. Il lui arriva même de pousser dans un vivier cet homme qui s'était illustré dans les guerres parthes, puis comme commandant de la flotte de Misène et préfet d'Égypte. Il ne put s'adapter au nouveau cours du règne et reçut la mort pour prix de ses longs services. Papirius n'échappa d'ailleurs guère plus longtemps à ce sort, et les plus anciennes familles furent décimées.

Des amis de son père, il n'épargna que Pompeianus qui s'était retiré à la campagne sous prétexte de sa mauvaise vue (mais ce n'était pas là une sécurité puisqu'il fit exécuter une tante paternelle qui vivait en Achaïe), Pertinax, Aufidius Victorinus et Didius Julianus. Ils avaient veillé sur son enfance et il eût été parricide en leur ôtant la vie. Pourtant il ne connaissait guère de retenue et fit tuer un autre de ses beaux-frères, Petronius Mamertinus, et six consulaires à la fois. Mais je craindrais de lasser le lecteur par l'énumération de ses victimes dans cette période où il abdiqua toute pudeur. Les excès auxquels il se livrait jusque-là en privé, il les commit au grand jour et voulut que le peuple en fût témoin, car dans son imagination délirante il se crut devenu dieu. Il réalisa le projet de Néron et donna son nom à Rome qui s'appela colonie Commodienne, puis aux mois qui s'intitulèrent d'après les travaux d'Hercule, dont il se dit lui-même l'incarnation. Ce qui n'était d'abord qu'un symbole religieux fut dorénavant, à ses yeux du moins, une réalité et il se mit à tuer des bêtes par milliers dans le Cirque, obligeant les clarissimes, les chevaliers et le peuple à venir l'applaudir. Je n'eus pas, heureusement, à souffrir ce spectacle ridicule et à l'applaudir sur ordre, comme mes collègues du Sénat demeurés à Rome. Puis il descendit un degré de plus dans l'infamie et combattit dans l'arène des gladiateurs qui se retenaient de lui porter des blessures et le laissaient triompher, ce qu'il se vanta d'avoir fait sept cent trente-cinq fois.

Il était devenu d'ailleurs d'une adresse remarquable, comme si à défaut d'exceller dans les exercices de l'esprit à l'instar de son père, il voulait s'illustrer dans ceux du corps. Il avait des instructeurs parthes pour le tir à l'arc et ne manquait jamais sa cible, tuant de sa loge au Cirque cent lions avec cent flèches. Le peuple de Rome goûtait fort ces exhibitions, et on vint même de toute l'Italie pour voir les exploits qu'il avait annoncés, jusqu'au jour où il fit tirer sur les spectateurs qui ne s'étaient pas bien comportés. On commença à murmurer qu'il méditait de tuer tout le public pour imiter Hercule massacrant les Stymphalides. Quand ses finances s'épuisèrent, il imposa qu'on lui apportât des cadeaux d'anniversaire et il fit payer des prix considérables ses ridicules prestations de gladiateur. Il imagina de préparer un voyage triomphal en Afrique qu'il n'accomplit pas, bien que le Sénat lui en eût avancé la dépense. D'ailleurs, de tout son règne, il ne quitta jamais Rome et les environs. Il fit remplacer la tête du Colosse de Néron, devant l'amphithéâtre, qui avait déjà été changée pour celle de la Liberté, par la sienne.

XII. Laetus, un chevalier venu de Thaenae en Afrique, était maintenant préfet du prétoire. Eclectus, son protecteur, était l'homme fort, mais il manquait des grandes perspectives qui avaient animé Perennis et Cleander et avaient d'ailleurs causé leur perte. C'était un Égyptien, ancien affranchi de Lucius Verus, plutôt audacieux et emporté, un homme d'action. Il était affilié aux chrétiens comme Marcia qui protégeait en ces temps-là un certain Calixte, prêtre-financier de la secte, condamné aux mines pour banqueroute. Ce couple encourageait Commode dans son goût pour les religions orientales à mystères. Il se fit initier à toutes, puis il exigea que les prêtres d'Isis se fissent de vraies blessures en se flagellant non plus avec des lanières de chanvre, mais de cuir chargées d'osselets. Il frappait jusqu'au sang avec un Anubis la tête rasée de ces hommes.

Ainsi c'était la nature même du pouvoir qui se transformait en théocratie égyptienne ou perse, comme Caligula et Néron n'avaient pu eux-mêmes le réaliser. Les courtisans, tous orientaux, ne voyaient que des avantages à ce changement qui allait dans le sens d'un absolutisme favorable à leurs intérêts, tandis que les prétoriens en tiraient un pouvoir de plus en plus insolent. Le frère de Laetus, Pudens, était chef des gardes du corps et l'athlète Narcisse qui exerçait l'Empereur se permettait de nommer des légats. Niger fut l'un de ceux-ci et obtint le proconsulat d'Asie. Laetus mit Sévère en Pannonie supérieure, avec trois légions et Geta, le frère de celui-ci, en Moésie inférieure avec deux légions. Albinus fut envoyé gouverner la Bretagne. Ces dispositions se révélèrent utiles à ceux qui les prenaient et s'inquiétaient déjà des lendemains.

XIII. Leurs craintes étaient fondées, et les présages sinistres se multipliaient. Plusieurs quartiers de Rome brûlèrent après que la terre eut tremblé et le temple de la Paix, où les riches Romains déposaient leur or, fut entièrement consumé (le médecin Galien y perdit une partie de son œuvre), ainsi que celui de Vesta. Une étoile chevelue apparut dans le ciel. Des animaux mirent bas des monstres difformes. En même temps, les débordements herculéens de Commode échappaient au contrôle de l'Amazonienne Marcia, bien qu'elle fût devenue la femme la plus importante de l'Empire, car Commode avait fait accuser d'adultère son épouse Crispina qui fut à cette époque exilée à Capri et exécutée. Marcia jouissait de tous les privilèges d'une impératrice, sauf qu'on ne portait pas le feu sacré devant elle. Mais Commode ne se sentait plus en sympathie et en sécurité qu'au milieu des gladiateurs. Au jour où s'achevait la douzième année de son règne [1], il annonça à Marcia son intention d'aller passer la nuit dans la caserne du Ludus Magnus sur le mont Caelius, proche du Palais Vectilien où il résidait — car il avait déjà abandonné le Palatin, plus difficile à garder, peut-être aussi pour rompre solennellement avec les traditions dynastiques. De là il serait sorti en procession le lendemain 1er janvier, habillé en *secutor* à la tête des gladiateurs. Marcia essaya par tous les moyens de le détourner de ce projet impie, mais il appela Eclectus et Laetus pour leur ordonner de transférer ses appartements. Certains prétendent que Marcia surprit le petit page Philocommodus avec une liste des personnes dont l'Empereur avait décidé la mort, en tête desquelles étaient Marcia et ses amis. Mais ce détail a aussi été raconté à propos de la fin de Domitien et je n'y ajoute pas foi. En revanche, je suis sûr que la détermination de ces gens de cour fut prise dès lors qu'ils comprirent que Commode n'avait plus confiance en eux, ni même dans les chefs des prétoriens, pour sa sûreté.

Ce changement de lieu et d'entourage était lourd de menaces pour eux et ils précipitèrent leur conspiration, d'autant que la dernière nuit de l'année était favorable à un coup de surprise alors que s'achèvent les fêtes des Saturnales qui mettent la

1. 31 décembre 192 ap. J.-C.

société littéralement sens dessus dessous puisque les maîtres sont censés servir un instant leurs domestiques. Leur plan se déroula d'abord comme prévu, et Marcia versa du poison dans la coupe qu'elle avait coutume de porter à Commode quand il rentrait dans sa chambre après son bain pour dormir quelque temps. Il but cette coupe sans méfiance et s'endormit bientôt lourdement. Mais aux premiers effets du poison, il eut des vomissements qui le lui firent évacuer en partie, et comme il allait reprendre ses sens, Marcia courut avertir ses complices qui envoyèrent Narcisse pour l'étrangler. Par un concours de circonstances, qui n'était sûrement pas fortuit, les gardes ordinaires se trouvaient éloignés et ceux qui étaient aux portes des appartements ne firent pas attention à un paquet de linge sale que les esclaves de la chambre feignaient de transporter aux communs et qui était le corps de l'Empereur.

Laetus et Eclectus coururent alors chez Pertinax, préfet de la Ville, qui était couché et qui les vit s'approcher de son lit avec appréhension car il pouvait s'attendre à ce qu'ils vinssent pour le tuer aussi bien que pour lui annoncer la fin de Commode, à propos de laquelle ils lui avaient déjà fait quelques allusions voilées pour deviner ses réactions. Il les vit très nerveux et leur opposa tout d'abord un calme digne des anciens Romains : « Il y a longtemps que je vous attendais, et je suis enfin soulagé d'une angoisse qui ne m'a jamais quitté, ni jour ni nuit. Faites votre besogne infâme. » Laetus lui répondit : « Ce n'est pas l'heure de faire des discours. Suis-nous au camp prétorien. » Pertinax ne douta plus alors que sa mort avait été décidée. « Pourquoi cette comédie ? Tuez-moi ici même ! » Eclectus le tira de son lit avec ces mots : « Il ne s'agit pas de cela. Commode est mort, il n'y a que toi à Rome qui puisses être proclamé empereur. » Les conjurés lui eussent préféré, disent certains, Septime Sévère, mais il était en Pannonie et les événements venaient de se précipiter. Cependant Pertinax, craignant encore un piège, tant ces hommes étaient de peu de confiance, leur dit : « Je veux d'abord être assuré que Commode est mort », et il ne sortit de chez lui qu'après qu'un affranchi de sa maison eut été reconnaître le cadavre de l'Empereur avec Eclectus. La suite appartient à son règne que je raconterai.

XIV. Commode avait vécu trente et un ans et cent cinquante jours. Son règne dura onze ans et neuf mois. Ses cheveux et sa barbe étaient blonds et bouclés, et l'on dit qu'il y ajoutait de la poudre d'or pour les faire étinceler. Ceux qui l'ont vu — personnellement, je n'en eus pas l'occasion — prétendent qu'il était beau et fort, mais ses statues, refaites sur l'ordre de Septime Sévère après qu'on les eut toutes détruites à Rome et dans l'Empire en vertu de la *damnatio memoriae* décrétée par le Sénat, le montrèrent un peu épais et les yeux bouffis, comme son père dont on voit bien par là qu'il était le fils naturel, mais pour ce dernier c'était l'effet de l'étude, tandis que Commode était victime de ses débauches. On n'eut pas de peine d'ailleurs à imputer sa mort à une apoplexie. Il dormait beaucoup et se baignait à toute heure de la journée dans de l'eau très chaude, cela depuis l'enfance. Un jour, quand il avait douze ans, comme son bain était trop tiède, il entra en crise et exigea que l'on jetât l'étuviste dans le four. Je n'attache pas autant de signification que certains à ce caprice d'enfant, mais je trouve coupables ceux qui firent semblant d'y céder et qui jetèrent une peau de mouton dans le feu pour que l'odeur de chair brûlée calmât le jeune prince. Ceux-là étaient, sans doute déjà, Saoteros et Cleander qui préparaient les voies à leur influence.

En réalité, Commode n'était pas cruel par nature mais il était vicieux et ne souffrait aucune contrariété. Il était ouvert à toutes les influences et malheureusement les premières et les plus proches furent les plus perverses qu'on pût imaginer. La plupart de ceux qui gâtèrent son caractère avaient été, on l'a vu, ramenés d'Antioche par Lucius Verus, et Marc Aurèle ne les avait pas tous chassés de la Cour. Faustina craignait pour sa santé et il avait en effet une grosseur à l'aine que l'on devinait même sous ses habits. (Galien qui parle de ses maladies d'enfance fut bien aise de rester à Rome pour veiller sur lui plutôt que de suivre Marc Aurèle à la guerre.) Il était vaniteux et ne tolérait pas qu'on prétendît à plus d'exploits que lui. Il ordonna qu'on mît à mort un certain Julius Alexander, homme valeureux, qui, du haut de son cheval, tuait des lions d'un seul coup de sa lance. Cet Alexander était à Éphèse et quand il apprit qu'on allait venir l'exécuter, il fit un carnage de ses ennemis et s'enfuit avec un jeune garçon qu'il aimait. Ce dernier cependant était trop faible et ralentit sa course. Plutôt que de l'abandonner, il le tua et se tua au moment où les poursuivants allaient le rattraper. Commode redoutait que cet homme ne voulût se faire passer à sa place pour un autre Hercule, et c'est à des rivalités de ce genre qu'à la fin il était le plus susceptible.

Car je crois que le mysticisme l'emporta en lui sur sa sensualité épuisée. S'il montra une grande considération pour un homme qui avait un membre viril énorme et qu'il nommait Onon, c'est moins par impudeur que par observance des cultes orientaux du phallus et j'ai dit qu'il ne fut fidèle qu'à Marcia, en qui il voyait la reine des Amazones.

Par là, je ne chercherai pas à excuser sa folie meurtrière, mais d'autres exemples de princes rendus fous par un pouvoir trop grand pour un esprit trop jeune ou trop borné m'ont amené à réfléchir sur les causes réelles des dérèglements des monarchies. Je dirai que Marc Aurèle comme Vespasien avant lui et Septime Sévère après portent la responsabilité d'avoir exigé que leurs fils leur succédassent malgré leur débilité manifeste : Rien n'est plus propre à favoriser les germes pernicieux de la corruption et de la violence qui infestent les cuisines et les casernes du Palatin. Les affranchis impériaux et les prétoriens se jettent sur les proies trop faibles et, en quelques mois, ruinent l'œuvre civilisatrice des princes les plus admirables. Il faut attendre longtemps les règnes réparateurs. Celui de Pertinax, que l'on va voir, ne dura pas assez pour porter ce nom.

VII.

1. PERTINAX
2. DIDIUS JULIANUS

I.

I. Donc Pertinax revêtit sa toge et suivit Laetus et Eclectus au camp des prétoriens. Cependant déjà, la nouvelle en était habilement répandue dans toute la ville par des émissaires secrets qui réveillèrent ceux qui dormaient — mais beaucoup festoyaient encore dans la nuit où l'on passait d'une année à l'autre. La mort prétendue par apoplexie de Commode et la démarche de Pertinax furent accueillies avec un même enthousiasme et le mot d'ordre fut de se rendre au camp pour s'assurer que les prétoriens n'allaient pas prendre mal la chose. Laetus, leur chef, les harangua habilement, disant que Commode avait eu une mort digne de sa vie de plaisirs et qu'il était temps de revenir à des choses sérieuses avec un homme tel que Pertinax, respecté comme préfet de la Ville et très aimé dans les légions provinciales. Cette dernière considération surtout ébranla les prétoriens les plus hésitants, et quand ils se virent environnés d'une grande foule qui scandait le nom de Pertinax et maudissait celui de Commode, ils se décidèrent à acclamer cet homme dont ils avaient à redouter la rigueur. Il n'en fallait pas plus pour qu'il fût investi empereur, mais il voulut avoir aussi la proclamation du Sénat dont il craignait quelque réserve, faute d'appartenir à une famille des plus illustres.

Aussi s'y rendit-il modestement, sans le feu sacré. Il trouva d'ailleurs la Curie fermée, et il dut attendre longtemps au temple de la Concorde que le portier vînt avec les clefs.

Claudius Pompeianus le rejoignit alors et se lamenta sur le sort du fils de Marc Aurèle. Pertinax crut bon de le presser d'être empereur à sa place, se doutant bien qu'il refuserait. C'est quand Glabrio, le plus ancien par la noblesse, le prit par le bras pour le présenter aux sénateurs qu'il accepta l'Empire. Il fit alors un discours très éloquent où l'on voit bien qu'il s'était à tout hasard préparé à cette éventualité. Il évita de prononcer le nom de Commode, tout en flétrissant par des formules générales la tyrannie. Mais il ne put empêcher que le Sénat tout entier ne se soulageât des terreurs souffertes pendant dix années en criant dans un vacarme sans précédent les plus violentes malédictions qu'on eût entendues dans ce lieu respectable et que les sténographes eurent peine à consigner. J'ai retrouvé dans les *Acta Diurna* les plus expressives pour les reproduire ici : « — Que le meurtrier du Sénat soit traîné avec le croc ! — Que le gladiateur soit déchiré dans le spoliaire ! — Qu'on renverse les statues du parricide et du gladiateur ! — Qu'on livre aux lions les délateurs ! — Qu'on traîne avec le croc celui qui n'a pas épargné son propre sang ! — Prenez les avis, prenez les avis, nous voulons tous qu'il soit traîné ! — Qu'on réhabilite la mémoire des innocents ! — Tu as partagé nos craintes et nos dangers, César, ordonne qu'il soit déchiré selon l'usage des ancêtres ! — Honneur à la fidélité des prétoriens ! — Nous ne craignons plus rien ! — Corrige nos maux ! — Vive les cohortes prétoriennes ! » Je pourrais continuer encore longtemps cette énumération d'invectives.

Mais Pertinax ordonna au consul Fabius Chilon que le cadavre de Commode soit enseveli de nuit. Cingius Severus, qui présidait le collège des Pontifes, dit alors : « Il ne méritait pas de sépulture, je le proclame solennellement. Mon avis est qu'il faut abattre toutes ses statues et effacer son nom de tous les monuments publics. Et qu'on rende aux mois les noms qu'ils portaient avant que ce monstre ne désolât la République. » Entre ceux qui voulaient se venger impitoyablement de Commode et ceux qui méditaient de le venger, Pertinax s'efforça de garder la sérénité qui convenait à sa nouvelle grandeur, mais déjà le consul désigné Falco, dont Commode avait décidé la perte, l'interpella en public de la sorte : « Nous pouvons prévoir comment tu vas gouverner puisque tu as conservé Laetus et Marcia, les complices des crimes de Commode. » Pertinax lui répondit : « Consul, tu es jeune, tu ignores la nécessité de se plier aux circonstances. C'est malgré eux qu'ils ont obéi à ce despote dont ils ont précipité la fin. » Mais chacun devinait bien qu'il aurait de la peine à asseoir son autorité, d'autant qu'on le savait décidé à remettre de l'ordre dans l'administration et dans l'armée, tâche à laquelle il s'attaqua sans tarder.

II. Pertinax était né dans les premières années du règne d'Hadrien, à Albe, en Ligurie. Son père, un affranchi du nom de Helvius Successus, vendait du charbon de bois. Le jour où naquit son fils, un poulain monta sur le toit de la maison et, en retombant, se tua. Frappé par cet accident insolite, il alla consulter un Chaldéen qui lui annonça que ce fils aurait un grand destin. Le père revint et dit : « J'en suis pour mon argent ! » Il l'appela Pertinax parce qu'il s'opiniâtrait en tout, et notamment dans sa volonté d'étudier de bonne heure. Il eut donc un maître pour le grec et s'inscrivit ensuite au cours du grand grammairien Sulpicius Apollinaire et, quand ce dernier mourut, il se mit lui-même maître d'école. Mais il voyait que ce métier rapportait peu et il obtint du patron de son père, le consul Lollianus Avitus, la charge de centurion. Il commença par le commandement d'une *vexilla* de cavalerie en Syrie. On raconte qu'ayant pris à Antioche sans autorisation spéciale la poste publique pour rejoindre son camp, le gouverneur l'en fit descendre et l'obligea à faire le chemin à pied. Il était là-bas pendant la guerre parthe où il servit avec distinction. Il eut ensuite le commandement d'un corps de cavalerie en Moésie. Il revint en Italie comme curateur de la Via Aemilia, chargé de veiller aux approvisionnements de cette route qui passe dans sa province de Ligurie, puis il reprit une affectation militaire comme commandant de la flotte sur le Rhin. Sa mère l'accompagna jusque dans ce pays car on y voit encore son tombeau. De là il passa en Dacie avec un traitement de deux cent mille sesterces, dans l'administration financière. Mais on ne sait quel mauvais rapport sur lui parvint à Marc Aurèle qui lui retira son emploi. Sa disgrâce fut de courte durée parce que Claudius Pompeianus, qui l'avait vu et apprécié en Syrie, le mit à la tête d'importantes forces avec lesquelles tous les deux réussirent à repousser les Germains qui avaient, comme on l'a vu, envahi le nord de l'Italie[1]. L'Empereur se convainquit alors qu'il avait été mal informé à son sujet et il lui rendit sa confiance avec la charge de légat de la Ire Adiutrix et le rang d'ancien préteur.

J'ai lu un discours que fit alors Marc Aurèle au Sénat, où il louait les mérites de Pertinax, et un autre également devant l'armée qu'il prit à témoin de l'injustice dont avait souffert cet homme nouveau. Mais l'ayant fait entrer dans la Curie, il ne put lui donner comme il l'aurait voulu la charge de préfet du prétoire qui devint vacante par la mort de Vindex, tué à ce poste dans une bataille contre les Marcomans. Il l'avait à ses côtés lorsqu'il se porta en Orient à l'annonce de l'usurpation d'Avidius Cassius. Au retour, il le nomma consul avec Didius Julianus, à l'âge de quarante-cinq ans. Quelques-uns critiquèrent cette élévation trop rapide en citant à ce propos un vers des *Suppliantes* d'Euripide : « Voilà le prix qu'il nous faut payer pour une guerre déplorable. » Mais on a vu que Marc Aurèle se souciait moins de la naissance des gens que de leur valeur et il le fit entrer dans son Conseil. Il l'envoya gouverner la Moésie, puis, lors de la deuxième expédition sur le Danube dont il ne revint pas, la Dacie. Quand Commode hérita le pouvoir, il se trouvait gouverneur de la Syrie.

Il revint à Rome à sa sortie de charge, très enrichi, ce qui fit qu'on commença à parler de sa cupidité. En réalité, c'est moins sa richesse qu'on lui reprochait que son économie, car il garda toujours la sobriété de ses origines et sa fortune vint de son épargne, et non de ses exactions dans les provinces. Mais son plus grand tort est d'avoir voulu faire partager aux Romains, et d'abord aux soldats, son peu de goût pour la dépense, et il

1. 171 ap. J.-C.

n'avait pas suffisamment retenu le conseil de Marc Aurèle qui, tout en étant très austère pour lui-même, disait que l'avarice était le défaut que le peuple pardonnait le moins aux princes, et lui-même offrait des donations et des spectacles somptueux, bien qu'il ne les appréciât pas. (Il avait, il est vrai, hérité de finances très prospères, tandis que Pertinax trouva à peine un million de sesterces dans le Trésor public.) Mais nous sommes encore à l'époque où Commode régnait, ou plutôt laissait Perennis gouverner à sa place. Ce dernier, qui jalousait les hommes prestigieux, n'était cependant pas en état de les faire mourir tous, et une fois qu'il eut compromis Paternus et les Quintilli dans la conjuration de Lucilla, il se borna à exiler, comme on l'a vu, Pertinax dans sa Ligurie natale, et Didius Julianus à Milan d'où il était originaire. Quant à Pompeianus, il s'était retiré de lui-même à Terracine, accablé autant par la perfidie et la mort de sa femme et de son neveu que par la conduite de Commode. Un autre des compagnons les plus estimés de Marc Aurèle, Aufidius Victorinus, indigné par les soupçons qu'il sentait peser sur lui, eut le courage d'aller trouver Perennis pour lui en demander raison. Il fut laissé en vie.

III. Rentré par force dans son village, Pertinax acheta d'immenses terres et fit construire quantité de bâtiments à côté de la maison de son père qu'il garda dans son état primitif. Au travers de ses esclaves et de ses affranchis, il fit prospérer le commerce de charbon familial tant il avait l'esprit de lucre, ou plutôt je crois tant sa nature était active et ingénieuse. Après trois années, Perennis étant renversé, Commode, sur l'instigation de Cleander qui avait besoin d'appuis dans les légions et des talents militaires dont il était dépourvu, écrivit à Pertinax pour le réhabiliter et lui donner le gouvernement de la Bretagne, où s'étaient produits les troubles dans l'armée que j'ai déjà évoqués. Là, le nouveau proconsul trouva une situation encore très agitée, et il paraît que les légions voulurent acclamer empereur un de leurs légats, qui se défendit en disant : « Je suis général commc vous vous êtes soldats, ni plus ni moins. » Mais il est certain aussi que des voix s'élevaient en faveur de Pertinax, autant en Bretagne qu'à Rome, puisqu'on raconte qu'au Cirque un fameux coursier du nom de Pertinax était l'objet d'ovations enthousiastes chaque fois qu'il entrait sur l'hippodrome, et quand il sortait la foule hurlait : « Reviens, Pertinax ! » Mais le proconsul, au contraire, était en train de réduire la sédition des légions britanniques au point qu'il fut laissé pour mort dans un affrontement dont il tira ensuite une terrible vengeance.

Sans doute Pertinax estimait-il que les temps n'étaient pas mûrs pour renverser Commode, à moins qu'il ne fût en intelligence avec Cleander auquel il devait son retour en grâce. C'est dans le même esprit probablement qu'il mit en garde l'Empereur contre les agissements de son beau-frère Antistius Burrus, mari de Vibia Sabina, qui fut exécuté pour complot avec le préfet Ébutien la dernière année du règne de Cleander. Pertinax demanda alors son rappel, disant que la rigueur qu'il avait remise dans la discipline l'avait rendu insupportable aux légions de Bretagne. A Rome, il fut chargé de l'Annone, puis il obtint le proconsulat d'Afrique. Commode récompensa sa loyauté en le nommant préfet de la Ville, poste où il eut l'occasion d'être informé du complot préparé par Laetus, Eclectus et Marcia. Cette fois-ci il garda le silence, car il pensait que l'opération conçue dans le cercle le plus intime du Palais avait des chances de réussir, ce qui n'était pas le cas des autres entreprises.

IV. Le Sénat, après avoir eu tout d'abord quelques préventions contre Pertinax qui était pourtant l'un des siens, mais pas le plus illustre par sa naissance ou le plus réputé pour sa haine de Commode, s'empressa de lui décerner tous les honneurs et voulut même qu'il fût aussitôt Père de la Patrie et sa femme Augusta. Celle-ci qui s'appelait Flavia Titiana était la maîtresse d'un célèbre joueur de luth. Pour sa part, il ne cachait pas sa liaison avec Cornificia, la fille de Marc Aurèle. En tout cas, il refusa les titres honorifiques pour lui et sa femme. Quant à son fils qui était âgé de douze ans, non seulement il ne voulut pas qu'il fût fait César, mais il ne le prit pas avec lui au Palatin, le laissant même aller à l'école publique avec les autres enfants. Il diminua aussitôt de moitié les dépenses du service impérial et réduisit ses frais de table si bien qu'une vague d'économie passa sur toute la société, car, comme j'ai déjà eu l'occasion de le dire, les habitudes du Prince deviennent vite une mode chez ses sujets. Mais il alla un peu trop loin en ne servant à ses invités que des moitiés de laitues et d'artichauts. Quel que fût le nombre des hôtes de sa table, on achetait neuf livres de viande, gardant les restes pour le lendemain, et jamais on n'y vit de faisan. D'ailleurs, le plus souvent, il dînait seul avec sa femme et son ancien professeur Valerius, avec qui il parlait de littérature.

Pour restaurer les finances publiques, Pertinax fit vendre tous les objets somptuaires que Commode et ses favoris avaient accumulés, et par-dessus le marché ces gens aussi avec les concubines. Il racheta quelques-unes de celles-ci en prévision de ses vieux jours. Mais surtout il était très attentif à connaître ceux qui se portaient acquéreurs de cette sorte de biens et qui montraient par là leur caractère. Ces biens étaient des vêtements de soie brodés d'or, des vestes dalmatiennes, des chlamydes grecques, des soyons à franges. Il y avait des colliers de gladiateurs, des sabres incrustés, des coupes précieuses de forme obscène. On vit dans cette vente des carrosses conçus par d'habiles ingénieurs pour protéger du soleil ou faire de l'air frais, et pour indiquer la distance parcourue et même l'heure, d'où l'on pouvait déduire la vitesse. Le montant des enchères fut tel que l'on put supprimer des taxes qui gênaient la circulation des produits, et la quantité même des biens jetés sur le marché contribua aussi à faire baisser les prix. Pertinax était un bon gestionnaire, mais on dit qu'il le fut également pour sa fortune qu'il faisait prospérer par ses affranchis, et s'il fit restituer leur fortune à beaucoup de proscrits, il en retint quelque part au passage. Aussi lui donnait-on le surnom de « plongeon de terre », comme s'il eût été un rapace.

Il n'avait encore donné que la moitié de ce qu'il avait promis aux prétoriens et ceux-ci ne se résignaient pas à l'avoir pour maître, d'autant qu'il leur avait signifié que les temps étaient changés et que leur arrogance n'était plus de mise. D'ailleurs le mot d'ordre qu'il donna au tribun de service le soir de son accession fut : « Combattons », ce qui n'était pas du goût des hommes de la garde et les poussa bientôt à lui susciter un rival en la personne d'un sénateur de leur choix, Triarius Lascivius, qu'ils entraînèrent au camp, mais qui, effrayé, se sauva tout nu et courut au Palatin, puis put sortir de Rome. Pendant ce temps, Pertinax présidait un grand banquet où étaient réunis, selon un usage tombé en désuétude, les sénateurs et les magistrats importants sur lesquels il appuyait son pouvoir.

Il avait gagné la confiance de ces hommes en réhabilitant ceux de leurs familles qui avaient été exécutés, en punissant du supplice de la croix les délateurs et en jurant de ne jamais appliquer la loi de lèse-majesté. Pourtant il en mécontenta beaucoup en remettant en cause toutes les nominations de préteurs qui avaient été de pure forme et en faisant rentrer les impôts prévus par Commode, ce qui fit dire à Lolianus Gentianus qu'il n'était pas fidèle à son programme. Il lui répondit en invoquant la nécessité.

V. Or Laetus qui avait donné l'Empire à Pertinax et qui l'avait défendu contre la grogne des prétoriens comprit vite que l'Empereur n'était pas disposé à partager le pouvoir avec lui et qu'il n'aurait pas sur cet homme de vieille expérience l'influence qu'il espérait. Il porta donc ses regards sur Falcon qui était ambitieux et riche et il conçut de l'emmener au camp prétorien pendant que Pertinax inspectait la flotte en vue du ravitaillement de Rome. Mais sur son vaisseau même, l'Empereur fut informé de ce projet et revint en grande hâte à Rome où il parut devant le Sénat. Là, plutôt que de demander la condamnation de Falcon qu'il aurait facilement obtenue, il rappela qu'il avait juré de ne mettre à mort aucun sénateur. Cependant des prétoriens ne bénéficièrent pas de la même indulgence et furent exécutés, de sorte que Laetus put entretenir la colère dans ce corps. Il eut aussi la complicité des affranchis du Palatin qui n'avaient pas encore été tous chassés après la fin de Commode, Pertinax ayant dit qu'il attendait l'anniversaire de la fondation de Rome pour procéder à une grande remise en ordre. Ces gens-là méditèrent donc de l'assassiner auparavant dans son bain.

Mais ce n'est pas ce projet qui précipita la fin de Pertinax. Le matin du 5 des calendes d'avril[1] fut marqué par des signes néfastes. Des deux victimes sacrifiées sur l'autel impérial, l'une n'avait pas de foie, l'autre pas de cœur. Sur le vu de ces mauvais présages, Pertinax décida de ne pas aller à l'Athénée, où il devait assister à un concours de poésie, et il renvoya son escorte ordinaire. Rentrant au camp, celle-ci croisa, sans chercher à s'y opposer, une troupe de deux ou trois cents soldats qui en sortaient à la fin de leur service du matin. Ces gens-là étaient pourtant armés et visiblement malintentionnés. En effet, ils se précipitèrent dans le Palais, bousculant les postes de garde. Ceux qui les premiers virent cela coururent dire à Pertinax de s'échapper par une sortie secrète et d'aller se mettre sous la protection du peuple qui le vénérait, ou de se cacher en attendant que les officiers de sa garde personnelle aient pu intervenir. Mais il répondit que cette conduite n'était pas digne d'un empereur et d'un général illustre. Il s'avança au contraire jusque dans la salle à manger dite de Jupiter, pour parler aux furieux : « Si c'est ma mort que vous voulez, vous feriez mieux d'attendre encore un peu, elle viendra naturellement. Mais si vous voulez tuer l'Empereur que vous avez la mission sacrée de protéger, alors prenez garde à la colère des Dieux et des citoyens. Si vous voulez venger Commode, vous allez contre la nature, car ce sont ses propres vices qui l'ont tué... » Il leur parla ainsi habilement et dignement, et la plupart commençaient à être impressionnés par sa majesté et baissaient leur épée. Mais voyant l'irrésolution gagner ses camarades, un des plus furieux, un Tongre nommé Tausius, se précipita sur le vieil homme et le perça de deux coups d'épée auxquels les autres, enhardis, ajoutèrent les leurs. Eclectus entra courageusement dans la mêlée, blessa deux meurtriers, mais fut tué lui-même. Quant à Laetus, il avait dès le début fui le Palais, la tête recouverte d'un capuchon.

1. 28 mars 193 ap. J.-C.

Apprenant cet acte barbare, les Romains qui s'étaient retirés chez eux à cette heure de la journée pour leur sieste, sortirent dans les rues comme hébétés par la douleur, cherchant partout les assassins. Mais ceux-ci étaient vite rentrés dans leur caserne dont ils avaient fermé et fortifié les portes, craignant la vengeance du peuple. Les sénateurs erraient, ne sachant quel parti prendre. Puis beaucoup jugèrent opportun de quitter Rome pour leurs maisons de campagne, afin de n'être pas impliqués dans la proclamation d'un successeur au trône. D'ailleurs, le lendemain, la prudence fut partout plus forte que la fureur, et la Ville demeura calme. Les prétoriens cependant ne sortirent pas de leur camp retranché, et ils imaginèrent le stratagème le plus déshonorant qui fût pour un corps chargé de la protection de la République, stratagème qui sembla d'abord leur réussir, mais qu'ils durent, comme on le verra, payer très cher plus tard.

VI. Pertinax allait avoir soixante-sept ans. Il souffrait de quelques infirmités aux jambes, mais sa taille était restée majestueuse. Sa tête, que les prétoriens avaient emportée, fut ensuite réunie à son corps dans le tombeau familial. Ce n'est que plus tard qu'il eut des obsèques triomphales. Sa barbe était longue et ses cheveux frisés. Il avait de l'embonpoint, surtout du ventre. Il montrait de l'affabilité pour ses visiteurs et on ne lui connaissait pas de cruauté. Mais il était plutôt agréable que bon et, malgré d'excellentes paroles, peu libéral. C'est qu'on ne pouvait plus, après tant de violences et de malheurs, retrouver tout à coup la grandeur et l'humanité des règnes qui avaient précédé celui de Commode. Il fallait réapprendre à vivre honnêtement et Pertinax y aurait amené l'Empire s'il avait vécu. Il mit tant de hâte et de rigueur dans ses premières réformes qu'on en craignit de plus sévères encore. Comme Nerva, il ne fit rien pour plaire aux prétoriens qui l'outragèrent et, comme Nerva, il fut vengé par un autre Trajan. Devant ces résistances à sa personne, il pensa même à abdiquer la pourpre. J'ai lu une lettre de lui où il exprime son horreur du rang suprême. Il ne régna que quatre-vingt-sept jours, mais ces jours furent importants. Il modifia le *cens,* supprima les *alimenta* à partir de sept ans, et donna des terres incultes à ceux qui pouvaient les cultiver. C'est un fait que son nom resta vénéré et que plusieurs empereurs voulurent l'ajouter au leur.

II.

I. A l'instant où il avait été informé du tumulte des prétoriens devant le Palais, Pertinax avait dépêché en toute hâte à leur camp le préfet de la Ville, Sulpicianus, qui était aussi son beau-père, pour parlementer avec leurs chefs. Quand ce dernier vit revenir les soldats avec la tête de Pertinax sur une pique, il s'offrit pour lui succéder à l'Empire comme il lui avait succédé à la préfecture urbaine et certains, qui étaient inquiets des conséquences de leur crime, écoutèrent avec attention ses propositions financièrement intéressantes. D'autres, au contraire, se méfiaient et craignaient un piège de la vengeance. Cependant aucun n'avait de candidat, car rien sinon la colère aveugle n'avait motivé leur acte, et il est probable qu'ils n'avaient pas pris l'accord de Laetus pour en finir déjà avec Pertinax. Deux d'entre eux eurent l'idée d'aller chercher un sénateur influent et connu pour sa grande fortune, Didius Julianus. Celui-ci était en train de dîner avec les siens et les parasites qui partageaient sa vie fastueuse. Dans l'euphorie du vin, chacun s'écria qu'il fallait au moins aller voir, et les deux tribuns l'emmenèrent avec son gendre Repentinus. Arrivés sous les murs, ils entendirent une sorte de stentor qui criait d'en haut que l'Empire était à vendre et qu'on le donnerait à celui qui ferait de meilleures propositions que Sulpicianus.

Alors on assista au spectacle jamais vu au sommet de l'Empire d'une surenchère de la corruption, deux sénateurs rivalisant de promesses infâmes devant des soldats sans honneur. Sulpicianus avait promis tant de sesterces par homme, Julianus faisait savoir d'en bas qu'il en ajoutait tant d'autres, et quand il arriva au chiffre de vingt-cinq mille contre vingt mille de son concurrent, on amena une échelle pour le faire monter. Parvenu dans la place, il signa sur une tablette qu'il rétablirait les pouvoirs que les prétoriens avaient sous Commode, et qu'il ajouterait à son nom celui de cet empereur dont il promit aussi de relever les statues. Il fut alors acclamé et sacrifia dans le camp. On ne fit pas de mal à Sulpicianus.

II. Il restait à aller au Sénat pour obtenir les pouvoirs proconsulaires et la puissance tribunitienne. Le trajet ne se fit pas sans mal, car le peuple était massé et déjà averti de l'odieux marchandage. Julianus avançait au milieu d'une phalange de fer, les soldats tenant leur bouclier sur leur tête pour se garder des projectiles de toutes sortes dont ils étaient la cible. On criait qu'ils étaient parricides, et Julianus qui ne jouissait déjà pas d'une bonne réputation à cause de sa morgue, apparut comme leur complice. Néanmoins, arrivé au Sénat, il osa dire qu'il s'y présentait librement et sans gardes. Il fit un discours rassurant et obtint du petit nombre des présents tous les pouvoirs. De là, sous la même escorte, il se rendit au Palatin avec sa femme Mallia Scantillia, proclamée Augusta, et sa fille Didia Clara. Mais elles étaient beaucoup moins excitées qu'auparavant, et l'on vit qu'elles tremblaient sous les insultes du peuple.

Quand il fut entré au Palatin on dit que Julianus se fit servir le souper préparé pour Pertinax, qu'il but avec ses amis et appela pour leur distraction le mime Pylade. Mais d'autres prétendent au contraire qu'il était fort abattu, qu'il ne mangea rien avant qu'on eût emporté le corps de Pertinax et qu'il passa la nuit à veiller. Je croirais plutôt ces derniers. Il voyait bien que ses débuts étaient désastreux et que, de tous les appuis nécessaires à la solidité du trône, il n'en avait aucun de sûr. Les prétoriens s'étaient mis hors la loi et ils pouvaient moins que jamais prétendre représenter les armées, le Sénat craignait d'être compromis dans son aventure et le peuple était enragé contre lui. Il multiplia en vain les gestes conciliants. Dès le lendemain matin, il reçut les premiers de l'Empire, les appelant du nom de père, ou de frère, ou de fils, et les embrassant. Quand il alla du Sénat au Capitole, il traversa la foule qui avait envahi le Forum et qui faillit le lapider. Il essaya de dire des paroles aimables et il jeta des pièces d'or, mais il ne fut dégagé que par la violence de la garde à qui il offrit plus encore qu'elle n'avait demandé. Le soir, au Circus Maximus où il faisait courir les plus célèbres attelages, il trouva le peuple qui avait occupé indistinctement les gradins et qui l'insulta en appelant au secours Pescennius Niger qui gouvernait l'Orient et dont on disait qu'il s'était aussi déclaré empereur. Pourtant Niger ne pouvait connaître déjà la mort de Pertinax, et ce n'était qu'une anticipation sur les événements que je raconterai plus loin.

III. Didius Julianus avait pour bisaïeul maternel Salvius Julianus, deux fois consul, préfet de Rome, qui s'était illustré dans le droit sous Hadrien et Antonin en rédigeant *l'Édit perpétuel.* Son père s'appelait Petronius Didius Severus et était de Milan, sa mère Clara Aemilia était d'Hadrumète près de Carthage, d'où venait le grand jurisconsulte. Son oncle de ce côté-là était ce Salvius Julianus que nous avons vu allié à Tarrutenus Paternus dont il partagea le sort tragique au début du règne de Commode. Lui-même faillit être compromis dans ce complot de Lucilla dont Perennis profita pour se débarrasser de tous les anciens amis de Marc Aurèle. Mais il put confondre son dénonciateur qui fut condamné et il dut seulement s'exiler à Milan pendant trois ans. Il avait déjà mené une carrière exceptionnelle en raison de la renommée de son grand ancêtre et de l'étendue comme de la richesse de son clan africain à Rome. Mais surtout il jouissait de l'amitié de Marc Aurèle dont la propre mère, Domitia Lucilla, l'avait élevé comme un autre fils dans sa maison. Il avait eu la préture avant l'âge, puis le commandement de la XXIIe Primigenia en Germanie. Il gouverna la Belgique avec modération. Dans cette province où il n'avait que des troupes auxiliaires, il s'opposa à l'invasion des

Chauques qui venaient des bords de l'Elbe. Pour cela Marc Aurèle lui décerna le consulat. Il gouverna ensuite la Dalmatie et la Germanie inférieure.

Il était en Italie où il dirigeait les approvisionnements, lorsque Perennis le persécuta comme je l'ai dit, mais Cleander le rappela pour l'envoyer en Bithynie. Il fut consul à nouveau avec Pertinax auquel il succéda dans le gouvernement de l'Afrique, ce qui fit que, lorsqu'il maria sa fille Didia Clara, on entendit Pertinax qui était témoin dire à Repentinus : « Respecte bien ton beau-père, mon collègue et successeur », phrase que Julianus, qui était aussi superstitieux qu'ambitieux, considéra comme un présage. Il aimait le jeu et le vin et, si on ne lui connut pas de grands vices ni de signes d'inhumanité, son caractère avait dû s'affaiblir avec l'âge car il ne se montra pas à la hauteur du destin auquel il prétendit. Il avait connu trop de facilités depuis sa naissance et pour acquérir une légitimité dans cette période dangereuse, il lui eût fallu un singulier esprit de détermination. Mais on verra qu'il ne fut pas le seul à en manquer, car beaucoup d'autres périrent victimes d'étranges aveuglements, faute d'avoir bien compris que rien ne serait plus comme avant.

IV. J'étais alors sur le bas Danube, au camp de Novae, légat de la Ire Italica sous les ordres du frère de Septime Sévère, Geta, qui gouvernait la Moésie inférieure. La nouvelle de l'assassinat de Pertinax et de l'élévation de Julianus nous parvint le 14 avril, et le lendemain nous sûmes qu'à Carnuntum, en Pannonie, le gouverneur qui n'était autre que Septime Sévère s'était fait acclamer empereur dès le 13. Nous n'hésitâmes pas un instant à nous rallier à lui, car nous appartenions tous à la même armée du Danube qui ne pouvait tolérer que les prétoriens fussent les maîtres de l'Empire. Personnellement, je n'avais guère le choix, étant subordonné à Geta, mais au surplus mes bons rapports avec lui me rendirent la décision facile. Mes légionnaires qui avaient gardé le souvenir des exploits de Pertinax contre les Germains étaient impatients d'aller punir ses assassins. Mais ce n'est pas cette mission qu'on leur assigna. Comme nous étions plus proches d'Antioche que de Rome, nous nous préparâmes à combattre en Orient car il ne faisait de doute pour personne que Niger était prêt à répondre à l'appel des Romains, si même il n'avait pas déjà pris toutes ses dispositions dans l'éventualité d'une fin brusquée de Pertinax. En fait la nouvelle, lorsqu'elle lui parvint quatre jours plus tard par des voies rapides, le trouva prêt à revendiquer l'Empire. Je partis en Thrace à la tête de plusieurs cohortes pour monter la garde aux confins de l'Europe et de l'Asie.

J'espérais vivement que mon frère Perpetuus, qui commençait sa carrière de *laticlavus* dans les bureaux de Rome, ne serait pas contraint à prendre le parti adverse. La précipitation des événements lui épargna d'avoir à se compromettre et c'est son témoignage impartial que j'utilise ici pour raconter le sort tragique de Julianus. Ce dernier redoutait surtout Niger qui avait la faveur du peuple et il envoya un centurion pour l'assassiner. Mais quand il apprit que Sévère s'était fait proclamer et adressait des lettres à toutes les autres armées, il perdit ce qui lui restait de caractère et ne trouva rien d'autre à répliquer que de courir au Sénat pour le faire déclarer ennemi du peuple romain, et de dépêcher le centurion Aquilius, spécialiste des basses besognes, pour le tuer. Bien qu'Aquilius ait trahi sa mission, il nomma Valerius Catulinus comme remplaçant de Sévère et chargea le consulaire Vespronius Candidus d'aller proposer, avec une députation de sénateurs, le pardon à ceux des soldats du Danube qui lui reviendraient avant telle date. Mais Sévère surprit ces envoyés du Sénat, et, au lieu de les mettre à mort, les corrompit pour qu'ils parlassent en sa faveur à la troupe. Julianus recourut alors à de misérables expédients. Il fit exécuter Laetus et Marcia, qu'il soupçonnait d'être depuis longtemps du parti de Sévère, espérant que le sacrifice des meurtriers de Commode serait agréable aux prétoriens (il restait encore Narcisse, mais celui-ci ne perdit guère pour attendre comme je le raconterai plus tard). Il en eût fallu davantage pour retrouver la confiance de ces hommes qui étaient furieux de n'avoir pas reçu toutes les sommes promises, sommes qui dépassaient de beaucoup la fortune de Julianus.

Je tiens de Perpetuus une infinité d'autres détails qui montrent tous que l'empereur de Rome avait perdu le contrôle des événements. Lorsqu'il apprit que Sévère, à la tête de ses légions, marchait sur Rome, il ordonna aux prétoriens de se rendre au Champ de Mars et d'y élever des fortifications. Mais ceux-ci, à la différence des légionnaires, n'étaient pas habitués aux travaux pénibles, et ils firent tout mal, quand ils ne se contentèrent pas de payer des gens pour les remplacer. Il eut l'idée d'armer les éléphants qu'on exhibait au Cirque, dans l'espoir qu'ils terroriseraient les soldats de Pannonie qui n'en avaient jamais vu. Mais ces animaux, effrayés par les chevaux, eurent vite fait de renverser les tours qu'on montait sur leur dos. Alors il commanda des cérémonies religieuses publiques, et d'autres secrètes, dont on ne parle qu'avec horreur car on y sacrifie des enfants selon des rites ancestraux. Rien n'empêchait cependant Sévère d'avancer et quand la nouvelle parvint qu'il était entré en Italie, Julianus proposa que les vestales, les consuls et les sénateurs allassent à sa rencontre, la tête ceinte de lauriers, pour implorer sa clémence. Alors Plautius Quintillius, le dernier gendre de Marc Aurèle, consulaire et augure, se leva pour dire son indignation : « Celui qui ne peut résister à ses adversaires les armes à la main n'est pas digne de l'Empire. » Julianus en appela aux prétoriens, mais ceux-ci dont les chefs avaient déjà reçu des lettres de Sévère leur faisant briller des promesses le méprisèrent et il revint devant le Sénat pour proposer un partage de l'Empire entre lui-même et Sévère, ce qui fut décidé incontinent mais bien en vain.

V. Pendant ce temps, Sévère avançait aussi vite que des légions peuvent le faire. Les hommes étaient chargés le plus légèrement possible et ne s'arrêtaient que pour dormir, ou pour sacrifier dans les villes qui s'ouvraient volontiers à eux. Sévère partagea toutes leurs fatigues et gagna leur affection. C'est un trait de son personnage qu'il se montrait en chaque occasion conforme à ce que commandait son intérêt, courageux s'il fallait étonner, généreux s'il fallait séduire, et cruel s'il fallait terroriser. De sincérité il n'avait cure, sauf lorsqu'il pouvait laisser libre cours à son ambition et à sa rancœur. Son plus grand mérite était d'exécuter avec diligence ce qu'il avait décidé sans perdre un instant. A Carnuntum, dès qu'il avait reçu la nouvelle de la mort du vieil empereur, il avait publiquement stigmatisé les prétoriens comme des parricides et, après avoir pris le nom de Pertinax, s'était dit contraint d'aller le venger. Tout était prêt pour son départ et il avait spéculé non sans raison sur la lenteur de ses rivaux probables, Niger à l'est et Albinus au nord. Ce dernier, gouverneur de la Bretagne, province dont les légions avaient plusieurs fois voulu proclamer un empereur, était un Africain comme Sévère, mais d'une famille beaucoup plus ancienne et plus riche que la sienne. Il était en outre très aimé du Sénat. Il avait fait sous Marc Aurèle une belle carrière militaire et proconsulaire, et Commode l'avait épargné. S'il l'eût voulu, avec ses trois légions et ses nombreuses troupes auxiliaires de Bretagne, il eût pu, après avoir rallié les forces de Germanie qu'il avait commandées, prétendre à l'Empire. Il y pensait sûrement mais il attendit de voir l'évolution des choses à Rome. Il fut pris de vitesse par une lettre de Sévère qui, avec les marques de la plus sincère amitié et au nom de l'intérêt de l'Empire, lui proposait de partager le pouvoir comme co-César, et éventuellement comme successeur. Il s'en remettait à lui pour la sauvegarde des provinces d'Occident pendant qu'il irait reconquérir l'Orient sur Niger. Celui-ci était considéré comme leur ennemi commun, un aventurier qui divisait la République.

Albinus fut satisfait par cette proposition qui lui donnait du prestige sans effort et il demeura pour l'instant dans son île. Sévère pendant ce temps s'emparait de Ravennes et de la flotte, faisant fuir le préfet du prétoire, Tullius Crispinus, qui avait été envoyé contre lui. En même temps il s'assurait que ses jeunes fils qui vivaient à Rome pour ainsi dire en otages, comme c'était devenu le cas depuis Commode pour les enfants des gouverneurs de grandes provinces, avaient été mis en sûreté par ses amis. Il devint alors plus audacieux, fit entrer dans la Ville des agents déguisés en particuliers qui affichaient des proclamations, et écrivit aux officiers prétoriens de se mettre à ses ordres. Quand le consul Silius Messala vit que la plupart y consentaient, il réunit d'urgence le Sénat et fit proclamer Sévère empereur et Julianus ennemi public. Un tribun envoyé pour tuer ce dernier le trouva seul dans le Palais et exécuta l'ordre sans entendre ses pitoyables plaintes. Il avait régné soixante-dix jours et avait vécu le même nombre d'années.

VI. On pourrait s'étonner que j'aie consacré tant de place à un règne si court, alors que d'autres beaucoup plus longs et glorieux eussent mérité de très amples développements. Mais je crois qu'il était utile de montrer comment l'œuvre civilisatrice élevée par de grands princes pendant presque tout un siècle peut être mise à bas en quelques jours par l'impéritie d'un seul. Après le règne incohérent de Commode et le redressement trop brusque tenté par Pertinax, il appartenait à un homme d'expérience et de prestige de rassembler ces corps désunis dont l'entente est nécessaire à la République : le Sénat, l'armée et le peuple. Ainsi Vespasien après l'échec de Galba, ainsi Trajan après l'abaissement de Nerva. Julianus ne sut gagner l'accord d'aucun des trois, alors qu'il les lui eût fallu tous ensemble. On vit alors se lever Niger qui avait la faveur du peuple, Albinus celle du Sénat et Sévère celle de l'armée. Quel que dût être le gagnant, l'Empire ne pouvait plus que perdre de sa grandeur et de son bonheur car il manquerait toujours au gouvernement une de ses trois vertus essentielles, le droit, la force et la démocratie.

VIII.

SEPTIME SÉVÈRE

I. Les puissantes armées du Danube poursuivaient sans coup férir leur marche à travers l'Italie où l'on n'avait pas vu de légions depuis plus d'un siècle, et les populations étaient partagées entre l'effroi et l'admiration. Quand il arriva à Interamna, en Ombrie, Sévère reçut une députation de cent sénateurs venus à sa rencontre. Il les fit fouiller et parut lui-même devant eux avec son armure et au milieu de sa garde. Le lendemain, ce fut le tour des fonctionnaires du Palatin venus prendre les ordres. Il chargea Plautianus, son compatriote et son ami, d'aller se saisir des enfants de Niger comme otages. En effet, il venait d'intercepter des lettres que le légat de Syrie, à peine déclaré empereur par les légions d'Orient et le peuple d'Antioche, adressait au Sénat et à tous ses partisans à Rome, avec déjà des ordres qu'ils ne reçurent jamais. Sévère avant d'entrer dans la Ville établit son camp sous les murs, et là se hâtèrent tous ceux qui voulaient s'assurer ses bonnes grâces. Mais lui avait le désir de régler une affaire plus urgente qui était significative de la manière dont il gouvernerait à l'avenir et dont il ferait payer à chacun ses offenses. Ceux qui n'en tirèrent pas aussitôt la leçon eurent bien tort.

Il fit envoyer aux prétoriens, qui étaient cinq mille à Rome, l'invitation de se présenter le lendemain à son camp en habit de cérémonie pour entendre son allocution et lui confirmer le serment qu'ils faisaient à tout nouvel empereur. En même temps, il adressa des messages rassurants aux officiers, de sorte qu'ils vinrent tous au rendez-vous avec des branches de laurier et se rangèrent, sans autres armes que leur poignard de parade, comme le veut le protocole de cette fête, devant la tribune impériale. Au moment où ils avaient les yeux fixés sur leur nouveau maître qui arrivait pour leur parler, ils furent environnés par autant de légionnaires armés de glaives et bardés de fer qui les prirent comme dans un immense piège. Alors Septime Sévère leur cria d'une voix forte : « Ainsi vous êtes en mon pouvoir et vous voyez combien nous sommes plus intelligents, plus nombreux, plus puissants que vous. Il vous faut maintenant expier votre crime. Vous avez tué votre vieil empereur Pertinax dont je suis fier de porter le nom. Vous avez déshonoré Rome. Vous êtes des lâches et des traîtres. Je pourrais vous faire mettre à mort par mes vaillants soldats. Mais je veux être clément au début de mon règne. Je vous commande seulement d'arracher vos insignes, de jeter votre poignard, d'abandonner vos ceinturons et vos vêtements et de vous en aller nus le plus loin possible. A partir de cet instant, vous n'êtes plus rien. Qu'aucun de vous ne soit vu, sous peine de mort, à moins de cent milles de Rome. » Ces hommes arrogants et insatiables se trouvèrent tout à coup dégradés et impuissants à réagir. Sévère avait détaché pendant ce temps sa police pour occuper leur caserne et les dépôts d'armes. Certains se tuèrent de honte. L'un d'eux voyant que son cheval s'obstinait à le suivre le poignarda, puis s'enfonça l'arme dans le cœur.

Sévère décida la création d'une nouvelle garde prétorienne, deux fois plus nombreuse mais constituée par des soldats d'Illyrie et de Pannonie, à l'exclusion d'Italiens dont c'était le privilège jusqu'alors. Rome allait dès le lendemain faire la connaissance de ces hommes frustes et brutaux qu'on voit mieux dans leurs forêts natales que sous les portiques de marbre. Certes, ils firent une entrée magnifique sur la Via Sacra et la parade conduite par l'Empereur à cheval dépassa les triomphes jamais vus. Mais ensuite le comportement des soldats dans les tavernes et partout où ils couchèrent, jusque dans les temples, indigna et effraya la population. Il est remarquable que dans le défilé on porta les enseignes des prétoriens qui avaient orgueilleusement brillé dans le ciel de Rome, penchées vers le sol.

Mais cela même ne rassurait pas les gens, ni le fait que Sévère voulut aussitôt placer son principat dans la lignée de Pertinax et de Marc Aurèle, dont il portait maintenant les noms.

Le jour suivant, il s'adressa au Sénat dans le style de ceux dont il se voulait le fils, promettant de ne mettre à mort aucun sénateur sans l'accord de l'Assemblée, de pourchasser les délateurs, etc. Le crurent ceux qui ne le connaissaient pas déjà. Pendant qu'il parlait, les Illyriens commençaient une sédition dehors, réclamant une prime de dix mille sesterces, égale à celle qu'Octave avait accordée à ses soldats. Impuissant à les réprimer, Sévère leur en concéda une part. Or ces hommes n'avaient besoin de rien puisqu'ils prenaient tout sans payer.

II. On célébra ensuite les obsèques de Pertinax, et ce fut un spectacle grandiose où furent associés tous les prêtres, les sénateurs, les magistrats, et aussi les chevaliers qui avaient le privilège de porter, pieds nus, le catafalque où reposait l'effigie en cire de l'Empereur éventée par un jeune esclave pour chasser les mouches. Sévère fit une homélie et l'on brûla le corps de Pertinax sur un bûcher d'où s'éleva un aigle, pendant que des chœurs de jeunes gens et de jeunes filles chantaient des hymnes funèbres. Sévère répéta qu'il n'était entré à Rome que pour venger Pertinax et, afin d'être plus agréable encore au peuple, il donna des compétitions de chars et des exhibitions de gladiateurs. C'est au cours de ces jeux que Narcisse fut jeté en pâture aux lions, tandis que le héraut annonçait: « Celui-ci est l'homme qui a étranglé Commode. » Par là on vit que Sévère voulait montrer qu'il était bien lui aussi le fils du divin Marc Aurèle, et plus tard il voulut que son fils aîné prît le nom de Commode, quelque détestable que fût la mémoire de ce prince. Enfin il ne manqua pas, après toutes ces marques de justice et d'honnêteté, de se venger des amis de Julianus qu'il dépouilla de leurs biens et fit exécuter. Mais pendant tout son séjour qui dura un mois, il ne prononça pas le nom de Niger, bien qu'il ne fît que penser à lui, et il laissa en paix sa femme et ses enfants.

III. Sévère avait alors quarante-sept ans. Il était né sous le règne d'Antonin[1] à Leptis Magna, colonie romaine d'Afrique, sur la côte de Cyrénaïque. Là vivent les descendants des Phéniciens et l'on parle usuellement le punique. Il en avait gardé l'accent, et portait sur son visage des traits propres à cette race sémite bien qu'il fût citoyen romain comme tous les gens de sa ville, et que deux de ses grands-oncles fussent venus à Rome où ils étaient consuls. Lui-même était issu de P. Septimius Geta qui ne fut que chevalier et qui vécut sans aucune illustration à Leptis. Pourtant le père de ce Geta, qui s'appelait aussi Septimius Severus, avait séjourné à Rome où il s'adonnait à la poésie avec Stace, mais il négligea d'entrer dans l'ordre sénatorial que sa fortune lui ouvrait. La mère de l'empereur Septime Sévère était Fulvia Pia, fille de Fulvius Pius. Dès son enfance, il manifesta beaucoup d'activité, faisant porter devant lui les faisceaux par ses camarades d'école sur un petit prétoire où il feignait de rendre la justice. Il apprit le latin et le grec et vint à Rome pour s'initier au droit. Là, son oncle qui portait le même nom et qui était consul lui fit accorder par Marc Aurèle le laticlave. On dit qu'en arrivant chez cet oncle, il le trouva en train de lire les Mémoires d'Hadrien et qu'il y vit le présage de sa grandeur. Il rêva qu'il tétait les mamelles d'une louve. A un dîner, il s'assit sur le siège de l'Empereur qui avait été déplacé par mégarde. Bref, il cherchait tous les signes favorables, sous un règne où l'on ne voyait pas de crime à cela, et il put se livrer sans danger à sa passion pour l'astrologie et à ses pratiques superstitieuses.

Pour je ne sais quelle raison, le jeune Septime négligea le tribunat que son frère aîné Geta avait déjà obtenu, et il occupa, à l'âge requis, une fonction de *vigintivirat,* réservée chaque année à vingt jeunes gens d'avenir, chargés de présider aux exécutions capitales ou de surveiller l'ordre et la propreté dans les rues. Il avait le droit d'assister aux séances du Sénat et il commença à plaider dans les tribunaux. Il fit un séjour dans sa ville natale et, là, il fut gravement compromis dans un adultère, mais le proconsul Salvius Julianus l'innocenta. Quand il eut ses

1. 146 ap. J.-C.

vingt-cinq ans, il devint questeur et sénateur [1]. Peu après, il fut désigné pour exercer en Bétique, mais cette province fut envahie alors par les Maures qui traversaient souvent les colonnes d'Hercule, et Marc Aurèle l'enleva au Sénat pour la confier à un légat impérial, son ami Aufidius Victorinus. Le Sénat reçut en compensation la Sardaigne où Sévère passa deux années sans gloire. Mais il fut ensuite choisi par son oncle Septimius, proconsul d'Afrique, comme un de ses trois légats. Il put alors montrer sa propension à l'autorité. On dit qu'ayant été embrassé dans la rue de Leptis Magna par un de ses camarades de classe, il le fit fouetter publiquement, tandis que le héraut criait : « Voici ce qu'il en coûte d'être familier avec le représentant du peuple romain. » Il profita de cet incident pour obtenir une voiture de service qui lui donnait plus d'apparat. Il fit faire son horoscope, mais l'astrologue ne voulut pas croire qu'il lui avait donné sa vraie date de naissance, tant il y voyait de choses prodigieuses.

IV. Pendant ce séjour, Septime Sévère épousa une compatriote, Paccia Marciana, avec laquelle il vécut dix années avant qu'elle ne mourût à Lyon. Revenu à Rome, il eut les fonctions de tribun du peuple, magistrature qui avait perdu son ancien prestige, mais où l'on pouvait encore agir en faveur des particuliers, ce qu'il fit avec l'ardeur qu'il mettait à tout. Pendant ce temps Geta prenait le commandement de la Ire Italica, sous les ordres de Pertinax. Ce frère, les oncles et tout le clan africain qui montait en puissance à Rome devaient beaucoup servir à la carrière de Septime. Il fut choisi comme préteur par Marc Aurèle et il exerça cette fonction en Espagne tarraconaise. Là il eut un rêve qu'il consigna avec tous les autres dans ses Mémoires : il voyait du haut d'une montagne l'univers et Rome à qui le chœur des provinces donnait un concert de lyres, de chants et de flûtes. Et, lui, relevait le temple d'Auguste tombé en ruine. Quand il revint, Marc Aurèle était mort [2]. Bien qu'il

1. 170 ap. J.-C.
2. 16 mars 180 ap. J.-C.

n'eût pas eu l'occasion d'entrer dans l'entourage de ce prince, et quoiqu'il ne lui ressemblât en rien, il demeura toujours impressionné par sa noblesse et il chercha à l'égaler en prestige, mais vainement. Toutefois, s'il y eut quelque reste de sérieux et de pudeur dans son gouvernement, ce fut par l'exemple de Marc Aurèle et des rares témoins survivants de son règne.

Pertinax était de ceux-ci et c'est sous les ordres de ce général que Sévère eut son premier commandement militaire important en Syrie, à la tête de la IVe Scythica. Mais l'un comme l'autre devaient être rappelés par Perennis lorsqu'il s'empara de la totalité des pouvoirs après la conspiration de Lucilla. Alors que Pertinax était exilé en Ligurie, Septime Sévère fut laissé libre de voyager et il alla visiter Athènes pour satisfaire sa curiosité littéraire et religieuse, se conformant au guide à la mode que venait d'éditer Pausanias. Sans doute se fit-il initier à Éleusis. Mais il n'eut pas la même chance qu'Hadrien, car les Athéniens lui firent quelque avanie dont il se vengea plus tard en restreignant leurs privilèges, ceux-là mêmes qu'Hadrien leur avait accordés en reconnaissance de leur accueil flatteur. Il faut dire que Sévère avait un caractère plus susceptible et plus vindicatif encore qu'Hadrien, car déjà il avait emporté de son séjour en Syrie, un an plus tôt, une vive rancune contre les gens d'Antioche qui s'étaient moqués de lui et qui le payèrent cruellement plus tard.

La chute de Perennis changea tout. Cleander qui l'avait organisée devint à son tour et pour cinq années le maître abusif de l'Empire. Il rappela les exilés et leur donna de grands postes. J'ai déjà dit comment Pertinax eut la Bretagne, Didius Julianus la Belgique, Albinus l'Espagne, et Septime Sévère la Gaule lyonnaise. C'était une des trois provinces de la Gaule chevelue, les deux autres étant l'Aquitaine et la Belgique. La Lyonnaise formait un triangle qui allait du Rhône à l'embouchure de la Seine et à celle de la Loire. Elle ne possédait pas de légion, mais une simple cohorte de cinq cents hommes à Lyon.

V. Sévère demeura là trois années pour gouverner une province ordinairement calme, où l'influence de Rome était très bien acceptée. S'il eut cependant à réprimer des troubles, ce furent ceux qu'apportèrent les déserteurs et les brigands que menait ce Maternus dont j'ai raconté l'épopée terrifiante. Il reçut des ordres menaçants de Commode et des forces spéciales pour cette tâche. Pendant qu'il était à Lyon, sa femme mourut sans lui laisser de fils. Il lui éleva plus tard des monuments. Il se mit en quête d'une autre et consulta à ce propos les horoscopes de plusieurs jeunes filles. Il retint celui de l'une d'elles, une Syrienne à qui un roi était promis pour époux par les astres. Il demanda sa main par des amis à qui il écrivit, et l'obtint. Certains disent qu'il la connaissait bien depuis son commandement en Syrie. Elle était la fille de ce Julius Bassianus, dont j'ai déjà parlé, grand prêtre de Baal à Émèse, là où la pierre noire en forme de phallus qui est tombée du ciel est adorée par les Sémites. Elle s'appelait Julia Domna et sa famille était ancienne, puissante et riche. Elle et sa sœur Julia Maesa étaient belles, cultivées, et de mœurs relâchées. Sévère rêva que la femme de Marc Aurèle, l'impératrice Faustina, préparait elle-même leur lit nuptial dans le temple de Vénus et de Rome, sur la Via Sacra. L'année suivante [1], Julia mit au monde à Lyon un garçon qu'on prénomma Bassianus et qui sera l'empereur Caracalla.

Il quitta la Gaule pour la Sicile. Là, il y eut quelqu'un pour l'accuser d'avoir consulté un oracle afin de s'entendre dire ses chances à l'Empire. Il dut revenir à Rome, devant le préfet du prétoire, qui l'innocenta et fit crucifier son accusateur. Julia lui donna un deuxième fils, Septimius Geta [2]. Il revint à Rome où il fut un instant consul, comme tant d'autres cette année-là, mais en fait il resta sans emploi jusqu'à ce que, Cleander ayant été supprimé par Eclectus, il obtînt du nouveau préfet du prétoire, Laetus, Africain comme lui, le gouvernement de la Pannonie supérieure, avec trois légions, ce qui constituait un avancement de carrière inespéré. Lui qui n'avait qu'une petite terre

1. 4 avril 188 ap. J.-C.
2. Automne 189 ap. J.-C.

à Veii et un appartement à Rome, put s'acheter de magnifiques jardins dans les murs. Au même moment, son frère Geta fut nommé gouverneur de Basse Moésie, et j'eus le commandement d'une de ses légions. Il y en avait donc six à la disposition pour ainsi dire de Septime, mais beaucoup plus en espérance car les armées de Dacie, de Moésie, de Germanie, de Rhétie et de Norique étaient très liées à celles de Pannonie où siégeait le grand état-major des guerres du Danube depuis vingt ans. Si bien que lorsqu'il prit son audacieuse résolution, Sévère pouvait compter sur seize légions. Il ne lui en fallait pas tant pour investir Rome, comme on l'a vu, mais bien pour affronter ensuite le principal concurrent, Niger, qui avait dix légions, comme on va le voir maintenant.

VI. Plus rapide qu'aucun général depuis Trajan, et en tout cas que ses deux compétiteurs, Sévère ne s'attarda pas à Rome où, après avoir placé ses amis à la préfecture du prétoire et de la Ville, et un peu partout ceux de son clan, il n'avait plus rien à redouter. Il partit dès les premiers jours de juillet par la Via Flaminia qui n'est pas la plus courte vers l'est mais qui est jalonnée par les grandes places fortes du Danube, où il prélevait des renforts en passant. Cependant, une autre armée prenait le chemin rapide par Brindisi, Dyrrachium et la Via Egnatia vers Byzance. Il apprit alors que cette dernière ville venait d'être occupée par Aemilianus pour le compte de Niger et il en fut contrarié, parce qu'il connaissait les puissantes murailles de la citadelle aux sept tours sur les détroits, et parce qu'il n'escomptait pas qu'Aemilianus, gouverneur d'Asie, se rangerait du côté de son adversaire : en effet, il avait pris soin de se saisir de ses enfants en otage, comme de ceux de Niger, et le lui avait fait savoir. Il donna l'ordre aussi à la légion Augusta d'Afrique de faire route vers l'Égypte afin de préserver les approvisionnements de Rome qui étaient expédiés de cette province : il se souvenait de la menace qu'avait fait peser, vingt ans plus tôt, l'usurpateur Avidius Cassius et, bien avant cela, de la pression exercée là-bas par Vespasien pour mettre Rome à sa merci.

Sévère eut à régler deux problèmes sur son chemin. Le premier, celui d'une sédition de ses soldats qui, un soir, contestèrent le lieu choisi pour leur campement : il acheta leur obéissance avec de l'argent, comme il le fit toujours. Le second lui fut posé par son frère Geta qui vint à sa rencontre en espérant avoir une part du pouvoir, ou tout au moins un rôle éminent dans la guerre. Il le renvoya dans sa province. Je ne fus pas témoin de la première grande déception de Geta, qui était mon ami, car déjà on m'avait assigné au siège de Byzance. Bientôt l'armée de Septime arriva à peu de distance de cette place et entra dans la ville de Périnthe, elle aussi sur la mer de Marmara. De là il pouvait, sans se soucier pour l'instant de Byzance, passer en Asie, où Aemilianus s'était déjà replié pour lui barrer le chemin. Niger, qui n'avait pas prévu une si puissante et si rapide offensive contre lui, proposa un partage de l'Empire à Sévère qui le méprisa et lui offrit seulement un lieu de retraite sûr s'il capitulait, refusant cependant tout pardon à Aemilianus. Ce dernier occupa Cyzique de l'autre côté de la mer de Marmara, mais le général sévérien Claudius Candidus l'affronta près de la ville, le défit et le tua. C'était un homme de guerre plus capable que Niger, à qui sa perte fut fatale. Ses troupes s'enfuirent le long de la côte, en Bithynie.

Dans cette province, Nicoea s'ouvrit à elles, par haine de sa voisine Nicomédie qui s'était ralliée à Sévère. Mal lui en prit car la bataille qui se déroula à ses alentours fut conclue à l'avantage de ses ennemis après bien des retournements qui avaient donné d'abord la victoire aux Orientaux. Mais Candidus sut changer la situation, et Niger fut obligé de se replier encore vers le Taurus, au sud de la Cappadoce, où il occupa les hauteurs d'étroits défilés qu'il pensait être des positions naturelles imprenables. Elles l'eussent été, en effet, si un orage de neige — on était au mois d'avril [1] — n'avait aveuglé son armée sans incommoder celle des sévériens qui, enhardis, firent un terrible carnage. Niger perdit vingt mille hommes et essaya de faire de nouvelles levées à Antioche. Cependant, les uns après les autres, les concours lui faisaient défaut. Les Laodicéens le

1. Avril 194 ap. J.-C.

trahirent parce qu'ils détestaient les gens d'Antioche, et ceux de Tyr parce qu'ils voulaient la perte de ceux de Beyruth. Niger, qui s'était comporté avec modération jusque-là, décida d'envoyer ses archers et ses cavaliers maures pour brûler Laodicée et Tyr et passer tous leurs habitants au fil de l'épée. Puis il dut affronter l'armée de Sévère et le hasard, ou la configuration de la nature, voulut que ce fût dans le même lieu où Darius avait été vaincu par Alexandre, à Issos. Là, dans une grande plaine qui descend vers la mer, Niger fut enveloppé par une habile manœuvre des généraux de Sévère et il put seulement s'échapper sur son cheval vers Antioche. Mais quand il voulut en sortir pour s'enfoncer dans le désert, probablement vers les Parthes, il fut pris dans des marais. Sévère fit couper sa tête et me l'envoya à Byzance, pour que je l'expose sous les murs à la vue des défenseurs de cette ville.

VII. De Niger j'aurai peu de chose à dire, sinon qu'il fit tout pour donner à Sévère l'opportunité de le vaincre, tant il sous-estimait la détermination de ce rival. Il commença par l'ignorer, puis il perdit un temps précieux à assurer son pouvoir en Orient, pensant comme Antoine, ou comme Avidius Cassius, que dans le pire des cas il serait empereur incontesté de ces régions. Peut-être aussi se souvenait-il de l'exemple de Vespasien qui avait attendu plusieurs mois là-bas que les Romains le suppliassent de venir les commander. Je crois qu'il fut surtout victime des mirages qui dérèglent dans cette partie du monde le sens du temps et du réel, même chez ceux qui sont formés à nos disciplines. Il n'avait pas un grand esprit et était ordinaire dans ses qualités comme dans ses vices. Il s'était élevé depuis le grade de centurion, et ses mérites furent visibles jusqu'à ce qu'il les enveloppât dans la pourpre. Alors il écrivit à tous les rois d'Orient pour avoir leur appui. Celui d'Arménie lui répondit qu'il se défendrait si l'on entrait sur son territoire, celui des Parthes s'excusa de n'avoir pas de troupes, ce qui est vrai en temps de paix, car ce sont les chefs de province qui les lui apportent lorsqu'il est attaqué. Il donna de grandes fêtes à

Antioche où il était très aimé, au lieu de marcher immédiatement sur Rome où il était attendu après le meurtre de Pertinax, et où il eût pu devancer Sévère. La Fortune ne pardonne pas ces fautes-là, et Sévère n'en commit aucune de cette nature.

Quant à moi, j'étais toujours immobilisé devant Byzance dont l'opiniâtreté dépassait le croyable. Je n'avais pas la mission d'attaquer cette forteresse qui n'était plus d'aucun danger pour nous, et l'on ne m'en donna d'ailleurs pas les moyens. Je devais seulement empêcher la garnison et les habitants de sortir et de s'approvisionner dans la campagne, mais ils gardaient l'accès à la mer tant leur flotte était puissante. Les trirèmes venues de Ravenne ne pouvaient éviter leurs mouvements supérieurement habiles et souvent même se faisaient prendre. Il arriva que leurs plongeurs ôtassent les amarres de nos navires et les conduisissent dans leur havre. Comme ils étaient très riches et bien fournis, ils pouvaient subsister de longs mois, et comme leur orgueil et leur crainte n'avaient plus de bornes ils s'obstinaient au-delà de l'espoir raisonnable. Cependant, je mis moi aussi mon honneur à les réduire par tous les moyens et l'on verra que l'avantage pencha avec le temps de mon côté et me conduisit à l'action la plus violente et la plus involontairement cruelle de ma vie.

VIII. Sévère punit les amis de Niger, mais il épargna les sénateurs parce qu'il voulait se ménager ce corps qui comptait à Rome beaucoup d'amis d'Albinus. Quant aux soldats, il ne put pas tous les sanctionner parce qu'un grand nombre s'était enfui chez les Parthes auxquels ils apportèrent de précieuses connaissances militaires, surtout les ingénieurs qui leur apprirent à faire des machines de guerre. Cela coûta aussi cher à Rome qu'une bataille perdue, et Sévère annonça une amnistie qui eut peu d'effets. Aussi se décida-t-il à aller reprendre ces transfuges et à punir les peuples qui avaient profité des embarras de Rome pour avancer en Mésopotamie, notamment ceux d'Adiabène, d'Osrhoène et les Arabes sennites qui avaient chassé la garnison romaine de Nisibis laissée là par Marc Aurèle. Il remporta quelques victoires et fut salué par le Sénat Arabicus et Adiabenicus [1]. Mais il n'entra pas cette fois-ci en guerre avec les Parthes, malgré les difficultés intestines que leur roi Vologèse IV rencontrait. Julia Domna qui l'accompagnait fut décrétée *Mater castrorum*, comme l'avait été Faustina, l'épouse de Marc Aurèle. Il était évident que Sévère voulait s'identifier toujours plus à l'image de cet empereur, car il se proclama son fils sur les médailles émises à ce moment-là et il donna le nom d'Aurelius au jeune Bassianus Antoninus âgé maintenant de sept ans.

Revenu en Syrie, Sévère acheva de punir Antioche que son armée avait mise à sac, en transférant à sa rivale Laodicée son rang de métropole. Tyr fut l'objet de sa sollicitude et devint capitale de la Syrie phénicienne. Lorsqu'il eut tout réglé là-bas, il ne voulut pas retourner à Rome, quelque inquiet qu'il fût de l'attitude désinvolte d'Albinus, sans avoir vu Byzance réduite à sa merci, et il me pressa de venir à bout de la résistance de cette forteresse. Or, dans les derniers mois de l'année [2], la mer étant furieuse, les assiégés manquèrent de vivres et commencèrent à douter de recevoir aucun secours d'Albinus ni de personne. Ils en vinrent même, pour réparer leurs vaisseaux, à démolir les charpentes de leurs maisons, et ils tissèrent des cordages avec les cheveux de leurs femmes. Quand je fis donner l'assaut à leurs murailles, ils lancèrent sur nous les pierres arrachées à leurs temples et même des statues de bronze. Affamés, ils préférèrent manger du cuir que de se rendre. Les plus hardis tentèrent des sorties dans la tempête et ceux qui ne périrent pas dévastèrent les campagnes. Mais ceux qui étaient demeurés finirent par s'entre-tuer pour se manger les uns les autres. Une nuit où l'orage sévissait, beaucoup crurent qu'ils pourraient s'échapper sur leur flotte, mais nous les vîmes et, comme ils étaient fort enfoncés dans l'eau par leur nombre, il nous fut facile de les couler en les éperonnant. Quand la lumière du jour éclaira leur désastre, ceux qui étaient restés sur les murs remplirent le ciel de leurs cris lamentables, tandis que la mer reje-

1. 195 ap. J.-C.
2. Décembre 196 ap. J.-C.

tait sur le rivage des milliers de cadavres. Tout cela m'a laissé un pénible souvenir, de même que d'avoir à faire passer au fil de l'épée, comme j'en avais reçu l'ordre, tous les défenseurs et les notables lorsqu'ils se rendirent. Les survivants furent emmenés en esclavage et donnés à la ville voisine de Périnthe, qui avait ouvert ses portes à Sévère et qui devint la métropole. Ce siège avait duré trois ans.

IX. A cette nouvelle, Sévère eut une grande joie, m'adressa ses félicitations et m'ordonna de le rejoindre sur la route de son retour. Nous passâmes par la Moésie où nous apprîmes qu'Albinus s'était déclaré Auguste. Alors Sévère fit élever au rang de César son fils Bassianus, ce qui privait le gouverneur de Bretagne de tout espoir de lui succéder légitimement, et d'ailleurs il ordonna au Sénat de mettre hors la loi celui à qui beaucoup de sénateurs venaient d'écrire en secret pour le presser d'arriver à Rome. Albinus n'en parut guère affecté et envahit la Gaule. Il fit le siège de Trèves, mais la légion de Metz délivra cette place. Il vainquit Lupus en Basse Germanie, puis descendit la vallée de la Saône et occupa Lyon, qui l'accueillit sans résistance. Cependant Sévère avait fermé le passage des Alpes vers l'Italie et il atteignit le Rhône avec son armée par Tournus. Chacun sut alors que l'issue de la rencontre déciderait du sort de l'Empire. La bataille eut lieu sur la rive droite de la Saône, le 11 des calendes de mars [1]. Elle vit s'affronter cinquante mille hommes de part et d'autre et fut longtemps indécise. Pour la première fois, Sévère s'engagea lui-même dans la mêlée et il manqua de périr car, beaucoup de cavaliers de son aile droite étant tombés au fond de pièges ménagés par l'adversaire, il accourut avec les prétoriens, jeta son paludamentum rouge, mais tomba lui aussi de cheval, si bien qu'on le crut disparu. De mon côté, j'étais fort en danger avec ma légion sur l'aile gauche, quand la cavalerie conduite par le légat Julius Laetus, qui était resté étrangement dans l'expectative

1. 17 février 197 ap. J.-C.

jusqu'alors, se mit enfin en mouvement et, enveloppant les forces d'Albinus, provoqua leur retraite. Nous les poursuivîmes jusque dans Lyon qui fut saccagée et incendiée par cette dernière action. Albinus, sur le point d'être pris dans une maison près du Rhône, se suicida.

Son cadavre fut porté à Sévère qui le considéra avec un plaisir qu'exprimaient son visage et le mouvement agité de son corps comme s'il dansait. Il fit couper sa tête et l'envoya exposer à Rome en face du Sénat. Le corps fut démembré et les morceaux demeurèrent devant la porte de Sévère qui, en sortant de chez lui, forçait son cheval à les piétiner malgré la répugnance de cet animal. Puis il les fit jeter dans le Rhône avec les cadavres mutilés de sa femme et de ses enfants. Il avait fait subir le même sort à ceux de Niger quand il n'eut plus rien à craindre de lui. J'ai vu cela de mes yeux, et c'est pourquoi il m'était pénible que ce prince se réclamât de Marc Aurèle qui avait, comme je l'ai raconté, refusé de voir la tête de Cassius et ordonné que sa famille fût généreusement traitée. Bien plus, j'eus le triste devoir de pourchasser et de mettre à mort tous ceux qui avaient aidé par sympathie, par force ou même par hasard, le malheureux Albinus dont on ne pouvait dire rien que de bon, sauf qu'il ne sut pas saisir sa chance. Il n'avait que cinquante-quatre ans, et il eût fait un empereur très convenable. Sévère, qui lui avait écrit pendant des années des lettres flatteuses et affectueuses, dit de lui dans ses Mémoires qu'il était immoral, fourbe et cruel, peignant ainsi en quelque sorte son propre portrait.

X. Le hasard a beaucoup servi Septime Sévère qui n'avait ni par sa naissance, ni par l'affection du peuple, ni par ses talents militaires un droit particulier à l'Empire. Mais il en avait l'appétit, comme beaucoup d'autres en ont quand le trône est vacant et que tout est permis à l'audace. Alors il ne faut être embarrassé de rien et se porter rapidement aux points de décision. Là, le génie ou la chance disent le dernier mot. Sévère n'avait pas de génie, quoi qu'il en ait cru et ait voulu nous en faire croire, mais il sut ne pas gâcher ses chances comme le firent ses adversaires. Ensuite, on le verra administrer l'Empire avec ni plus ni moins de talent qu'il n'en suffit pour gérer un grand patrimoine protégé par d'innombrables soldats bien payés. Voilà ce que je dirai de cet homme qui s'est placé au-dessus de tous les autres grâce à une suite d'accidents. En ce qui me concerne, je tirerai d'autres conclusions des hasards de la vie qui m'ont été miraculeusement favorables, car je n'étais pas celui qui dirigeait le jeu, et mon destin ne doit rien à ma prudence ou à mon habileté. Ces qualités-là ne sont d'aucun secours quand les dés sont jetés par d'autres et roulent irrésistiblement. Ce sont les Dieux ou la Fortune aveugle qui m'ont envoyé en Moésie dans le camp de Sévère, où je me trouvais à la mort de Pertinax. Mais il s'en fallut de peu que ce ne fût pas le bon camp, car, après tout, Niger a failli vaincre un instant à Nicoea, puis sur le Taurus, et enfin à Issos, et au cœur de la bataille de Lyon Albinus avait un instant vaincu. A ces instants-là, ma vie ne valait pas cher.

Aussi je ne puis considérer sans douleur ce qui survint à des milliers d'hommes moins favorisés que moi par le sort, sur lesquels la vengeance impitoyable de Sévère s'abattit. Tous ceux qui, en Bretagne, dans les Gaules et en Espagne avaient été dans le parti d'Albinus furent exécutés avec leurs familles, et tous leurs biens revinrent au Trésor impérial qui en fut démesurément gonflé. Des industries entières, par exemple celle de l'huile d'olive en Espagne, ou celle de la poterie en Gaule, furent arrachées à leurs propriétaires et accaparées par l'État. Jusques en Afrique et en Orient, les plus grandes fortunes changèrent de mains et l'on ne savait plus où était le motif des proscriptions, dans la vengeance ou dans la cupidité. Sévère enrichissait ainsi ses amis, et c'est de là que provient la prospérité insolente de son favori Plautianus qu'on voit apparaître dès cette année comme préfet du prétoire et qui devait être la honte de ce règne. Après avoir ruiné Lyon qui perdit ses privilèges de métropole, l'Empereur écrivit au Sénat une lettre pleine d'arrogance et de menaces, puis il prit la route de Rome. Quant à moi, je fus désigné pour aller gouverner la Gaule Belgique, province sénatoriale sans légion, étape normale de mon *cursus honorum*.

XI. A son approche de Rome, Septime fut accueilli par une foule de gens et de sénateurs venus au-devant de lui comme il est de rigueur avec des branches de laurier[1]. Mais beaucoup parmi les sénateurs tremblaient parce qu'il était en possession des lettres qu'ils avaient adressées à Albinus. Et en effet, lorsqu'il parut ensuite devant le Sénat, ce fut pour invectiver ceux-là et il osa dire qu'il louait plus Sylla pour sa dureté que César pour sa clémence. Il fit ratifier qu'il était le frère de Commode dont il excusa la conduite, prétendant qu'elle n'était pas pire que celle de ce consulaire qu'on avait vu récemment à Ostie tenant en laisse une courtisane déguisée en panthère. « Et d'ailleurs, dit-il, lequel de vous n'a pas acheté les sabres de gladiateurs, les armures et les vases d'or de ce malheureux empereur que Pertinax avait mis en vente ? » En cela, il n'avait pas tort. Il fit condamner à mort soixante-quatre sénateurs, les plus illustres. Il assura sa dynastie en nommant Bassianus Caracalla « empereur désigné », élevant cet enfant au rang de collègue. Il distribua au peuple des sommes considérables et offrit des jeux extraordinaires. Aux soldats il fit d'étonnantes concessions, leur permettant de se marier dans le service et de porter l'anneau d'or. Mais il ne demeura pas plus de trois mois à Rome.

XII. On ne comprit pas pourquoi il repartait si rapidement avec une grande armée pour l'Orient où il n'avait plus de compétiteur et où les Parthes ne semblaient pas en état de mener d'offensives importantes contre nous. Certains ont dit qu'il avait faim de gloire, mais cette gloire-là avait déjà été consommée à grand prix deux fois dans le siècle par Trajan et par Lucius Verus. Sans doute avait-il encore des comptes à régler avec ceux qui avaient soutenu Niger. Il saisit le prétexte d'une incursion de Vologèse en Mésopotamie pour aller rétablir là-bas l'autorité qui lui avait été contestée et pour affermir son prestige à Rome du même coup. Vologèse n'était pas très dan-

1. 2 juin 197 ap. J.-C.

gereux et il avait suffi d'envoyer d'urgence Laetus après la victoire de Lyon pour dégager Nisibis à nouveau menacée. Mais Septime Sévère avait, à cet âge de sa vie, une énergie considérable à déployer et, une fois Rome nettoyée de tous ses adversaires réels ou supposés, il embarqua à Brindisi avec sa femme, ses deux fils, et les prétoriens conduits par Plautianus. Un frère de Vologèse était du voyage. A peine arrivé à Antioche, il marcha sur Édesse, où le roi, un Abgar, se soumit, paya et donna ses fils en otage comme son ancêtre l'avait fait à Trajan. Il reçut en retour le titre de Roi des Rois, réservé à Vologèse. Ce dernier, surpris par la rapidité de Sévère, n'insista pas et se retira derrière le Tigre. Il ne se doutait pas que l'Empereur allait aussitôt descendre en Mésopotamie et recommencer point par point les campagnes de Trajan et d'Avidius Cassius. Aussi je renvoie le lecteur aux récits que j'en ai faits et où l'on rapporte la construction de flottes, la descente de l'Euphrate, le passage sur le Tigre par le canal royal, la prise de Séleucie, ville ouverte, et l'assaut donné à Ctésiphon. Cette capitale fut une fois de plus pillée, le Palais brûlé, la population massacrée à l'exception de cent mille femmes et enfants emmenés prisonniers. Cela se passa au début de la nouvelle année [1].

Selon leur habitude, les Parthes n'avaient rien fait pour défendre cette partie de leur territoire et le Grand Roi avait fui vers ses imprenables citadelles orientales. Il n'y eut donc pas de victoire décisive. Puis Sévère tenta de réussir à Hatra ce à quoi Trajan avait dû renoncer. Il voulait punir le roi arabe de cette puissante ville sacrée d'avoir soutenu Niger et surtout il escomptait s'emparer de son trésor. Mais les assiégés lancèrent sur ceux qui escaladaient les murailles du naphte enflammé et même des pots qui contenaient des myriades d'insectes venimeux. Comme son armée ne pouvait subsister dans le désert et souffrait de dysenterie, il dut rentrer à Nisibis, mais il revint à la fin de l'année [2] pour mettre un nouveau siège. Cette fois-ci, il avait de formidables machines de siège construites par l'ingénieur Priscus, celui-là même qui avait organisé les défenses de

1. 28 janvier 198 ap. J.-C.
2. Hiver 199 ap. J.-C.

Byzance dont j'avais mesuré à mon détriment la puissance trois ans plus tôt. Ce Priscus n'avait pas été passé au fil de l'épée comme les autres et Sévère l'avait pris avec lui. Mais il ne put rien lui non plus et notre armée recevait au contraire du feu de bitume et des flèches lancées d'en haut par des catapultes copiées sur les nôtres. Une brèche ayant été faite cependant, un soir, la cavalerie allait s'y engager lorsque Sévère fit sonner la retraite. Il pensait que la garnison se rendrait en négociant son trésor, mais le lendemain matin le mur était réparé. Les soldats d'Europe ne voulaient plus aller à l'assaut et l'on y envoya des Syriens qui furent massacrés. Alors un commandant dit à Sévère : « Donne-moi cinq cent cinquante hommes, mais seulement des Européens, et je prends la ville. » L'Empereur lui répondit qu'il ne les avait pas, c'est-à-dire qu'il craignait leur rébellion. Après vingt jours, il dut à nouveau se retirer.

XIII. Ce siège malheureux altéra le tempérament de Sévère au point qu'il fit couper la tête à Laetus, son meilleur général, qui était très aimé par les soldats. On ne sait quel prétexte il inventa pour cet acte, puisqu'il se défend dans ses Mémoires de l'avoir ordonné lui-même, mais sans doute était-il inquiet de la popularité de Laetus et se souvenait-il de son attitude équivoque à la bataille de Lyon. Toutefois, je crois aussi ceux qui assurent que ce fut là une des manifestations de la puissance et de la jalousie croissantes de Plautianus, qu'on verra jouer un rôle désastreux dans le règne. Cet homme était, je l'ai dit, compatriote de Sévère et quelque peu son parent, comme tous les gens de ce clan africain très étendu qui inondait le Palatin à ce moment. J'ai peine à croire qu'ils furent amants dans leur jeunesse, ainsi qu'on l'a prétendu, et pourtant je ne m'explique pas autrement l'indulgence coupable que l'Empereur eut pour ce personnage arrogant et plus scandaleux qu'aucun favori dans aucun des règnes qu'on ait connus. Il traitait sa femme comme en Orient, si bien que personne ne l'a jamais approchée, et pour sa fille il ne toléra qu'un entourage d'eunuques, faisant castrer de force à cette fin une centaine d'hommes, quelques-uns mariés, et jusqu'à des professeurs. Il devint fabuleusement riche par des moyens illégaux et violents. Un moment vint où l'on ne savait plus qui était empereur, de Sévère ou de lui, et non seulement il se permettait de lui interdire sa porte, mais les fonctionnaires de justice n'exécutaient pas les ordres de Sévère avant qu'ils n'aient été confirmés par lui. Il fut seul préfet du prétoire pendant huit ans, avec une courte disgrâce dont je parlerai.

A la suite de sa victoire sur les Parthes, qui fut coûteuse et incomplète, Sévère se fit accorder un nouveau triomphe par le Sénat, et pour son aîné, Antonin Caracalla, les attributs sacrés d'empereur et d'Auguste à ses côtés. L'année suivante, il partagea le consulat avec lui, alors qu'il n'avait pas atteint treize ans. En même temps, il fit César le second, Geta. Plautianus obtint que sa fille Plautilla fût fiancée à Caracalla, bien que le jeune homme les détestât tous les deux. Mais Sévère était comme envoûté, et Julia Domna elle-même n'y pouvait rien, malgré son fort tempérament, parce que le favori avait réussi à l'écarter tout à fait des affaires et même à la rendre suspecte à son mari. Ce tempérament, elle l'employa alors dans des adultères impudiques, et dans l'entretien des artistes et des écrivains les plus célèbres de son temps dont elle se fit une cour. Après avoir imité Trajan dans ses guerres, Sévère voulut suivre les traces d'Hadrien dans ses voyages, qui avaient été consacrés autant à l'inspection qu'à l'agrément. Il alla avec toute sa suite en Égypte, et à Alexandrie il entra seul dans le tombeau d'Alexandre, puis il le fit sceller afin d'être le dernier qui ait vu la dépouille embaumée du héros. Comme Hadrien, il rendit hommage à Pompée, visita les Pyramides et, descendant à Thèbes, admira le colosse de Memnon. Si grande fut son admiration de l'entendre chanter à l'aube qu'il ordonna qu'il fût réparé, ce qui eut pour conséquence que depuis lors il n'émit plus aucun son. Il restaura l'ordre dans cette province fort troublée depuis Hadrien et l'on doit reconnaître qu'il eut comme cet empereur une activité administrative très importante et très réformatrice, avec l'aide de très grands jurisconsultes. Cependant, il aimait au moins autant que le droit l'astrologie, et il gouvernait en recourant indifféremment à l'une et à l'autre de ces sciences.

XIV. Il revint à Rome par la Syrie, Périnthe, la Moésie et la Pannonie. Partout il poussait devant lui ses deux fils, donnant à Caracalla le crédit d'annuler les sanctions prises par lui-même contre Antioche et Byzance, et fêtant somptueusement l'anniversaire de Geta, car l'expérience de tous les règnes précédents lui avait montré qu'un empereur n'est solide qu'autant que sa succession par ses enfants est assurée au plus tôt, et que le préfet du prétoire demeure loyal : c'est ce qui explique qu'il ait eu à l'égard de ces trois-là des faiblesses extraordinaires qu'autrement on ne comprendrait pas. Quand il fut à Rome [1] après six années d'absence, on lui fit un triomphe magnifique, mais on ne le vit pas sur le char où il avait laissé la place à Antonin Caracalla, parce qu'il souffrait de la goutte, fit-il dire, mais plutôt pour la raison même que je viens d'exposer. Ce ne furent que fêtes données à tout le peuple, à l'occasion de la célébration de ses dix ans de règne et du déroulement des Jeux du Siècle instaurés par Auguste. Je suis venu à Rome pour ces circonstances qui me prendraient tout un volume à décrire dans leur somptuosité : les courses qui ne s'interrompaient ni jour ni nuit, les chasses de bêtes sauvages amenées par milliers du cœur de l'Afrique, les spectacles de danses, de lutte, les combats de gladiateurs. Je noterai seulement un monument qu'on peut encore admirer sur le Forum, cet arc géant à trois piliers entre la Curie et les Rostres, opposé à celui qu'Auguste éleva pour célébrer lui aussi ses victoires sur les Parthes. On n'y voit plus les noms et les portraits de Plautianus ni de Geta que Caracalla a fait casser plus tard, mais on y lit les scènes les plus glorieuses de la campagne.

Pendant mon séjour à Rome, j'eus l'occasion de voir ce Plautianus, ou plutôt de l'apercevoir parce qu'il était défendu à quiconque de l'approcher et il était protégé par une garde plus forte et plus grandiose que celle de Sévère. Des cavaliers faisaient vider les rues devant son cortège et ceux qu'il convoquait ne devaient jamais lever les yeux sur lui. Il subit pourtant à cette époque une mystérieuse éclipse parce que Sévère finit par s'indigner d'entendre dire qu'il s'élevait des statues plus nom-

1. 203 ap. J.-C.

breuses que les siennes propres et ordonna qu'on en supprime quelques-unes, ce qui amena des gouverneurs trop zélés à les renverser toutes. Ils payèrent bientôt de leur liberté cette hâte, car Sévère ne pouvait se passer de ce favori, qui put alors triompher avec le mariage de Caracalla et de Plautilla. Ce fut, dit-on, une fête équivalente aux noces de cinquante princesses. Mais la jeune épousée qui n'avait pas quinze ans était aussi insupportable que son père, et Caracalla, dont le caractère violent s'affirmait, lui cria qu'il les tuerait tous les deux lorsqu'il le pourrait. En attendant, il refusa de coucher avec elle. Sur ces entrefaites, Geta, le frère de l'Empereur qui n'avait jamais été honoré plus que d'un commandement en Dacie, et qui en avait souffert comme il me l'a confié, tomba gravement malade à Rome. Quand il sentit que la mort arrivait, il appela Sévère et lui dit tout ce qu'il avait sur le cœur, notamment que Plautianus était un scélérat. Il en donna de telles preuves que l'Empereur fut fort impressionné et reprit de la distance d'avec son favori. Ce dernier ne tarda pas à s'en inquiéter et, suspectant Antonin Caracalla de circonvenir son père, il entra en opposition déclarée avec lui. Le jeune homme comprit que sa vie même était en danger, et comme il avait aussi à soutenir l'honneur de sa mère, il imagina une rapide contre-attaque.

Il prit le conseil d'Evodus, un affranchi qui avait été son gouverneur et ils arrêtèrent que celui-ci irait convaincre un centurion des prétoriens, Saturninus, d'accuser faussement Plautianus de vouloir tuer Sévère. Saturninus fut donc introduit avec sept camarades chez l'Empereur auquel il révéla que le préfet du prétoire leur avait commandé, sous peine de mort, d'aller cette nuit même assassiner Sévère et Caracalla dans leur lit. Ils pouvaient produire un ordre écrit de Plautianus. Sévère hésitait à croire leur histoire et soupçonnait Caracalla d'en être l'inventeur. Il le fit venir mais, impressionné par ses dénégations, et sous le coup d'un rêve qu'il avait eu la nuit précédente et où Albinus revenait lui tendre un piège, il décida de convoquer Plautianus incontinent, bien que tout le monde fût allé se coucher à cette heure. Celui-ci vint avec ses gardes mais ceux du Palais ne les laissèrent pas entrer derrière lui et il se trouva seul devant l'Empereur et son fils. Sévère lui demanda doucement pourquoi il voulait le tuer et il se fût contenté de ses protestations indignées si Caracalla, voyant qu'il allait en réchapper, ne s'était jeté sur lui et ne l'avait assommé d'un coup de poing. Mais il ne put le transpercer de son épée, car il avait une armure sous sa toge. Sévère s'interposa, mais voyant l'armure qui était tout à fait insolite sur un homme qu'on venait de sortir du lit, il fut persuadé qu'un complot s'était bien tramé pour cette nuit-là, et il permit qu'on coupât la tête de Plautianus dont le corps fut jeté à la rue.

XV. Le lendemain[1], il alla au Sénat et fit un discours surprenant, se gardant de toute accusation violente contre celui qu'il se reprochait seulement d'avoir élevé trop haut, et déplorant l'inconstance des choses d'ici-bas et la déloyauté des hommes. Il paraissait très abattu. Il n'en fit pas moins périr beaucoup de gens dans cette affaire et les statues de Plautianus furent partout brisées. Plautilla fut déportée dans une île avec son frère où Caracalla les envoya tuer plus tard. Bien des points de ce complot restent obscurs, notamment qui aura été le vrai commanditaire de Saturninus ; mais ce que je ne m'expliquerai jamais, c'est l'ascendant incroyable que Plautianus avait pris sur Sévère qui était si énergique à l'égard de tous, si fier de son autorité et prompt à supprimer ceux qu'il trouvait sur son chemin. On va voir cependant qu'il eut aussi une étonnante faiblesse à l'égard de ses fils, comme s'il réservait sa patience pour deux ou trois de sa race, exemptés de l'inhumanité qu'il témoigna envers tous les autres. D'ailleurs son caractère fut altéré et il vécut dès lors au-dehors de Rome, dans ses maisons de campagne où il espérait bien que Caracalla et Geta mèneraient près de lui une existence moins débauchée. Mais le premier ne mit plus de frein à son caractère et à sa licence lorsqu'il fut débarrassé de Plautianus. Et le second, bien que d'une nature meilleure, ne voulait en rien le céder à son aîné. Ils avaient dix-sept et seize ans mais pratiquaient déjà tous les vices. De plus ils ne

1. 23 janvier 205 ap. J.-C.

pouvaient se voir sans se battre. Chacun avait sa cour et ses partisans qui les dressaient l'un contre l'autre.

Cette situation pleine de menaces n'échappait pas à Sévère qui commença alors à comprendre les angoisses de Marc Aurèle à la fin de sa vie, à les excuser et à les partager. Mais il se montra aussi impuissant que lui à réformer les caractères déjà faits de sa progéniture. Pourtant il ne cessait d'expliquer aux deux frères qu'ils avaient le plus grand empire du monde, les plus grands trésors protégés par l'armée la plus puissante à la condition qu'ils ne ruinent pas eux-mêmes l'héritage par leurs divisions, et il leur racontait l'histoire des Atrides, il leur récitait l'admirable discours de Nicipsa à ses fils que rapporte Salluste, mais en vain. Il demeura ainsi trois ans en Italie, menant une vie régulière car il avait maintenant soixante ans et il souffrait de rhumatismes, surtout dans les pieds. Il passait beaucoup de temps aux affaires juridiques et il avait pour cela près de lui le grand Papinien qu'il eut la chance de rencontrer dans la famille de sa femme et le mérite de choisir comme préfet du prétoire. Après Plautianus, c'était le jour succédant à la nuit. Ce Syrien est un des plus grands esprits qui aient réglé les rapports entre les hommes et il a fait progresser le droit comme jamais auparavant, avec ses élèves Paul et Ulpien. Il eût mérité de servir une plus noble dynastie, mais peut-être devrais-je dire plutôt qu'il a évité à celle-ci de sombrer tout à fait dans l'arbitraire et la fureur. Il paya ce service de sa vie. Je parlerai de lui comme d'un ami. C'est à cette époque que Sévère écrivit ses Mémoires où il se montre évidemment sous un jour favorable, mais moins en vue de sa réputation, car il méprisait ce que les autres pensaient de lui, que pour l'édification de ses fils. Parti de peu, comme Vespasien, il eût tenu lui aussi son œuvre pour rien s'il n'avait pu la prolonger dans sa famille.

XVI. Cependant il ne pouvait se faire d'illusions puisqu'il connaissait tout de son avenir par les astres. Il avait fait construire dans l'aile qu'il ajouta au Palatin deux salles dont le plafond représentait le ciel, mais dans celle où le public avait accès ne figurait pas la constellation qui présidait à sa destinée et il cacha toujours l'heure de sa naissance. Il édifia aussi sur le versant sud-ouest du Palatin tourné vers l'Afrique un splendide monument haut comme un mur de théâtre de trente mètres, dédié aux sept divinités planétaires et qu'il appela le Septizodium. Tous ceux qui entrent par la Via Appia ne peuvent qu'être éblouis par le soleil qui règne au centre et qui est le signe de Sévère lui-même. Il avait une prédilection pour le chiffre sept qui est dans son nom. Il craignait les présages favorables chez les autres, et il fit condamner à mort Apronianus, gouverneur d'Asie, parce que sa nourrice avait rêvé, cinquante ans plus tôt, qu'il accéderait à l'Empire. Il est vrai que ce consulaire avait eu le tort de demander à des mages confirmation de la prophétie. A la même époque il força au suicide, on ne sut pas pourquoi, Plautius Quintillius, le dernier gendre survivant de Marc Aurèle qui avait, on l'a vu, stigmatisé la lâcheté de Didius Julianus. Plautius, déjà âgé, reçut l'ordre avec calme, fit ouvrir son tombeau, puis il dit : « Allons, allons, nous n'avons que trop tardé. » Avant qu'on ne lui ouvrît les veines il souhaita à Sévère la même fin que Servianus avait promise à Hadrien, c'est-à-dire qu'il suppliât longtemps la mort de venir le délivrer. Et dans les deux cas ce souhait fut exaucé.

Dans ces années, il arriva qu'un brigand du nom de Bulla, et surnommé Felix, sévit en Italie avec une bande de six cents hommes qui échappaient à toute recherche. Ces gens étaient fort bien organisés et savaient à l'avance qui partait de Rome ou de Brindisi, et avec quels bagages. Ils les dépouillaient, mais pas de tout, et selon leur condition sociale. Les artisans, ils les gardaient quelque temps avec eux pour leur service. Ils étaient très populaires, sauf chez les riches et les hommes de l'ordre. Bulla osa un jour se présenter à la prison où deux de ses hommes attendaient d'être livrés aux bêtes, et se faisant passer pour un officier de justice, obtint de les emmener. Une autre fois, un centurion, croyant avoir enfin trouvé un traître, le suivit à un rendez-vous, mais y rencontra Bulla qui lui fit raser la tête et le renvoya avec cet avis : « Occupez-vous plutôt de mieux nourrir vos esclaves. » Mais il fut enfin pris, au bout de deux ans, par la trahison de sa maîtresse. Conduit au tribunal de Papinien qui lui demanda : « Pourquoi es-tu devenu bandit ? » il eut cette réponse : « Et toi, pourquoi es-tu préfet du prétoire ? » Après son exécution on n'entendit plus parler de ses complices. De tels gens existent par milliers dans l'Empire et deviennent un danger public lorsqu'ils se trouvent un chef. On les avait affrontés sous Commode, avec Maternus et les déserteurs : ceux de Bulla étaient sans doute menés par quelques-uns des prétoriens que Sévère avait réduits à l'errance.

XVII. Quand il eut passé trois ans à édicter avec Papinien des lois sages et humaines, et à rendre une justice équitable, comme il eût dû le faire toute sa vie car son intelligence l'y portait (c'est seulement son caractère qui était sans mesure), Sévère fut à nouveau repris par son besoin d'agitation et de gloire et il s'engagea dans une grande campagne contre les Bretons [1]. Il est vrai que le départ brusqué d'Albinus et de ses légions avait laissé l'île très en désordre, mais l'excellent Scenecio, envoyé depuis, avait rétabli nos positions. Aussi est-on fondé à croire que l'Empereur était conduit par d'autres motifs, et sans doute cherchait-il une diversion aux troubles de sa maison. Il prit avec lui toute sa cour et son Conseil, de sorte que l'ensemble du pouvoir le suivait sur les chemins et régentait l'Empire où qu'il se trouvât. Cette pratique existait depuis Trajan et Hadrien qui furent beaucoup absents de Rome, mais c'est surtout de l'exemple de Marc Aurèle que Sévère s'inspirait car il avait pu voir cet empereur qu'il admirait gouverner tout à partir du Danube pendant dix années. Sur un point cependant il s'en différenciait, parce que Marc Aurèle prenait en considération le Sénat de Rome, tandis que lui ne daignait pas même le consulter et tenait la capitale et l'Italie pour une ville et une province comme les autres. Tout son entourage d'ailleurs était africain, syrien ou illyrien. Mais pour revenir à sa décision de transporter l'appareil d'État et la garde prétorienne avec lui jusque dans les régions les plus inhospitalières de l'Empire, il fal-

1. 207 ap. J.-C.

lait qu'il eût, faute de nécessité stratégique, de puissants motifs intimes ; et ce furent je crois les mêmes que ceux qui incitèrent Marc Aurèle à éloigner Commode des plaisirs de Rome et à discipliner son caractère au sein de l'armée et dans les combats. Sévère pensait que la brutalité de ses fils trouverait son emploi et s'épuiserait peut-être à la défense des frontières.

Je n'étais plus dans la Gaule Belgique, ayant été nommé légat de Syrie, et je n'eus donc pas le souci de réunir l'immense flotte nécessaire au passage de la plus grande force qui ait débarqué dans l'île de Bretagne. L'opération était dangereuse en raison de la mer, mais pas des ennemis, car tout le sud de l'île jusqu'à l'endroit où elle est fort rétrécie est depuis longtemps civilisé et peuplé par beaucoup de colons et d'indigènes devenus citoyens romains. Les légions l'ont couvert de camps et de routes qui protègent et relient entre elles des cités prospères bâties par nos architectes. Mais plus au nord vivent des populations demeurées à l'état barbare, toujours prêtes au pillage et contre lesquelles Hadrien avait élevé un grand fossé fortifié qui pouvait nous servir ou de défense, ou de base d'attaque. J'ai dit qu'Antonin avait doublé cet ouvrage par un autre plus au nord, que nous avions par la suite abandonné. Aussi les peuples de ces régions désolées, les Caledonii et les Maetae, purent-ils, à la faveur des troubles de nos guerres civiles, faire des raids vers le sud où ils trouvaient quelque appui chez les Brigantes incomplètement pacifiés au siècle précédent. Bien que l'annonce de l'arrivée de Sévère eût suffi à les faire se retirer, l'Empereur décida d'aller les réduire chez eux et il prépara une puissante campagne qui débuta l'année suivante [1]. Il avait laissé Geta au gouvernement de la province sous nos lois, avec sa mère qui le dirigeait et à laquelle il était aussi soumis qu'elle lui était attachée, car son caractère était plus doux et plus raffiné que celui de son frère. Ce dernier était mis à la tête des soldats par son père qui suivait l'armée, couché sur une litière.

1. Printemps 208 ap. J.-C.

XVIII. Cette guerre fut difficile car on ne rencontrait presque jamais l'ennemi qui essayait de nous attirer dans les marais, et se divisait en petits groupes dans les forêts. Il eût fallu davantage d'hommes et un temps infini pour en venir à bout. L'obstination de Sévère soutenait le moral des légions que Caracalla essaya en vain de détacher de son père malade, pour hâter son propre avènement. Cette attitude n'échappait pas au vieil empereur qui souffrait moralement plus encore que physiquement. Enfin tant de ponts furent jetés, de forêts abattues, de marais asséchés que les Calédoniens demandèrent à traiter, après deux ans de combats meurtriers pour les deux camps. Sévère s'avança jusqu'au point où les jours sont plus courts que la nuit, puis il retourna vers le sud. Il fut acclamé Brittanicus Maximus, chacun de ses fils Brittanicus, et Geta se vit conférer le titre d'Auguste, dix ans après son frère qui espérait bien rester le seul de ce rang. Ainsi pour la première fois dans l'histoire de Rome il y eut en même temps trois empereurs régnants. L'année suivante, les Calédoniens rompirent la paix et Sévère se préparait à une nouvelle campagne lorsqu'il mourut à Eburacum[1]. Ses cendres furent mises dans une urne en porphyre qu'il avait caressée un jour en disant : « Tu enfermeras les restes de celui que l'univers n'a pu contenir. »

XIX. Il avait vécu soixante-cinq ans, neuf mois et vingt-cinq jours. Il régna dix-sept ans, huit mois et trois jours. Au moment d'expirer, il demandait encore s'il n'y avait pas du courrier à expédier. C'était en effet un homme expéditif. Il triompha de tous par son énergie et sa rapidité supérieures qui ne s'embarrassaient pas d'objectifs secondaires à son dessein, ni de scrupules étrangers à son ambition. Il était capable de mettre de la justice dans les lois, mais il n'avait pas de loi en ce qui le concernait. S'il fit beaucoup de réformes, c'est qu'il vint après de grands désordres et que les temps avaient changé. Il adapta

1. York, 4 février 211.

les textes aux situations nouvelles et aux mœurs devenues plus rudes. Papinien l'aida par la puissance de son esprit et l'étendue incroyable de sa science. Quant à lui, il n'excellait en rien, sûrement pas dans l'ordre militaire et sans doute seulement dans l'administration. Il souffrit de ce que son père n'était pas illustre, et il s'en chercha un dans Marc Aurèle et dans Pertinax. Il préféra dire que Commode était son frère, plutôt que Geta qui en eût mille fois davantage mérité l'honneur, et qui me confia combien cet abandon lui était douloureux. Sa sœur vint de Leptis Magna à Rome avec son fils, mais elle ne parlait que le punique et il les renvoya en Afrique. Il ne pouvait oublier les plus anciennes humiliations et il fut plus vindicatif encore qu'Hadrien.

Malgré ses infirmités il ne tenait pas en place et quand on lui dénonça, ches les Calédoniens, le complot que Caracalla avait médité contre lui avec des officiers, il dit à ces derniers qui se jetaient à ses pieds : « Vous avez grand tort de vous adresser aux pieds, ici c'est la tête qui commande. » Et il commanda de les exécuter, sans rien faire souffrir à Caracalla.

Il sut d'ailleurs, en partant en Bretagne, qu'il n'en reviendrait pas vivant, soit qu'il connût sa maladie, soit qu'il en ait cru les présages qui étaient nombreux. La foudre effaça son nom d'une colonne. Un matin où il redoutait une rencontre néfaste, un homme noir des auxiliaires numides se trouva en effet sur son chemin. Il prit des lois très strictes contre l'adultère mais n'osa les appliquer à Julia son épouse, parce qu'elle avait l'horoscope impérial. Plautianus avait cependant fait mettre à la torture plusieurs matrones de son entourage pour la confondre. Avant de mourir, il donna ce conseil à ses fils : « Ne vous divisez pas, enrichissez les soldats et moquez-vous du reste. » Quant à lui, il augmenta les soldes, fit de grandes distributions d'argent et de magnifiques constructions, mais il dut pour cela réduire la teneur en or des monnaies et donc leur valeur réelle, si bien que ses générosités furent annulées par la hausse des prix. Il était désenchanté et on l'entendit dire : « J'ai eu tout ce qu'on peut avoir, et ce n'est pas grand-chose. »

Au physique, il était de taille médiocre, sec plutôt que maigre, ses cheveux étaient crépus et sa barbe longue, ses yeux petits et ronds, son nez court. Je n'ai jamais cherché sa faveur et comme je voulais survivre à son règne pour le raconter avec les autres, je me suis gardé d'entrer dans quelque intrigue, faisant mon travail ainsi que je l'eusse fait sous n'importe quel gouvernement.

IX.

CARACALLA

I. Avant de mourir, Sévère avait pensé à faire faire une seconde statue en or de Fortuna toute semblable à celle qui était à son chevet depuis qu'il avait l'Empire, pour que ses deux fils pussent en avoir une chacun. Cependant, quand il vit que le temps manquait à ce projet, il décida que l'unique statue serait chaque soir alternativement chez Antonin Caracalla et chez Antonin Geta, mais le premier ne voulut pas qu'elle sortît de sa chambre une fois qu'elle y fut entrée. Comme il se trouvait à la tête des armées, c'est lui qui acheva en hâte les combats, qui négocia la tranquillité des Calédoniens et posta des unités pour les empêcher d'envahir encore la Bretagne romaine. Puis avec sa mère et son frère, il ramena les légions et les prétoriens à Rome. Julia espéra un moment que ses adjurations et celles de Papinien avaient convaincu les deux frères de s'accorder au moins dans leur extérieur, et l'on vit apparaître le mot *Concordia* sur les monnaies. Mais la route du retour qui fut écourtée autant que possible pour que leurs cortèges n'eussent pas le temps d'en venir aux mains fut témoin déjà de leur mortelle désunion. Ils ne couchaient pas dans les mêmes lieux, ne mangeaient pas à la même table, tant l'un redoutait le poignard ou le poison de l'autre. Quand ils arrivèrent à Rome, ce fut pour s'emparer chacun d'une partie du Palais qui fut coupé en deux (mais il était immense et débordait du Palatin sur l'Esquilin), les communications étant murées pour qu'une rencontre fût impossible. Il y avait deux gardes impériales, deux cours où s'entretenait la haine réciproque. On ne vit les deux fils de Sévère ensemble que pour son triomphe funéraire.

Déjà l'urne de l'Empereur défunt avait été scellée dans le mausolée d'Hadrien. Cependant on ne pouvait priver le peuple du spectacle de la divinisation et tout fut fait comme si Sévère lui-même était revenu mourir à Rome. Son effigie de cire fut exposée sur un lit durant toute une semaine. Elle était tous les jours plus pâle et les médecins qui la veillaient annonçaient chaque soir que son état empirait. A gauche se tenaient les sénateurs vêtus de noir. A droite, les femmes les plus nobles, sans aucun bijou. Quand, au septième jour, les médecins constatèrent la mort, l'effigie fut emportée par les chevaliers déchaussés le long de la Voie Sacrée jusqu'au vieux Forum. Là, un chœur d'enfants et un autre de femmes de haute naissance faisaient alterner des hymnes funèbres. Puis le cortège se rendit au Champ de Mars où était érigée une haute maison de bois doré de quatre étages ornés de décorations qui émerveillent encore ma mémoire. On y a mis des peintures, des objets en ivoire, des tissus rares. L'étage supérieur est le plus petit, et c'est dans le deuxième, qui a des portes et des fenêtres, qu'on dépose le corps, au milieu de parfums et d'encens apportés par tous les peuples de l'Empire. Des chars aux cochers vêtus de rouge font tourner autour de la maison des statues de grands Romains, pendant que la cavalerie caracole. Le rite veut que le nouvel empereur jette la torche qui réduira en cendres odoriférantes ce splendide édifice. Cette fois-ci, il y eut deux torches, et quand l'étage le plus élevé s'embrasa, un aigle s'envola dans le ciel.

II. J'ai vu de mes yeux ce spectacle car j'étais revenu à Rome, ayant achevé mes deux années de légat propréteur en Syrie. Je ne demandai pas de nouvelle affectation, quelque grand que fût mon goût pour cette carrière de soldat-administrateur qui m'avait fait régner sur le plus vieux peuple du monde après le plus jeune, sur la Syrie Palestine après la Gaule chevelue, sur le désert transparent après la forêt impénétrable.

Ce n'est pas que je fusse fatigué, mais mon instinct me conseillait de prendre du champ autant que ma fortune me le permettait. Je ne pouvais prétendre encore à un grand proconsulat, puisqu'il faut laisser passer quinze années après le consulat pour tirer au sort une belle province — l'Afrique ou l'Asie. Comme j'avais eu le titre de consul suppléant douze ans plus tôt, je devais attendre encore au moins trois années que je décidai de consacrer à l'étude, me réservant d'aller ou non occuper mon siège au Sénat, selon les circonstances. Certes, il n'est pas facile de n'être plus rien quand on a été, et à certaines époques l'inactivité est aussi suspecte que l'action. Je pressentais de grands troubles et le risque d'avoir à faire des choix dangereux. Cependant je n'avais donné lieu à aucun soupçon, m'étant tenu éloigné de toute aventure. J'ai assez parlé de ma chance pour avoir le droit de me flatter aussi d'être passablement avisé dans ma conduite. J'en connais sans doute beaucoup sur qui la Fatalité s'est abattue injustement, mais davantage encore qui sont allés d'eux-mêmes au-devant d'un mauvais sort, soit par ambition impatiente, soit par confiance excessive dans leur étoile, soit par trouble de l'esprit devant le danger. Je m'étais prémuni contre ces attitudes déraisonnables en me tenant à mon rang.

J'avais compris plus tôt et mieux que d'autres que la crise dans laquelle était entré l'Empire n'allait pas se calmer demain, et que l'on ne reverrait d'ailleurs jamais l'ordre souverain dans lequel avaient vécu nos parents. Je voyais au contraire des hommes qui attendaient sans cesse le retour à l'âge de Marc Aurèle et la restauration du Sénat tel que Trajan l'avait rétabli sur les conseils de Tacite et de Pline. Ils auraient dû comprendre que l'échec de l'expérience tentée par Pertinax marquait la fin du règne des meilleurs. Désormais le mal engendrerait le pire, et cependant il faudrait vivre. Toute la descendance de Marc Aurèle avait péri pour ne s'être pas résignée à rentrer dans l'obscurité, pour avoir cru que la tyrannie allait s'étrangler dans ses propres lacets. Il est vrai que leur illusion était entretenue par ces imposteurs qui se disaient héritiers d'Antonin, et l'on a vu que Sévère se parait de ce nom qu'il donna aussi à ses deux fils. Et le fils de Pertinax qui voyait le nom de son père honoré par les empereurs pouvait croire que son heure reviendrait quand la folie se serait fatiguée d'elle-même. On verra que son rêve se brisa avec sa vie, comme celui du fils de Pompeianus qui n'eut pas la sagesse de son père. Celui-ci seul mourut de vieillesse. Il s'était retiré quand il comprit qu'avec l'avènement de Commode c'en était fini de l'âge d'or des Antonins. Le prétexte de ses yeux fatigués n'avait convaincu personne, car on le revit un instant sous Pertinax siéger aux plus hautes places du Sénat, mais il reprit vite le chemin de sa villa de Terracine où il s'éteignit sans espérance.

Pour moi, je ne pouvais que me hâter lentement dans la carrière que m'avait ouverte mon père au prix de grands sacrifices. Grâce à l'amitié de Geta, qui me poussa dans la faveur de Sévère tout en me prévenant contre trop d'intimité avec ce frère ambitieux dont il eut lui-même à souffrir l'ingratitude, j'eus les charges importantes que j'ai racontées. Maintenant je n'avais plus qu'à laisser le temps travailler pour moi. Je me gardai bien d'être de ceux qui se précipitaient pour renforcer le camp d'un des deux jeunes empereurs dans l'espoir d'emporter tout, le jour où l'un gagnerait sur l'autre. Car personne ne pensait plus que la dualité du pouvoir durerait longtemps. A beaucoup, Geta semblait le mieux placé parce qu'il avait la préférence de sa mère et qu'il faisait campagne très activement auprès du Sénat et de tous les gens de bien. Il avait de la culture et des manières. Le peuple l'aimait et les soldats ne le détestaient pas. Caracalla au contraire, loin de chercher à plaire, s'enfermait dans une attitude hostile et brutale, au milieu de ses prétoriens, comme s'il faisait le calcul que, ne pouvant exceller dans le bien et l'humanité, il l'emporterait encore dans le paroxysme de la violence. Julia et Papinien ne pouvant plus rien pour les accorder, quelques-uns de leurs favoris tentèrent d'établir un partage de leur puissance, chacun sur une partie de l'Empire, et une sorte d'arrangement fut trouvé suivant lequel Caracalla régnerait sur l'Europe et Geta sur l'Asie, y compris l'Égypte. La capitale de l'un serait Rome, celle de l'autre Antioche ou Alexandrie, leurs forces respectives étant stationnées à Byzance et à Chalcédoine, de part et d'autre des détroits. Ce projet lourd d'une nouvelle guerre civile fut porté devant les préfets du prétoire en présence de Julia. Celle-ci le reçut avec des cris effroyables, disant que démembrer l'Empire équivalait à la couper elle-même en deux. Puis elle renvoya ses fils.

III. On en revint au statu quo, mais comme toute décision était bloquée, Caracalla demanda à sa mère de faire un ultime essai de conciliation. Elle réunit donc une fois encore ses deux fils. Cependant Caracalla qui avait fait entrer ses gardes par traîtrise leur donna l'ordre de tuer Geta. Celui-ci se précipita dans les bras de sa mère, pensant que cet asile serait sacré, mais l'Empereur auquel ils obéissaient leur commanda d'achever la besogne et ils transpercèrent Geta, blessant la main de sa mère qui cherchait à le protéger. Aussitôt Caracalla sortit tumultueusement du Palais avec ses gardes, comme quelqu'un qui fuit un grand danger et il courut au camp des prétoriens où on le vit se prosterner devant l'autel de Jupiter. Il remerciait sûrement le Dieu d'avoir permis cet acte horrible qui lui ouvrait la totalité du pouvoir, et en même temps il laissait croire aux soldats qu'il lui rendait grâces pour avoir échappé à un attentat. Car c'est ainsi qu'il présenta la chose, criant partout que Geta l'avait attiré dans un piège afin de le tuer, et qu'il avait dû défendre sa vie. Mais surtout il leur accorda une donation somptueuse qu'il leur permit d'aller chercher eux-mêmes dans le temple du Trésor public. Il était tard et il passa la nuit au camp. Le lendemain matin, il vint au Sénat et raconta la même histoire, se comparant à Remulus offensé par un frère indigne. Il fit témoigner des amis de Geta qui espéraient encore passer de son côté.

Mais ils en furent pour leur honte, car il ne fit pas de quartier et aussitôt commanda le massacre de tous les partisans de Geta sans considération de rang, de sexe ou d'âge. La nuit n'était pas assez noire pour cacher une telle infamie ni assez longue pour perpétrer tant de crimes. Le matin, des tombereaux passaient dans les rues pour ramasser les cadavres mutilés de familles entières qu'on jetait dans de grandes fosses qui en reçurent ainsi plus de trente mille. Sénateurs, esclaves, affranchis, comédiens, athlètes et soldats achevèrent là pêle-mêle leur destin, avec leurs femmes et leurs enfants. Jusqu'au bout de l'Empire, les amis de Geta, ou seulement ceux qu'on supposait tels, furent anéantis. Mais le plus odieux fut la condamnation qu'osa décréter Caracalla contre l'illustre Papinien, pour le punir d'avoir voulu éviter la mort de Geta, puis pour avoir refusé d'écrire l'éloge de ce crime. « Il est plus facile de commettre un fratricide, avait-il répondu, que de le justifier. » Il fut exécuté à la hache. Quant à la mort qui fut infligée à Cornificia, la dernière fille déjà âgée de Marc Aurèle, on a honte de rapporter que la cause en fut qu'elle pleurait Geta aux côtés de Julia. Car c'était un crime que d'honorer ses morts, fût-ce par des larmes qu'il fallait cacher aux espions de Caracalla. Julia elle-même fut obligée de paraître heureuse sur l'ordre de son fils comme si elle n'en eût jamais eu d'autre que lui. Sinon, elle savait bien qu'il n'hésiterait pas à la tuer. Il força le Sénat à décréter la *damnatio memoriae* de Geta.

Tous ceux qui s'appelaient Geta, et même les personnages de comédie, durent changer de nom. Le fils de Pertinax, grand général et grand consulaire, eut bien tort de jouer avec les mots et de dire que Caracalla pourrait ajouter à ses titres de Germanique et de Parthique celui de Getique, car l'Empereur se prépara à partir contre les Gètes après qu'il eut tué les amis de Geta. Pertinax fut condamné à mort, ainsi que le fils de Pompeianus dont la gloire militaire rendait jaloux le Prince. J'avais donc toutes raisons de chercher à me faire oublier, encore que certains fussent traités comme suspects parce qu'on ne les voyait pas assez. Je n'avais pas attendu la grande crise pour partir dans la villa de Campanie que ma femme avait apportée en dot, et qui était assez spacieuse pour mon confort mais pas assez riche pour susciter l'envie des délateurs. Là j'exploitais mes quelques centaines d'hectares d'arbres fruitiers, et je commençais à réunir des documents en vue d'écrire cette histoire, remontant d'abord aux règnes heureux pour aboutir plus tard aux malheureux quand l'apaisement serait revenu. J'avais pour m'aider à ce travail deux esclaves intelligents, un Grec que j'avais ramené enfant de Byzance après que j'eusse dû à regret faire exécuter son père, professeur de philosophie dans cette ville infortunée, et un Juif que j'avais distingué pendant ma légature en Syrie Coele. Je les envoyai à Rome où ils fouillaient dans les archives publiques sans que personne ne se souciât d'eux. Mais je n'avais pas le cœur à commencer déjà ma rédaction car il ne m'était même pas concevable de camper Trajan avec les titres et l'habit que je voyais à Caracalla, ni de le faire agir dans le même décor où se mouvait maintenant son successeur dégénéré.

IV. Caracalla était petit et d'une constitution naturellement faible mais qu'il avait surmontée avec les exercices les plus rudes. Les traits de caractère hérités de son père étaient l'orgueil et l'esprit de compétition. Il avait pris le côté arrogant de Sévère et son goût pour le régime militaire. Mais il n'avait pas hérité grand-chose de son intelligence et c'est en vain qu'on chercha à lui inculquer une éducation de prince. Il ne tenait rien de sa mère qui était, comme je l'ai dit, aussi belle que cultivée. On cite pourtant de lui des signes de sensibilité dans son enfance. Ainsi il pleurait et détournait la tête quand au Cirque un condamné était déchiré par les fauves. A sept ans, comme il apprenait qu'un de ses camarades avait été frappé parce qu'il était chrétien (sa nourrice à Lyon était de cette religion-là), il refusa de voir ceux qui s'étaient permis ce geste. Il ne toléra pas l'impudence de Plautianus. Mais, peut-être parce qu'il souffrait trop de cette faiblesse des nerfs, il chercha à s'en guérir et réussit à devenir insensible, ou à agir comme s'il l'était. Il voulut aussi égaler son père et se faire estimer de lui, ce qui le porta à exagérer son goût de la chose militaire où il était plus doué que pour l'étude, qu'il laissa à Geta avec mépris. Finalement, il ne se sentit bien que dans la soldatesque, ce qui lui valut l'affection des légions.

Cependant il faut qu'il ait eu quelque maladie pour que son orgueil s'exaspérât jusqu'à faire de lui presque un parricide, en tout cas un fratricide et un incestueux, si l'on en croit les familiers qui racontent qu'il posséda sa mère. On doit reconnaître que celle-ci y prêta la main, si l'on peut dire, car un jour qu'il l'avait trouvée nue dans sa chambre, il laissa échapper : « J'oserais bien, si j'en avais le droit... » à quoi elle répondit : « Tu as tous les droits puisque tu es empereur. » Cette Syrienne élevée dans le culte de Baal n'en était pas à cela près. Mais, surtout, elle avait l'amour du pouvoir et pour être la maîtresse invisible de l'Empire elle n'eût pas hésité à être la maîtresse secrète de ses fils. Je ne puis toutefois assurer que cette histoire est véridique.

Ce que l'on peut croire, c'est que Caracalla souffrait d'une déficience cachée puisqu'il recourait en toute occasion à la magie et visitait partout les temples d'Esculape. Il fut chauve très jeune et se coiffait d'une perruque blonde lorsqu'il était chez les Germains, ce qui accusait le caractère effrayant de son visage tel qu'on le voit au naturel sur ses statues. Il ne faisait rien, au contraire, pour adoucir sa physionomie et il renvoya sans le tuer et même avec de l'argent un homme qui lui dit qu'il avait une figure terrible. On peut présumer qu'il était affligé d'une difficulté à faire l'amour par cette anecdote : il condamna, pour se faire craindre, trois vestales à être enterrées vives selon la loi des ancêtres, sous prétexte qu'elles avaient couché avec des hommes. L'une d'elles, Claudia Laeta, dont il avait voulu abuser dans l'espoir que le sacrilège exciterait ses sens défaillants, protesta de sa pureté jusqu'au dernier instant en proclamant : « L'Empereur sait bien, et pour cause, que je suis encore vierge. »

A ces infirmités secrètes s'ajoutait la hantise qu'il avait de voir l'ombre de Geta revenir troubler ses nuits, au point qu'il préférait l'évoquer lui-même par la magie pour lui parler. Mais Geta lui apparaissait accompagné de son père. Il appelait alors l'âme de Commode, mais cet autre fratricide lui conseillait de mettre fin à ses jours parce qu'il ne pouvait être que malade pour agir ainsi. Il fit venir d'Espagne un eunuque, Sempronius Rufus, magicien de son état, qu'il mit au Sénat. Il cherchait à distraire son esprit dans des courses de char où il portait la casaque bleue, par opposition à Geta qui favorisait la verte toujours chère aux Romains. Il avait abandonné tout souci de plaire au peuple, et même les soins du gouvernement où il eût peut-être été aussi capable que Domitien, dont il avait quelques traits. Je ne sais quelle part il prit aux édits très curieux qui portent son nom puisque les choses de l'administration cessèrent bientôt de l'intéresser. Il les abandonna à sa mère qui réglait tout avec les grands jurisconsultes que Papinien avait formés, Paul et Ulpien. Quant aux préfets du prétoire, on a vu qu'il en a supprimé un, Papinien, parce qu'il l'avait dissuadé de tuer Geta. Mais à l'autre, Laetus, il envoya du poison parce qu'il lui avait conseillé d'accomplir ce même meurtre. On découvrit d'ailleurs plus tard des quantités considérables de poisons les plus variés et les plus rares dans un placard du Palatin, l'on ne peut imaginer pour quels usages. Finalement, ne trouvant plus le repos, il décida de partir à la tête de ses soldats pour conquérir le monde [1].

V. Il se recommandait d'Alexandre dont il voulut être la réincarnation, allant jusqu'à faire des statues bifrontales où sa tête était associée à celle de son héros. Il buvait dans une coupe ayant appartenu à Alexandre et se montrait avec le grand chapeau et les bottes des Macédoniens. Il favorisait ceux qui portaient ce même nom illustre. Sur le chemin du lointain Orient se trouvait, pour le malheur de cette province, la Narbonnaise où il fit des ravages et tua le proconsul. Puis il franchit le *limes* de Rhétie, entre le haut Rhin et le haut Danube, et combattit un nouveau peuple qui était en fait les morceaux d'anciens peuples ennemis de Rome coalisés récemment sous le nom d'Alamans, c'est-à-dire dans leur langage et leur esprit présomptueux « tous les hommes ». Il remporta contre eux quelques succès qui lui valurent le titre de Germanicus Maximus et obtint finalement leur retraite avec de l'argent, comme les Romains l'avaient fait plus d'une fois avec les Germains. Il constata que les femmes de ces peuples préféraient mourir, après avoir tué leurs enfants, que d'être emmenées en esclavage, et il leur donna bien volontiers cette satisfaction. Pourtant il n'eut pas de gardes du corps plus fidèles que les hommes de grande taille qu'il recruta là-bas pour sa protection la plus proche. C'est à cette époque qu'il prit goût au vêtement des

1. Août 213 ap. J.-C.

Celtes qui est une tunique brodée de fils d'argent appelée par eux *caracalla* et qu'il fit allonger pour les Romains, à qui il en distribua des quantités. De là vint le surnom que nous lui prêtons depuis sa naissance, et sous lequel il est connu de tous aujourd'hui, mais qui en réalité lui fut attribué plus tard par ses soldats et le peuple. Son nom véritable était Severus Antoninus Bassianus. L'année suivante [1], il demeura en Moésie sur le bas Danube, apparemment arrêté par ce mal qui était dans son esprit autant que dans son corps. Par chance, mon frère Perpetuus, qui se trouvait peu de temps auparavant légat de cette province, venait d'être transféré dans la Dacie. Mon fils Marius était à son état-major et je craignis un instant qu'ils ne fussent rejoints par cet autocrate délirant dont j'avais cru les tenir éloignés. Mais Caracalla avait en tête une autre direction, celle des campagnes d'Alexandre, et son séjour dans cette région n'en était que la préparation.

Il y leva en effet une force de seize mille hommes tirée des populations limitrophes de la Macédoine et qu'il vêtit et arma à la manière des soldats d'Alexandre, avec de longues piques, des boucliers de bronze, et le casque de cuir de bœuf non tanné. Il reconstitua ainsi les anciennes phalanges et les fit manœuvrer comme cinq siècles plus tôt. Avec toutes ses troupes il traversa les détroits et alla passer l'hiver à Nicomédie, cherchant un prétexte pour envahir les Parthes qui ne nous attaquaient pas. Il eût mieux fait de se préoccuper encore des peuples sur le Danube. Les Daces particulièrement étaient agités parce qu'ils se voyaient pressés par des bandes de Goths, non pas ceux-là qui bousculaient déjà depuis Marc Aurèle les Quades et les Marcomans à l'ouest, mais par leurs frères de l'est qui s'avisaient maintenant de descendre le long du Pont-Euxin. Perpetuus, qui n'avait que deux légions en Dacie (car Sévère avait diminué les forces des légats pour qu'ils ne recommencent pas l'aventure qui lui avait valu l'Empire), demanda des renforts à Caracalla. Mais ce dernier préféra acheter la paix aux Goths, auxquels Perpetuus dut, la rage au cœur, promettre de verser des subsides annuels en or pur. Ils se montrèrent très sourcil-

1. Printemps 214 ap. J.-C.

leux, paraît-il, sur la qualité de cet or. Pendant ce temps, l'Empereur et toute sa Cour — car Julia l'avait suivi pour le contrôler et diriger le gouvernement — visitaient les restes de Troie où Caracalla-Alexandre devint pour l'instant Caracalla-Achille. Il décida que son favori, l'affranchi Festus, serait un nouveau Patrocle et lorsqu'il mourut inopinément, par le poison dit-on, il lui fit des funérailles magnifiques à la manière antique. Il eut seulement quelque difficulté à se trouver des cheveux pour jeter sur le bûcher, comme l'avait fait Achille. Ensuite, il alla à Pergame où Esculape envoie en rêve à ceux qui dorment dans son temple des remèdes à toutes les sortes de maux.

VI. Mais il ne retrouvait de force que pour ses soldats. Il marchait avec eux, mangeait leur pain qu'il aimait pétrir et faire cuire lui-même. Comme il leur accordait des conditions de vie agréables, puisque la troupe vivait le plus souvent maintenant dans les maisons, à la charge des habitants, il était très aimé d'eux, mais peut-être moins des villes où ils stationnaient. Au printemps de l'année suivante [1], il établit sa base à Antioche et se prépara à marcher contre l'Empire parthe affaibli par la division des deux héritiers de Vologèse. Mais ceux-ci évitèrent de lui donner le moindre prétexte, et sans doute sa mère et ses juristes lui conseillèrent-ils d'attendre un bon *casus belli.* Pour tromper son impatience et celle de ses soldats qui espéraient une occasion de pillage, il décida d'aller faire un sacrifice sur la tombe de son héros à Alexandrie. Il annonça son voyage de telle manière que les habitants de cette ville se sentirent honorés, bien qu'ils n'eussent que du mépris pour ce qu'ils savaient de lui. Mais ils étaient légers et curieux, toujours prêts à se réjouir et à se moquer. Ils vinrent à sa rencontre avec des fleurs. Entré dans l'immense cité avec ses légions, il se fit ouvrir le tombeau d'Alexandre que son père avait fermé et il y déposa son paludamentum et son anneau d'or. Puis il alla sacrifier des héca-

1. Mai 215 ap. J.-C.

tombes de victimes au temple de Sérapis qui était, en Égypte, la divinité supérieure à toutes les autres et même, dans son esprit, à celles de Rome. Cependant ses *frumentarii* lui rapportaient les plaisanteries que les Alexandrins faisaient à son propos, et les allusions à son fratricide et à son inceste. Œdipe ou Étéocle étaient ses surnoms et Clytemnestre ou Jocaste ceux de sa mère. Il invita les notables de la ville à un banquet, mais au lieu de venir en personne, il y envoya les soldats pour les assassiner. Puis, monté sur les terrasses du temple de Sérapis, il contempla le massacre qu'ils firent de tous ceux qu'ils virent dans les rues, sans compter les habitants des riches demeures livrées au pillage. Des marchands étrangers de passage et même des gens de la suite de l'Empereur furent égorgés dans le nombre, si bien que pour éviter une épidémie on les brûla indistinctement dans des tas énormes. La plus grande partie de la jeunesse d'Alexandrie périt ainsi. « Je ne peux vous en dire la quantité, écrivit Caracalla au Sénat. De toute façon, tout le monde est coupable de sédition dans cette ville. »

Il jugea que son honneur était lavé et revint à Antioche. Là, il apprit que le préfet Theocritus qu'il avait envoyé conquérir l'Arménie avait été anéanti avec ses légions. Theocritus était dénué de compétences militaires. C'était un esclave qu'il avait eu comme maître à danser, puis qui était fort entré dans son intimité et jusqu'au gouvernement. Pour ne pas risquer une défaite si humiliante avec le royaume d'Osrhoène dont il fallait toujours s'assurer avant d'entrer en Parthie, il écrivit amicalement au roi Abgar qui régnait à Édesse pour qu'il vînt avec sa famille à Antioche où de grandes fêtes l'attendaient. Quand ils arrivèrent, il les jeta en prison et annexa leur État. Puis il expédia les courriers les plus aimables avec de splendides cadeaux à Artaban, le Roi des Rois, en le priant de lui accorder la main de sa fille. Les gens sensés pensent que c'était là le *casus belli* qu'il cherchait car il pouvait bien se douter qu'Artaban refuserait sa proposition. Mais je suis persuadé qu'il voulait suivre là encore l'exemple d'Alexandre qui avait épousé Roxane. D'ailleurs il évoquait la perspective d'une union dynastique qui mettrait fin à la rivalité des deux Empires et aboutirait à l'unité du monde sous une seule domination.

VII. Pour avoir gouverné en Orient, je sais combien il est malaisé de distinguer là-bas le rêve de la réalité, la sincérité de la ruse. Julia Domna était une Syrienne ouverte à toutes les influences et, avec son entourage de philosophes et de poètes, elle cultivait les idées syncrétiques les plus étranges. Il n'est pas impossible que la fille du grand prêtre d'Émèse ait imaginé de réunir l'Orient et l'Occident sous le dieu Baal. Caracalla, lui, pensait à Anubis, mais avec sa mère et ses tantes, influencés comme ils l'étaient par la doctrine du célèbre mage Apollonius de Tyane (qui vivait sous Domitien mais qu'on disait immortel), ils avaient conçu un panthéon où toutes les croyances allaient ensemble. Dans l'esprit dérangé de l'Empereur il n'y avait plus de différences entre les Dieux ni entre les peuples, sauf qu'il était, lui, supérieur à tous. Artaban ne partagea pas cette folie, et bien que Caracalla lui représentât la puissance d'un seul Empire réunissant dans une seule armée l'infanterie de l'un, la cavalerie de l'autre, et dans un seul marché les fabriques de l'Occident et les épices de l'Orient, il refusa très civilement la main de sa fille, disant qu'il n'était pas sage d'unir des êtres qui n'avaient pas les mêmes coutumes et ne parlaient pas la même langue. On peut présumer que les prêtres de Mazda qui s'apprêtaient à renverser sa dynastie n'eussent pas permis ce sacrilège.

Alors Caracalla fonça sur la Perse avec ses légions et, une fois de plus, le grand Roi s'enfuit dans ses forteresses d'Asie, laissant les Romains ravager ce qu'il n'avait pas lui-même brûlé de son pays derrière lui. Nos légions ne virent jamais l'ennemi. Elles ne conquirent que les tombeaux des rois perses dont elles dispersèrent les ossements dans le désert. Puis Caracalla revint à Édesse où il avait ses quartiers d'hiver[1]. Là, il prépara une nouvelle campagne contre Artaban qui, de son côté, regroupait ses forces. Mais beaucoup d'officiers commençaient à s'inquiéter de cette politique incohérente et pensèrent se défaire de lui, attendant une occasion. Il y avait deux préfets du prétoire, l'un, un vieux général sans qualités, Adventus, l'autre, un homme habile en administration, Macrin. Ce dernier était un Maure

1. Fin 216 ap. J.-C.

d'origine obscure qui portait des boucles d'oreilles et qui s'était élevé par la pratique du droit. Je ne sais comment il en vint à penser à l'Empire, ou même s'il y pensa sérieusement, mais c'est un fait que des oracles le lui promettant circulaient à Rome. Le bruit en venait de plus loin, d'Afrique où Macrin était né et où l'on pratiquait la magie. Il arriva à la connaissance de Materianus, préfet de la Ville que Caracalla avait laissé derrière lui pour l'informer de tout. Materianus écrivit donc ce qu'il savait et mit le rapport dans le courrier impérial qui, d'ordinaire, était ouvert à Antioche par Julia Domna. Mais, cette fois-ci il parvint directement à Caracalla alors qu'il s'amusait à conduire un char de course. Ne voulant pas s'interrompre, il dit à Macrin de lire lui-même les dépêches et de lui réserver les plus importantes. Or le préfet du prétoire venait justement de recevoir une lettre de Rome d'un ami qui le mettait en garde, et il était d'autant plus vigilant qu'un certain Sérapion, astrologue égyptien, avait révélé peu avant à l'Empereur que ses jours étaient comptés. Quand il lut le rapport de Materianus, il décida de passer à l'action.

Il savait que plusieurs sous-officiers de la garde nourrissaient une mortelle rancune contre l'Empereur qui avait soit refusé leur avancement, soit tué un de leurs parents. L'un d'eux, surtout, nommé Martialis, était souvent de l'escorte du Prince et promit à Macrin de saisir la plus proche occasion. Un jour que Caracalla résolut d'aller demander une faveur à la déesse de la Lune dans son temple, à quelque distance de Carrhes, il partit avec sa garde [1]. En route, il descendit de cheval pour uriner. Comme il s'était un peu isolé, Martialis en profita pour aller le poignarder dans le dos, et s'enfuit. Mais il fut rejoint et tué par de plus fidèles que lui. Cependant des officiers achevèrent Caracalla. Comme Martialis ne risquait plus de parler, Macrin, qui arriva aussitôt, put prendre l'air le plus étonné et le plus indigné. Il fit brûler le corps et envoya les cendres à Julia. Puis chacun resta dans l'expectative.

1. Avril 217 ap. J.-C.

VIII. Caracalla vécut vingt-neuf ans et régna seul six ans et deux mois. Les signes qui annoncèrent sa fin, outre la prophétie de Sérapion, furent ceux-ci : il avait écrit au Sénat peu de jours avant pour qu'on cesse de lui souhaiter de vivre cent ans, comme s'il craignait qu'on fixât un terme, fût-il invraisemblable, à son existence. Un jeune lion qui vivait dans son intimité et couchait sur son lit sans jamais être menaçant, l'attaqua tout à coup et déchira sa robe. Il était très susceptible. Il fit condamner à mort ceux qui se soulageaient près d'une de ses statues, et même un jeune homme qui avait payé dans un bordel avec une monnaie à son effigie. Quand il était au Sénat, les prétoriens occupaient les travées entre les sièges. Lui n'était respectueux qu'envers sa mère, mais elle se garda de lui dicter ou de censurer ouvertement sa conduite. Il n'était pas jaloux qu'elle fût plus intelligente et plus cultivée que lui, car il ne mettait d'orgueil qu'à être le plus rude et le plus proche du simple soldat. Il n'avait d'ailleurs de honte à rien puisqu'il se considérait comme un dieu. Ses préoccupations mystiques étaient sincères, et il faut y chercher l'explication de beaucoup d'actes de sa vie qui, sans cela, eussent été ceux d'un être démentiel. Or il ne manquait pas d'une certaine logique qui lui était propre. En somme, il était un peu, au physique comme au moral, la caricature de son père.

IX. On ne peut dire quelle part il prit dans l'abondante législation de son règne, car elle continue l'œuvre de Septime Sévère, et Julia Domna avec les disciples de Papinien en sont sans doute les principaux auteurs. L'édit qui fut pris en son nom un an après son avènement [1] et qui donna d'un seul coup la citoyenneté romaine à tous les habitants de l'Empire est cependant bien dans sa manière. Sans doute cette mesure plaisait-elle aux juristes parce qu'elle étendait considérablement l'assiette de l'impôt. Mais elle allait aussi dans le sens du nivellement que favorisait Caracalla pour abaisser les élites qui ne

1. *Édit de Caracalla*, 212 ap. J.-C.

l'aimaient pas, notamment les Romains et les Italiens, et de plus elle subordonnait égalitairement tous les hommes au culte de sa divinité.

D'ailleurs, elle n'a pas produit à ce jour les conséquences considérables que les uns craignaient et les autres espéraient. Bien plus importantes ont été les mesures qui touchaient à la dévalorisation de la monnaie et à l'accroissement des prestations qui ont pesé sur les particuliers pour l'entretien des soldats. Sévère avait créé trois nouvelles légions Parthica et augmenté le nombre des prétoriens. Si l'on y ajoute les distributions exceptionnelles exigées par les troupes pour prix de leur loyauté, on comprend qu'il fallait lever beaucoup d'impôts et décréter beaucoup de confiscations. On enfla donc la police et les corps de contrôleurs, qui se mirent à opprimer les riches. Dès lors, ceux-ci furent par nécessité moins généreux avec les pauvres qui devinrent plus démunis que jamais. J'ai observé tous ces maux chez les clients de notre famille, à la campagne et dans les provinces que j'ai gouvernées. En revanche, je vois le nombre des fonctionnaires s'accroître sans cesse et partout les chevaliers prendre la place des fils de sénateurs. Heureux encore quand ce ne sont pas des aventuriers africains et syriens.

Caracalla ne voulut pas être inférieur à son père en constructions. Bien qu'il fût sobre pour son ordinaire, il éleva pour le peuple, ou plutôt pour sa gloire, des monuments somptueux. Il y a beaucoup de thermes à Rome et en suffisance pour le peuple. Mais il en fit édifier de plus luxueux que tous ses prédécesseurs, on les voit de partout sur la hauteur de l'Aventin. Il avait coutume de dire : « Tout l'argent est à moi », et quand sa mère lui reprochait ses dépenses, il lui répondait en montrant son glaive : « Ne t'inquiète pas, celui-ci n'est pas là pour rien. » Quand j'appris sa mort, dans la province d'Asie que je gouvernais alors, je respirai comme Tacite après le meurtre de Domitien. Mais j'étais incertain parce que nous ne savions pas encore que Macrin en était l'instrument. Nous vîmes d'ailleurs bientôt que Macrin n'était pas Nerva.

X.

MACRIN

I. Macrin n'avait pas fait assassiner Caracalla pour lui prendre l'Empire, mais pour éviter d'être tué le premier. Il était d'une origine trop modeste pour briguer la pourpre que ni le Sénat ni l'armée n'avaient jamais pensé lui proposer. Et ses prétoriens, s'ils eussent soupçonné son rôle dans le crime, l'eussent sur-le-champ mis en pièces. Cependant les choses tournèrent si en sa faveur que les soldats, après avoir beaucoup pleuré, s'inquiétèrent au bout de quatre jours[1] de ne plus avoir d'Imperator, situation dont les officiers complices de Macrin tirèrent parti pour suggérer qu'on acclamât un des deux préfets du prétoire afin de mener l'armée contre Artaban qui s'avançait maintenant avec des forces considérables. Le plus âgé des deux était Adventus, un général plus fruste encore que Macrin et très débilité. Pourtant on lui apporta l'offre d'abord, mais comme on s'y attendait, il refusa. Macrin, lui, fit beaucoup d'embarras, suivant la coutume, mais finit par consentir à revêtir la pourpre. Il fit un discours habile aux soldats, disant qu'il comprenait et partageait leur douleur d'avoir perdu un chef si glorieux et si proche d'eux à la fois, mais qu'il fallait surmonter ce coup du sort et s'apprêter à arrêter le Parthe qui venait leur faire payer la déloyauté de ce chef. Car il avait trahi le pacte de paix. Il leur appartenait de montrer maintenant que Rome peut vaincre et ne pas manquer à sa parole. L'armée sensible à ce

1. 11 avril 217 ap. J.-C.

discours acclama Macrin, et se prépara à le suivre contre Artaban.

Il voulut cependant avoir la consécration du Sénat et il lui écrivit une lettre pleine de bons sentiments qu'il signa comme empereur bien qu'il y demandât la permission de l'être. Il disait notamment : « Je ne suis pas né dans votre classe, mais que vous a rapporté d'en voir sortir un Commode ? Je ne suis pas un héritier de droit divin, mais n'avez-vous pas assez souffert que Caracalla le fût ? Si vous me donnez les honneurs, je vous rendrai la modération. Je ne ferai rien sans votre conseil », etc. Les sénateurs surmontèrent leur premier dégoût, et lui accordèrent avec un lâche soulagement tout à la fois le rang sénatorial, le principat, la puissance tribunitienne, proconsulaire, le grand pontificat, le titre d'Auguste et de Père de la Patrie. Puis ils se laissèrent aller à injurier le nom de Caracalla et s'en prirent à ses images. Mais ils n'allèrent pas jusqu'à décréter infâme sa mémoire car les prétoriens restés à Rome ne l'eussent pas toléré. On envoya bien fondre quelques-unes de ses statues, mais le sénateur Aurelianus en fit trop et perdit la vie. Quand les cendres de Caracalla arrivèrent à Rome portées par le médiocre Adventus, on les fit entrer la nuit. Adventus avait été nommé, en paiement de sa renonciation au rang suprême, préfet de la Ville. Mais il fallut d'abord qu'on lui reconstituât d'un seul coup à lui aussi une carrière fictive, car il avait débuté comme mercenaire et était presque illettré.

II. Marcus Opelius Macrin était né cinquante-quatre ans plus tôt à Césarée, en Numidie. J'ai dit qu'il était maure, le premier de cette race qui accédât à l'Empire. Il n'eût jamais pu s'élever s'il n'était entré un jour dans la maison de Plautianus comme intendant. Il profita de l'insolente ascension de cet autre Africain et pâtit de sa disgrâce, mais pas jusqu'à tout perdre car Septime Sévère lui conserva un emploi dans la poste de son pays. Il fut avocat et il fallait qu'il eût du talent pour revenir de si loin dans les faveurs de Caracalla. C'était assurément un bon légiste et un habile administrateur doué d'un caractère affable et modéré. Mais il manquait de majesté naturelle, et celle qu'il affecta ne fut pas à son avantage. Il se montra avec des habits d'un luxe voyant, il portait une résille d'or sur ses cheveux, frisés comme sa barbe. Il prit un ton de voix si calme qu'il en devenait inaudible, et cela pour imiter Marc Aurèle. Il avait épousé Marcia Celsa et avait d'elle un fils âgé alors de dix ans, Diadumedus. On ne sut jamais s'il était homme de guerre et courageux, car les événements allèrent trop vite. Mais on connut bientôt les limites de son caractère et de sa lucidité.

III. A Antioche, Julia Domna avait appris la mort de son fils et reçu ses cendres avec une douleur affreuse à voir. Elle déchira ses vêtements et se frappa violemment la poitrine comme pour précipiter les progrès du cancer aux seins dont elle souffrait. Elle proféra les pires malédictions contre Macrin qui, en ôtant la vie (ce dont elle le soupçonnait) au dernier des trois empereurs qu'elle avait inspirés, lui ôtait en même temps sa principale raison de vivre. On ne saurait dire si cette femme avait aimé son mari et ses enfants plus que le pouvoir qu'elle avait exercé à travers eux. Il fallait qu'elle fût exceptionnellement intelligente et forte pour ne s'être jamais comportée abusivement, mais au contraire pour avoir laissé le crédit de tout à ces ambitieux irascibles qu'elle conseillait avec sagesse. Sauf sous Plautianus, elle joua un rôle très actif derrière le paravent de son cénacle intellectuel où elle réunissait les écrivains et les mages les plus célèbres de l'époque. En échange, son mari et ses fils ne lui ménagèrent aucun des honneurs auxquels avait droit une impératrice.

Or elle ne put supporter de perdre les titres d'Augusta, de Mère des camps, de la Patrie, en même temps que sa garde prétorienne personnelle. On crut qu'elle allait mourir, mais une lettre de Macrin arriva opportunément pour lui rendre goût à la vie, car le nouvel empereur, soucieux d'écarter les soupçons, lui annonçait qu'il la confirmait dans tous ses privilèges. Elle n'eut alors de cesse qu'il perdît le pouvoir usurpé et elle intrigua sans pudeur contre lui. Du coup il lui retira tout et lui ordonna de quitter Antioche. Elle ne lui obéit pas et préféra hâter sa mort en refusant de prendre la moindre nourriture. Mais sa dynastie ne s'éteignit pas avec elle, car elle avait une sœur, Julia Maesa, qui ne lui cédait en rien pour les dons et l'ambition, et qui s'était constitué une fortune immense. Cette autre fille du grand prêtre d'Émèse avait été mariée à un consulaire, Julius Avitus Alexianus, originaire d'Émèse lui aussi. Il fut mon prédécesseur au proconsulat d'Asie, comme je le raconterai plus loin, puis mourut au cours d'une mission à Chypre. Il laissait deux filles, Julia Soaemias Bassiana et Julia Avita Mammaea. La première avait eu d'un sénateur syrien Sextus Varius Marcellus, mort à l'époque dont je parle, un fils qui portait le nom de son ancêtre Bassianus. Ces femmes qui ne se consolaient pas d'être éloignées des fastes de la cour impériale, vivaient maintenant à Émèse sous la protection de Baal dont le jeune Bassianus, âgé de quatorze ans, était le grand prêtre.

IV. Macrin affectait de respecter toujours leur famille et de ne pas se soucier de leurs intrigues. Il avait une première tâche plus urgente qui était d'arrêter l'avance d'Artaban qui avait rassemblé derrière le Tigre les armées qu'enfin les chefs de province consentaient à lui fournir, comme chaque fois que les Parthes se sentaient outragés. Ces armées dont l'infanterie était levée parmi les paysans étaient saisonnières et se débandaient vite, aussi Macrin qui n'était pas assuré de ses talents militaires ni de la loyauté de ses soldats essaya-t-il de gagner du temps. Tout en se mettant en marche, il écrivit à Artaban qu'il n'était en rien responsable des agressions de Caracalla, qu'il était prêt à rendre les prisonniers. Mais le Parthe qui tenait ses troupes répondit par les plus dures exigences : les Romains devaient rebâtir les citadelles et relever les villes qu'ils avaient détruites, évacuer la Mésopotamie et payer une indemnité pour l'affront fait aux mânes des ancêtres du Grand Roi. Puis il traversa le Tigre, les Romains ayant déjà franchi l'Euphrate. Les armées s'approchèrent aux environs de Nisibe. La saison d'été rendait la recherche de l'eau très nécessaire et c'est ainsi que les armées en vinrent aux mains pour la conquête d'une source. Chacune connaissait bien maintenant la stratégie de l'autre, et les Romains tâchaient de ne pas se laisser envelopper par la cavalerie adverse et se gardaient de poursuivre les archers qui simulaient la fuite. On vit même qu'ils usèrent de cette tactique spéciale aux Parthes pour les attirer dans des sables où étaient cachés des instruments coupants qui blessaient les pieds des chevaux et des chameaux. Une fois par terre, les fameux lanceurs de flèches et de piques ne valaient plus rien.

Cependant les combats demeurèrent confus trois jours durant et l'avantage passait d'un camp à l'autre. Contrairement à l'attente des Romains, les Parthes ne se découragèrent pas cette fois-ci, car Artaban voyait bien qu'il avait affaire à un homme irrésolu. En effet, Macrin lui fit de nouvelles offres de paix où il reconnaissait les torts de son prédécesseur et promettait une indemnité. Le Parthe qui était non moins fatigué que lui se déclara satisfait de cette réparation de son honneur et de ses biens. Les prétoriens et les légionnaires, quoiqu'ils fussent secrètement soulagés, repartirent humiliés et mécontents de voir tant d'or dont ils étaient avides s'en aller chez l'ennemi héréditaire. De plus, Macrin avait jugé bon de réduire à un niveau normal les soldes gonflées par Caracalla. Sans doute avait-il limité cette mesure aux nouvelles recrues, mais cela ne fit le bonheur d'aucun, les uns se sentant défavorisés, les autres craignant de subir à leur tour la même défaveur. Pourtant Macrin ne manquait pas de bon sens ni de courage dans la gestion du domaine public qui était son affaire.

Rentré à Antioche, il prit quelques sages mesures, comme de ramener à un vingtième les droits de succession doublés par Caracalla et il annula beaucoup de pensions que ce dernier avait abusivement distribuées à des gens indignes. Il punit ceux qui avaient dénoncé par vengeance ou cupidité leurs proches ou leurs concitoyens, mais si les esclaves furent livrés au dernier supplice, les gens de qualité, car on en trouva beaucoup et dans le nombre des femmes de familles clarissimes, ne furent pas mis à mort. On prétendit que Caracalla, pour favoriser la délation, retournait à leurs auteurs, après en avoir pris note, les billets secrets où ils mettaient en cause leurs parents ou leurs amis. Ainsi on put en innocenter, faute de preuves, et Rome ne fut pas trop troublée. Les prétoriens eurent satisfaction, parce que le Sénat se laissa persuader de diviniser Caracalla, mais en même temps l'affaire des poisons trouvés au Palatin mit beaucoup de colère dans les esprits et on n'appelait plus l'ancien empereur que Tarentus, du nom d'un gladiateur célèbre pour sa laideur et sa bestialité. Toutes ces choses, je les ai vécues de très près, comme je vais le raconter maintenant.

V. Je n'étais pas demeuré plus de trois ans dans ma villa de Campanie, bien que j'eusse pris mes dispositions pour y attendre patiemment que les orages politiques se fussent un peu éloignés. Cependant il n'y avait pas encore d'espérance de changement quand vint le temps pour moi de prétendre à rentrer dans le service actif, c'est-à-dire le proconsulat, et l'on me fit dire que mon abstention pourrait être interprétée comme une réserve à l'égard de l'Empereur, d'autant que je passais pour avoir été un bon lieutenant de son père. En réalité, je sus que le conseil venait de Macrin qui cherchait déjà à s'assurer des soutiens parmi les sénateurs les moins suspects aux yeux de Caracalla. En d'autres termes, je risquais d'être mal vu si je différais ma candidature à une grande province. J'allai donc au Sénat lors de la séance solennelle du tirage au sort et ce fut l'Afrique qui m'échut, l'Asie ayant été tirée de l'urne par Julius Avitus Alexianus, beau-frère de l'Empereur. Généralement l'Afrique n'est pas le choix estimé le meilleur, mais je me persuadai qu'il m'était sans doute envoyé par la Bonne Fortune, en quoi je ne me trompais pas. Car je voguais vers l'ouest sur la frégate du commandant de la flotte frumentaire au moment même où Caracalla s'ébranlait vers l'est avec son lourd appareil militaire et civil, écrasant beaucoup de destins sur son passage.

Il n'est pas dans mon projet de m'étendre ici sur ce que furent ces deux années passées dans la vieille et riche province sénatoriale fondée sur les ruines de Carthage. Je dirai seulement que ce furent les plus heureuses de ma vie parce que enfin je me sentais loin de ces régions, de ces villes et de ces routes où régnait la peur, de Rome jusqu'à Antioche et à Alexandrie. Cette peur n'était pas celle du barbare que je n'ai jamais craint, mais celle du concitoyen, du voisin, de l'autre Romain qui, lui-même apeuré, devient quelquefois capable des pires infamies. Certes, à Carthage tout n'était pas pur et civilisé dans les mœurs. Je trouvais des dossiers pleins d'affaires de corruption, de brigandage et de sédition. Les cicatrices de la répression sanglante menée contre les partisans d'Albinus, vingt ans plus tôt, n'étaient pas encore fermées. J'eus à connaître les suites d'un procès plus récent qui avait passionné l'opinion, celui de la fille d'un notable romain, Perpetuus, qui s'était engagée dans la secte chrétienne et qu'aucune torture ne put faire se rétracter, ni la vue de sa famille éplorée et de son nouveau-né. Le procurateur Hilarianus, qui gouvernait par intérim, ne put que la livrer aux bêtes, en même temps que d'autres de ces candidats au suicide, à l'occasion des fêtes de l'anniversaire de Geta. Mon prédécesseur Scapula avait entrepris avec un zèle excessif de poursuivre les membres avoués de la secte en se basant sur des instructions peu claires de Septime Sévère. Je laissai dormir les dossiers en cours, bien qu'ils fussent fondés sur des dénonciations précises, et bien qu'un rhéteur excité, du nom de Tertullien, fît l'apologie de cette philosophie séditieuse. Mais j'estimai que le temps de l'apaisement était venu et que les gens de cette province eussent été fous d'attirer sur eux l'attention de Caracalla qui était occupé à sévir ailleurs.

La Proconsulaire ne s'étend guère plus loin qu'Hippo Regina et Madaure à l'ouest, mais elle se prolonge à l'est jusqu'à Leptis Magna, Cyrène et la frontière d'Égypte. On y dénombre plus de deux cents villes, toutes belles et riches, et Carthage compte trois cent mille habitants. Des siècles de cultures et de colonisations diverses s'étaient accumulés sur la terre d'Afrique. J'y retrouvai avec émotion les traces de mon père le procurateur, et cela m'aidait à comprendre les difficultés de la tâche qu'exécutait son successeur à mes côtés. Avais-je plus de mérite à accomplir bien la mienne au niveau supérieur d'autorité où il m'avait permis d'accéder, je sais maintenant que non. Le procurateur qui doit veiller à ce que deux cents villes ne s'endettent pas par leurs surenchères de somptuosités, et ne soient pas ruinées par les nouvelles taxes et les prestations en nature imposées depuis Sévère, ce modeste fonctionnaire a autant de mérite à rester équitable que d'excuse à se conduire brutalement. Pour moi, je n'avais qu'à rendre une justice sereine avec mes trois légats assesseurs. Paradoxalement, je ne disposais que de deux cohortes pour maintenir l'ordre parmi deux millions d'administrés, alors que dans un rang inférieur j'avais eu à commander jusqu'à trois légions à la fois, ce qui était d'ailleurs le cas du gouverneur prétorien de la Numidie voisine qui avait sous ses ordres la puissante IIIe Augusta, avec ses auxiliaires maures, soit vingt-sept mille hommes. Ainsi l'avaient voulu les derniers empereurs qui voyaient dans tous les proconsuls des usurpateurs possibles.

VI. Je m'étais attaché à cette population chaleureuse, beaucoup plus saine que la romaine et moins superficielle que l'orientale. Il semblait que son heure fût arrivée, après qu'on l'eut exploitée et dédaignée trop longtemps. Elle venait de produire des Fronto, des Apulée et dans un autre ordre d'idées, des Salvius Julianus. Je ne dirai pas qu'elle eut à se réjouir d'avoir vu sortir d'elle des Septime Sévère, des Albinus et des Macrin. Mais du moins ramenèrent-ils sur elle l'intérêt. Je dus malheureusement la quitter avant la fin de la deuxième année selon la règle qui limite, toujours par méfiance, les fonctions proconsulaires. J'étais appelé à remplacer Julius Avitus à Éphèse. C'était le poste sénatorial le plus prestigieux car la province d'Asie était chargée de légendes et de richesses culturelles, sans compter les matérielles. On pouvait en revenir opulent, mais les gouverneurs les plus âpres avaient appris à se méfier des avocats redoutables que les cités d'Ionie produisaient comme d'autres fabriquent des armes. Milet, Éphèse, Smyrne, Pergame élevaient des statues à Polemo, Aelius Aristide, Hérode Atticus, qui plaidaient si bien leur cause auprès des empereurs cultivés. Leurs écoles de médecine, ou de sculpture, faisaient autorité dans tout l'Empire. Je n'ai jamais vu une telle concentration du goût et du talent, ni tant de villes éblouissantes si proches les unes des autres. D'où une intense rivalité que le proconsul doit arbitrer. Il n'y est accepté qu'avec condescendance, Antonin le Pieux, un de mes illustres prédécesseurs, l'avait appris à ses dépens, comme je l'ai raconté dans la vie de cet empereur.

Aussi comprendra-t-on sans peine que cette population de culture très ancienne n'apprécia pas l'arrivée de Caracalla avec ses phalanges de Macédoniens et ses gardes à moitié barbares. Il alla se ridiculiser sur les ruines de Troie. C'est miracle qu'il n'y portât pas la dévastation comme il le fit un peu plus tard à Alexandrie. Avitus, son oncle, était beaucoup mieux préparé que moi à souffrir son caractère furieux, et j'appris avec soulagement avant de quitter Carthage qu'il était parti pour sa Syrie natale sans esprit de retour. Mais je ne m'attendais pas pour autant à une tâche facile parce que je ne pouvais éviter qu'on me reçût là-bas comme l'envoyé d'un empereur détesté, ni que l'on se souvînt que j'avais fait tomber Byzance. Là encore, les traces de la guerre civile n'étaient pas effacées et je pouvais deviner partout des partisans inavoués de Niger qui avaient survécu. Je ne fus donc pas heureux comme j'eusse pu l'être, et Antioche était encore trop près à mon goût. Macrin avait compris ma situation et j'eus plusieurs fois la preuve qu'il m'aidait secrètement.

VII. Quand il fut revenu de sa campagne sans gloire contre les Parthes, Macrin s'installa au Palais d'Antioche comme s'il eût été l'empereur d'Orient, avec les vêtements des anciens despotes et une coiffure à diadème. Il vivait au milieu d'une cour ridicule car il n'avait pu trouver que des gens médiocres, ou bien il ne supportait pas la présence d'hommes capables qui lui eussent été supérieurs en quelque chose. Le meilleur des fonctionnaires peut faire un piètre empereur, et on eût dit qu'il avait pris lui-même la mesure de ses limites. Je ne suis pas sûr qu'il s'enfonçât dans une vie insouciante et voluptueuse comme certains l'ont prétendu, et je pense plutôt qu'il avait perdu le contrôle des événements et cherchait seulement à sauver les apparences. Il ne savait plus s'il devait demeurer ici au milieu des prétoriens et des légions qui le respectaient à proportion de ce qu'il les payait (et l'on a vu qu'il les payait moins), ou bien s'il devait aller à Rome pour faire confirmer son pouvoir par le peuple et le Sénat. Mais il risquait, en chemin, de perdre le peu d'autorité qu'il avait acquis ici par les fêtes dont il régalait la population, sans avoir eu le temps de gagner celle qui s'acquiert au Cirque et au Capitole. Aussi ne bougea-t-il pas d'Antioche, tandis qu'à Rome les citoyens commençaient à se poser des questions et à s'impatienter. « Nous n'avons plus vu l'Empereur depuis quatre ans, criaient les spectateurs au Cirque. Jupiter, Jupiter, aie pitié de nous. Donne-nous un maître. »

Macrin était informé de tout cela, mais il laissait passer le temps sans rien faire de bon, sauf qu'il crut habile de donner à son fils Diadumedus, âgé de dix ans, le nom d'Antonin qui rappelait aux soldats le souvenir de Caracalla. Ils en parurent très heureux, surtout du *donativum* qu'il leur fit à cette occasion. Mais quand il voulut éteindre quelque sédition et punir les coupables, on commença à murmurer qu'il avait organisé le meurtre de Caracalla. Ce bruit était encouragé par les princesses qui demeuraient à Émèse et qui voyaient que la conjoncture se retournait en leur faveur. Les soldats qui tenaient garnison à Émèse et Apamée avaient coutume en effet de venir au temple de Baal pour assister aux spectacles sacrés dont la réputation s'étendait très loin. Là, ils voyaient danser magnifiquement le grand prêtre du Dieu qui n'était autre que le jeune Avitus Bassianus, fils de Soaemias, petit-fils de Julia Maesa et neveu de Caracalla auquel il ressemblait (car cet empereur avait eu de la grâce dans sa prime jeunesse, s'il s'en était défait au cours des années). Bassianus était vêtu d'une longue robe de pourpre rehaussée d'or, avec de larges pantalons qui étaient pris dans des bottes dorées. Au son des tambourins et des flûtes, il mimait la course du Soleil, Élagabal son Dieu, tournant autour de la pierre noire conique qui était tombée du ciel. Comme cette pierre figurait le phallus du Dieu, elle était révérée par tous les peuples d'Orient et principalement par les soldats, jusque par les Européens qui croyaient assister au culte d'Apollon ou de Bacchus.

Constatant cet engouement, Julia Maesa imagina de faire circuler le bruit que Bassianus était le fils de Caracalla et non d'Avitus. Ce dernier n'étant plus là pour protester, et Soaemias ne voyant aucune difficulté à ce qu'on dît qu'elle avait couché avec son oncle Caracalla, la nouvelle se répandit que l'héritier naturel de l'Empire était à Émèse. Un nombre toujours plus grand de soldats y vint hors du service et même des déserteurs se présentèrent à Julia Maesa qui fit d'immenses libéralités. Macrin ne pouvait ignorer ce mouvement, mais il croyait avoir paré à tout en nommant César son fils Diadumedus et il annonça d'ailleurs qu'il allait l'associer à l'Empire. Diadumedus avait dix ans et les soldats ne le connaissaient pas, tandis que Bassianus, à quatorze ans, se montrait à eux déjà dans la pourpre avec une couronne d'or et de diamants. Ils convinrent entre eux que celui-ci était bien le chef qui leur rendrait l'honneur et les profits. Ils proposèrent à sa mère et à sa grand-mère de le faire entrer avec elles au camp, ce qu'elles acceptèrent d'autant plus volontiers qu'elles étaient à l'origine de la conspiration. La chose se passa dans la nuit du 15 mai, sous la conduite de l'affranchi Eutychianus et du précepteur Gannys. On fit entrer toutes les troupes et toutes les subsistances que l'on put, et l'on ferma les portes. Le lendemain matin, Bassianus fut revêtu du paludamentum et acclamé empereur.

VIII. Pendant que ces choses se passaient à Émèse, j'étais à Rome où j'exerçais les fonctions de préfet de la Ville au nom de Macrin. Celui-ci, en effet, s'était convaincu après quelques mois qu'Adventus n'avait aucune qualité pour ce poste qui était certes plus important que ceux des consuls, car le préfet avait la responsabilité suprême de la police et de l'approvisionnement de Rome. J'étais en fait le bras de l'Empereur en Italie. De mes bureaux sur l'Esquilin je pouvais voir, de l'autre côté du Forum, le Palatin vidé depuis cinq ans de sa puissance. L'essentiel en était au bout du monde. Ce qui en restait à Rome était chez moi. Cette situation ne durerait pas longtemps, je le savais, mais en attendant le meilleur ou le pire, je maintenais les apparences de la souveraineté sur les provinces d'Occident. Elles n'avaient pas eu le temps de voir qu'elles étaient abandonnées à elles-mêmes. Le peuple de Rome ne demandait que du blé et des courses et je lui en donnai. Une fois encore le Destin m'avait éloigné de la scène où les ambitieux et les irresponsables se préparaient à mettre en jeu leur vie et celles de leurs partisans. Mais l'orage ne manquerait pas de revenir un jour sur Rome. Nous comprîmes que ce jour était proche lorsque, au printemps, et presque au même moment où Émèse s'enflammait pour Bassianus, la foudre tomba sur le Colisée et y brûla tout ce qui servait aux plaisirs des Romains et qu'on mit plusieurs années à reconstruire.

IX. Quand Macrin apprit la proclamation de Bassianus, soi-disant fils d'Antonin Caracalla, il affecta de n'en être pas ému, méprisant ces intrigues de femmes. Cependant il fit aussitôt élever Diadumedus au rang d'Auguste, si bien qu'il y en eut deux à la fois d'âge tendre et qui prétendaient porter le nom d'Antonin. Puis il envoya le préfet du prétoire, Julianus, à la tête d'unités maures qui demeuraient fidèles à sa race attaquer le camp des rebelles. Julianus enfonça quelques défenses mais au lieu de donner l'ordre d'assaut général, il arrêta les combats à la nuit, craignant sans doute de s'aventurer dans une place forte sans rien voir. Mais le lendemain matin, toutes les brèches étaient réparées et il put d'autant moins reprendre l'avantage que beaucoup de ses soldats désertaient à l'appel de ceux qui, du haut des murailles, leur criaient qu'ils avaient un empereur légitime et détenteur de grands trésors. Ce fut la débandade lorsque Bassianus Antonin se montra lui-même dans toute la splendeur de la pourpre, et aux côtés de grandes images de Caracalla pour qu'on vît combien il lui ressemblait. Les officiers de Macrin qui avaient peu de chances d'être pardonnés comme leurs soldats à qui on promettait l'amnistie, tentèrent de s'opposer aux désertions, mais ils furent tués. Julianus ne put s'enfuir très loin. On le rattrapa et l'on trancha sa tête.

Cependant Macrin, qui s'était enfin arraché aux délices d'Antioche, attendait les nouvelles de la bataille à Apamée où était stationnée la légion Parthica. On vit arriver un cavalier qui apportait triomphalement un paquet contenant, disait-il, la tête de Bassianus, mais l'homme était déjà reparti lorsqu'on en sortit la tête de Julianus. Macrin ne releva pas aussitôt l'insulte car il voyait bien que les légionnaires désertaient en nombre, et il n'avait plus confiance que dans les prétoriens. Il revint à Antioche et écrivit au Sénat une lettre où il parlait d'Élagabal comme d'un enfant débile, et demandait sa mise hors la loi, avec tous les siens. Le Sénat, comme d'habitude, acquiesça. Je reçus aussi une lettre de sa main où il se montrait fort découragé, disant qu'on ne pouvait plus satisfaire les exigences croissantes des soldats, et qu'il ne répondait plus de rien. En vérité, quand je reçus cette lettre, il était déjà mort.

En effet, il n'eut pas à prendre d'initiative car c'est l'armée d'Émèse qui marcha contre Antioche le 8 du mois de juin[1]. Il sortit alors à la tête de ses prétoriens et les deux armées se firent face dans un bourg nommé Immae, distant de trente kilomètres d'Antioche, à la limite de la Syrie et de la Phénicie. Celle d'Émèse était conduite par Gannys qui n'était qu'un domestique de la maison de Bassianus. Le jeune empereur suivait dans un carrosse avec sa mère et sa grand-mère. Tous étaient inexpérimentés mais farouchement décidés à reprendre le pouvoir qui était leur seule raison de vivre. Gannys montra quelque intelligence dans la disposition de ses troupes à travers les rues du village où il avait pris pied avant Macrin, mais ce dernier, grâce à l'expérience des prétoriens, le délogea et donna la chasse à ceux d'Émèse. C'est alors que les princesses mirent leur carrosse en travers de la route et descendirent en poussant des cris pour arrêter les fugitifs, tandis que Bassianus sautait sur un cheval et levait l'étendard de Caracalla. Non seulement le courage revint dans leur camp, mais on vit des soldats de Macrin répondre à l'appel de Maesa qui promettait de l'or et des grades élevés. Voyant que les choses tournaient mal pour lui, Macrin s'enfuit avec quelques proches sans qu'on y prît

1. 8 juin 218 ap. J.-C.

garde d'abord. Mais quand l'absence de son étendard fut remarquée, tous les prétoriens se rendirent.

Macrin rentra à Antioche en prétendant qu'il avait gagné. Mais, la nuit tombée, il se rasa la barbe et les cheveux, prit des vêtements et un chapeau ordinaires et partit avec quelques fidèles pour passer en Europe et rejoindre Rome où il espérait exciter le Sénat et le peuple contre le fils de Caracalla. En même temps, il envoya secrètement son fils chez les Parthes. S'il y fût parvenu, Diadumedus eût été le premier empereur romain à commettre cette trahison que Niger n'avait pas eu le temps de consommer. Macrin parvint aux abords de Nicomédie après avoir traversé incognito la Cilicie, la Cappadoce, la Galatie et la Bithynie, utilisant la poste impériale avec des billets officiels. Il n'entra pas dans la ville et prit un bateau pour Byzance. Mais un vent contraire le fit aborder à Chalcédoine, où il se cacha dans une auberge. Il y fut découvert à cause de ses billets par ceux qui le poursuivaient. On le mit dans une voiture, mais il était malade et il en tomba. On finit par lui couper la tête. Il ne porta donc jamais la pourpre à Rome où il eût dû aller sans tarder faire confirmer sa légitimité. Niger avait commis la même faute mortelle.

XI.

ÉLAGABAL

I. Élagabal est nommé par certains auteurs grecs Héliogabal parce que tel est le nom en Syrie du dieu du Soleil, mais nous devons lui garder la forme sémitique. En vérité, il fut empereur sous le nom de Marcus Aurelius Antoninus et Élagabal ne fut qu'un sobriquet. Mais je le trouvai encore trop beau pour lui. Dans notre intimité, nous l'appelions l'Assyrien, ou Sardanapale, et après sa mort le Tibérin pour les raisons qu'on verra. En vérité, il n'était pas même digne qu'on parlât de lui, surtout dans une histoire des empereurs, et les Dieux me sont témoins pourtant qu'il y en eut de fous et d'inhumains. Mais celui-là était plus et moins que cela, en ce sens qu'il n'était ni un homme ni une femme, plutôt un jeune animal qui se prenait pour une divinité. Cela se vit dès son entrée à Antioche qu'il fit en dansant, le lendemain de sa victoire sur Macrin. Il avait repris ses vêtements de grand prêtre du Soleil qui étaient de soie brodée d'or, avec une tiare sur la tête et le visage fardé, les yeux peints. Cet appareil n'était pas fait pour déplaire aux gens d'Antioche qui aiment toutes les formes de spectacle, et les plus impies. Quelques officiers légionnaires cependant ne trouvèrent pas cet avènement à leur goût et il y eut des troubles dans la IIIe Gallica et la IVe Scythica, et des exécutions de gouverneurs, ceux de Syrie, d'Arabie et de Pannonie. On vit même un cardeur de laine prétendre à l'Empire.

Le danseur était toutefois entouré de gens d'expérience et sa grand-mère veillait à tout, avec Gannys et Eutychianus, cet autre aventurier surnommé Comazon dont je reparlerai. Ils eurent la sagesse d'interdire aux soldats de piller la ville, en contrepartie d'un *donativum* de cinq cents drachmes à chacun. Puis ils se hâtèrent de renvoyer les légions dans leurs provinces d'origine, ce qu'avait négligé de faire Macrin. Ils ne furent cependant pas plus pressés que n'avaient été les autres dans le même cas d'aller à Rome où ils n'entrèrent qu'un an plus tard. Ainsi la Fortune qui veillait sur moi me tenait éloigné une fois de plus du centre de la turbulence et je n'eus pas à subir les toutes premières violences qui marquèrent ce changement de règne comme à l'habitude. Je connaissais assez Comazon et il me connaissait, je fis ce qu'il fallait. Quand le premier message parvint à Rome, les gens ne furent pas heureux à l'idée de revoir un prétendu fils de Caracalla, mais ils jugèrent que Macrin n'avait rien fait pour eux et tout fait contre lui-même. Le Sénat qui s'était mal résigné à l'élévation de cet homme de peu s'empressa de le vouer aux gémonies et d'acclamer Élagabal. Je remis mes pouvoirs de préfet de la Ville, mais on me demanda de rester quelque temps encore dans la charge. Je savais que Comazon la briguait pour lui-même et, en attendant son retour, je demeurai là, effacé, prêt à me retirer.

II. A Antioche, Élagabal, qui n'avait que quatorze ans, n'était pas en état d'assumer son rôle d'empereur de Rome, et il considérait seulement que, de grand prêtre de Baal, il était devenu en quelques heures comme le Dieu lui-même. Il enfla donc la fonction à laquelle il avait été préparé et dédié jusqu'aux limites extrêmes où peut se porter la nature d'un enfant, sans se soucier de devoirs d'État dont personne ne lui avait parlé. Au début, nul ne le dissuada de se consacrer au culte luxurieux de sa divinité solaire et ses proches y virent au contraire des avantages, car sa grand-mère et sa mère avaient bien l'intention d'exercer elles-mêmes le pouvoir avec des conseillers sûrs. Julia Maesa et Soaemias, quoique leurs caractères fussent différents, s'entendirent tout d'abord pour tenir en tutelle le prince qu'elles avaient pour ainsi dire inventé, la première avec sa ruse et sa froide détermination, la seconde avec sa passion et son impudicité. Maesa, qui avait longtemps vécu au Palatin et connaissait les traditions politiques des Romains, savait que le pouvoir se gagnait dans la Ville et elle y fût rentrée plus vite si elle n'eût craint qu'Élagabal, dans les dispositions où il était, par sa faute à elle d'ailleurs, n'y fût un objet de mépris. Elle espérait pouvoir modifier son comportement et l'éloigna des corruptions d'Antioche sans cependant aller tout de suite jusqu'au Capitole. On décida de passer l'hiver à Nicomédie.

Là, Gannys se mit en devoir de faire oublier à son ancien élève toutes les excentricités qu'il lui avait enseignées au temple d'Émèse. Il avait du pouvoir car il était l'amant de Soaemias. S'il entretenait la sensualité dépravée de la fille, il partageait les froids calculs de la mère. Un accord se dessina pour qu'il épousât Soaemias et même qu'il devînt César aux côtés d'Élagabal, avec le secret espoir qu'il contiendrait les penchants inquiétants de celui-ci et de celle-là. Mais il était beaucoup trop tard. Le jeune Sardanapale avait déjà compris le pouvoir absolu comme une licence absolue et, conseillé sans doute par les débauchés qui lui faisaient une cour, il refusa d'écouter les appels à la raison. Un jour que Gannys revenait à la charge, il se jeta sur lui avec une arme. L'autre tira son épée pour sauver sa vie, mais il la perdit parce que les gardes du corps de l'Empereur firent ce qu'ils avaient à faire dans ce cas. Dès lors l'excentricité de l'adolescent ne connut plus de bornes.

III. Sa vie sexuelle qui s'éveillait se porta impétueusement dans toutes les directions, mais comme il était vêtu de robes et fardé à la manière des prêtres assyriens, et qu'il avait une sorte de première beauté, il tomba bientôt sous la domination des garçons et il se fût fait castrer si sa mère dont il était demeuré proche ne l'avait détourné de ce projet. Mais il eut toujours en amour un comportement féminin.

Nicomédie fut le théâtre de ses initiations à la vie scandaleuse. Il commença à se prostituer à autant d'hommes qu'il le put et il n'y avait aucun orifice de son corps qui ne fût occupé pour son plaisir. P. Valerius Eutychianus était alors préfet du prétoire. C'est celui-là que j'ai appelé plus haut Comazon, autrement dit le Joyeux ou le Farceur, car tel était le surnom qu'il avait gardé de son premier métier de comédien, après quoi, il fut soldat en Thrace, et d'un seul coup se hissa aux plus hautes charges des chevaliers, puis des sénateurs. J'ai dit qu'il se réservait celle de préfet de la Ville, car elle n'était donnée qu'aux clarissimes. C'est pour ne pas heurter trop brusquement la sensibilité du peuple lors de l'entrée de la Cour à Rome qu'il imagina de faire faire un grand portrait d'Élagabal dans son accoutrement oriental, avec tous les fards qui ornaient son visage, et de me l'envoyer avec l'ordre de le placer devant la Curie, au-dessus de l'autel où les sénateurs brûlaient de l'encens avant d'occuper leur siège. Bien qu'il fût lui-même oriental et capable de tout, il était assez avisé pour calculer que les Romains, après le premier moment de stupéfaction, s'habitueraient à cette image et même seraient impatients d'en voir le vivant original. Malheureusement, il dépassa la mesure quand il envoya le modèle de la robe que les sénateurs devraient porter dans les cérémonies officielles en présence de l'Empereur. C'étaient de longues tuniques aux manches flottantes, et des chaussures de lin comme celles des prêtres assyriens. Seule la bande pourpre rappelait la dignité romaine, mais en réalité elle l'outrageait.

Soaemias favorisait les caprices de son fils, car elle était elle-même une adoratrice du Soleil et adonnée à son culte phallique. Pourtant Maesa qui avait été élevée dans le temple de son père Bassianus, grand prêtre de Baal, montrait une plus haute intelligence politique et elle s'alarmait des penchants de ce petit-fils sur qui elle avait bâti son ambition dynastique. Impuissante à le faire changer d'apparence, elle put au moins le convaincre de prendre une épouse, espérant qu'un héritier miraculeux assurerait le trône. Élagabal célébra donc ses noces avec Julia Cordelia Paula, de naissance aristocratique, mais malgré un généreux *donativum* et des fêtes où furent tués une quantité de gladiateurs et même cinquante tigres et un éléphant, l'alliance avec la Rome patricienne ne fut pas durable.

Comme on pouvait s'y attendre aussi, elle fut stérile et bientôt Élagabal répudia Paula, en prétextant qu'elle avait une tache sur le corps. Il n'était toutefois pas hostile aux femmes, mais il professait une conception bien à lui du mariage, comme on le verra.

IV. Après l'hiver passé à Nicomédie, le retour à Rome se fit au début de l'automne [1]. Je fus dispensé d'assister à cette ridicule parade. Comazon, qui était venu la préparer, fut assez heureux de prendre sans heurts ma succession et il accepta que je fusse malade à ce moment-là dans ma villa de Campanie. Ceux qui ne purent échapper au spectacle en gardent un souvenir affligé, et la honte du sacrilège surpassa de beaucoup les terreurs de l'entrée de Septime Sévère ou de celle de Caracalla. Cette fois-ci, on ne perdait plus la vie, mais l'honneur. Je ne prétendrai pas que tous ceux qui à Rome sont d'origine ou de croyance orientale en aient été aussi scandalisés que les vrais Quirites, ni que la plèbe n'eût quelque indulgence pour un théâtre exotique très distrayant. Ce n'était d'ailleurs pas la première fois que les divinités orientales étaient introduites de la sorte dans la Ville en procession officielle. Déjà on avait vu dans le passé la pierre noire de Phrygie donnée par Attale, roi de Pergame, remonter le Tibre sur un navire halé par la vestale Claudia Quinta à l'aide de sa ceinture virginale. Le Soleil-Roi était l'objet d'une dévotion de la part des sectateurs de Mithra. Et quant aux costumes extraordinaires, les prêtres de Cybèle, ceux d'Isis, en faisaient montre à toute occasion. Mais si, depuis Auguste, l'Empereur respectait ces cultes étrangers, s'ils étaient accueillis dans le panthéon de nos Dieux, Jupiter demeurait le maître de l'Univers et les autres lui étaient subordonnés. Sardanapale, pour sa part, entendait renverser l'ordre du Cosmos et soumettre à sa divinité, comme ses domestiques, les puissances protectrices de Rome. Il n'était pas impie à ses propres yeux, ni même à ceux de sa mère et de sa grand-mère,

1. 219 ap. J.-C.

puisqu'il était grand prêtre de Baal. Il oubliait seulement ses devoirs sacrés de grand pontife dont le Sénat l'avait investi.

On le vit donc accueillir la pierre noire d'Émèse qu'il avait fait transporter avec lui et pour laquelle il avait bâti un temple à l'extrémité du Palatin. Elle fut conduite sur un char orné d'or et de pierreries et tiré par six chevaux d'une blancheur immaculée. Il marchait devant eux, mais à reculons pour ne pas quitter des yeux sa divinité, et son chemin était balisé par de la poussière d'or. Ses gardes l'entouraient et les spectateurs lui lançaient des fleurs et des couronnes. Les prétoriens chevauchaient derrière le char. Ce n'eût été qu'un temple de plus pour un nouveau dieu à Rome, mais il y déménagea tous les autres, y compris le Dieu des chrétiens, avec, suprême sacrilège qui méritait la mort, le feu de Vesta, le Palladium et les boucliers sacrés qui ne devaient pas même être vus des mortels. Il fit ensuite cette chose incroyable qui est d'épouser une gardienne du feu. Il choisit pour ce qu'il appelait une hiérogamie la vestale Julia Aquila Severa et la traita comme une impératrice. Les Romains qui se souvenaient que Caracalla avait fait enterrer vive une vestale sur le simple soupçon qu'elle avait manqué à son vœu de virginité se demandaient qui était le plus abominable de ces deux empereurs. A tel point il aimait les cérémonies de mariage qu'il fit venir de Carthage la représentation de la déesse Tanit pour l'accoupler à son dieu solaire, et Rome subit ainsi la honte qu'Hannibal et ses mercenaires n'avaient pas réussi à lui infliger.

V. On pensait avoir touché aux bornes de la licence. Mais l'imagination érotique du petit Sardanapale ne s'était pas épuisée dans ces actes pervers. Il lui restait à bafouer la nature et à concevoir l'inconcevable. Un jour, le cocher d'un char de course tomba devant la loge impériale et, ayant perdu son casque, révéla une belle chevelure blonde qui émut la sensualité d'Élagabal. Il le fit porter au Palatin et se prit d'une passion immodérée pour lui. Ce garçon, nommé Hiéroclès, était originaire de Carie, en Asie Mineure, et de très humble extraction. Il fut aussitôt élevé aux plus hautes dignités et l'on fit venir à Rome, sous escorte militaire, sa mère qui était une servante et qui reçut néanmoins les honneurs des femmes d'anciens consuls. L'Empereur se mit littéralement en position de dépendance à l'égard de ce cocher et quand il célébrait avec lui les mystères de Flore, il s'agenouillait à ses pieds et lui baisait les parties. D'ailleurs il consomma ses noces avec lui et se flatta d'être sa femme et d'être battu par lui. Il apparaissait en effet souvent avec le visage tuméfié et en racontait la cause avec complaisance. Mais quand il prétendit faire César ce Hiéroclès, il rencontra la colère de sa grand-mère Maesa et il n'osa pas la violenter. Il n'en commit pas moins beaucoup d'autres folies. Il nomma préfet des vigiles son camarade Gordius qui était un aurige. Le barbier Clodius fut préfet de l'Annone, et un muletier fut procurateur des impôts. Les provinces étaient de la même façon accordées à des comédiens et des mignons.

Le désordre culmina avec l'épisode de Zoticus que je vais raconter. Par dévergondage religieux autant que par vice, le grand prêtre du phallus noir d'Émèse portait un culte mystique au membre viril et avait dépêché dans tout l'Empire des agents qui détectaient les hommes les mieux fournis. Élagabal les appelait ses Onobèles, c'est-à-dire membres d'âne. On l'informa qu'un athlète de Smyrne, Zoticus surnommé Magire, du fait que son père était cuisinier, dépassait tous les autres sous ce rapport. Aussitôt il le fit enlever du stade où il concourait et conduire à Rome avec une suite qui égalait celle de Tiridate lorsqu'il vint visiter Néron. A peine arrivé au Palatin dans un grand déploiement de gardes et de flambeaux, Zoticus, émerveillé et déjà couvert d'or et de dignités, se jeta aux pieds de Sardanapale, le saluant du nom de Seigneur et Maître, mais l'autre pencha la tête d'un air lascif et murmura : « Ne m'appelle pas ainsi, je ne suis qu'une faible femme... » Il se baigna avec lui et constata qu'on ne lui avait pas menti. Puis ils dînèrent dans les embrassements et allèrent au lit. Mais Hiéroclès, qui craignait d'être supplanté par ce nouveau venu, avait, paraît-il, fait mettre une potion assoupissante dans son vin, de sorte qu'il fut bien empêché de répondre à l'attente impatiente de sa soi-disant femme, malgré qu'on lui criât tout autour :

« Courage, Magire. » Peut-être Hiéroclès ne fut-il pour rien dans sa déconfiture, toujours est-il que Zoticus fut chassé dès le lendemain matin tout au sud de l'Italie, mais bientôt Élagabal le renvoya à l'autre bout de l'Empire, ce qui lui sauva la vie.

VI. En effet, les soldats commençaient à regretter d'avoir investi un giton, et Maesa sentait que l'aventure allait mal se terminer. Elle ne pourrait plus longtemps contrôler l'essentiel du pouvoir avec des hommes d'expérience si, une à une, les grandes fonctions étaient mises aux enchères par les affranchis de son petit-fils. Déjà celui-ci avait écarté le sage Ulpien et fait mourir plusieurs grands sénateurs de l'Empire. Or si les choses tenaient encore debout, ce n'était pas, bien au contraire, par le mérite des comédiens et des conducteurs de chars, mais grâce à l'obstination consciencieuse du haut personnel impérial qui demeurait en place. Cependant, ces gens étaient peu à peu chassés ou se retiraient dans le dégoût. Maesa se vit menacée d'isolement, et bien qu'elle fût en réalité régente et eût le droit de siéger au Sénat aux côtés des consuls, privilège qu'on n'avait jamais osé imaginer depuis que Rome existe, elle désespéra d'améliorer Élagabal et tourna ses regards vers son autre petit-fils, né du mariage de Mammaea avec un certain Genesius Marcianus, mort prématurément. Le jeune garçon nommé Alexianus avait seize ans, mais il avait déjà une très bonne apparence et était soigneusement éduqué par sa mère qui ne partageait pas les goûts dépravés de sa sœur. Mammaea ressemblait plutôt à Julia Maesa, à qui elle ne le cédait nullement en intelligence et en ambition. Elle aussi était à la tête d'une immense fortune, et, instruite par les leçons qui avaient si bien réussi une première fois à Émèse, quand l'or et les promesses avaient corrompu les soldats de Macrin, elle attendait son heure en soudoyant secrètement les prétoriens. Mais elle ne pouvait pas aboutir sans sa mère qui seule avait l'autorité dynastique.

Comment Maesa sut-elle convaincre son petit-fils qui se croyait dieu de partager le pouvoir avec son jeune cousin, je m'en étonne encore. Sans doute elle flatta sa tendance à la paresse et lui représenta qu'il aurait tout loisir pour se livrer à ses jouissances si un César avait la charge à ses côtés des cérémonies austères de l'État. Non seulement Élagabal ne fit pas de difficultés à désigner Alexianus comme César et consul, mais il voulut l'adopter pour fils. La chose eut lieu en juillet de la troisième année du règne [1]. Bien que ce fût une fiction juridique, on ne manqua pas de s'étonner qu'un jeune homme de dix-sept ans soit le père d'un autre de seize. Alexianus changea son nom pour Marcus Aurelius Alexandre Augustus. Au début tout se passa bien, car Élagabal était moins méchant que dissipé et il pensait trouver en son jeune cousin un compagnon de ses rites et de ses jeux. Il fit frapper en son honneur des médailles avec la devise « *Hilaritas* ». Il souhaita lui enseigner les danses sacrées et licencieuses qu'exigeait le dieu Baal au son des cymbales agitées par les femmes de Syrie. Suspectant qu'il chercherait aussi à l'entraîner dans ses débauches, Maesa et Mammaea s'opposèrent à ces desseins et isolèrent Alexandre au fond du Palais dans l'étude des lettres et de la philosophie, entouré d'un aréopage de maîtres appelés du plus loin.

VII. Or pendant que l'un faisait de grands progrès intellectuels, l'autre avançait dans les voies de l'aberration. Il avait déjà répudié la vestale Aquila Severa et épousé Annia Faustina, une descendante de Marc Aurèle dont il fit périr le mari Pomponius Bassius, mais il ne la garda pas plus d'une année et reprit Aquila Severa pour consommer à nouveau le sacrilège. Comme il sentait que cette provocation aux coutumes les plus respectées ne plaisait pas aux Romains et que ceux-ci commençaient à affectionner Alexandre, il conçut de la jalousie envers lui et pensa le supprimer par le poison. Mais le César disposait maintenant d'une garde personnelle dévouée et sa nourriture était soigneusement contrôlée par sa mère et sa grand-mère. En même temps, les prétoriens voyaient qu'Alexandre était instruit

1. 10 juillet 221.

dans l'art militaire, qu'il saurait parler aux soldats, et le contraste était insupportable à leurs yeux quand ils considéraient leur empereur en robe de femme à la tête de défilés où on l'eût attendu en armure. D'ailleurs, il ne marchait jamais comme un homme, mais toujours comme un danseur en balançant tout son corps. Ses manières, la peinture rouge sur sa figure dégradaient son physique qui eût été plutôt beau au naturel. Alexandre, lui, se montrait à son avantage et l'on pouvait croire qu'il mériterait ce nom emprunté au héros macédonien dont le précédent empereur avait abusivement voulu être la réincarnation. Maesa pensait en effet qu'il était opportun de se référer encore à Caracalla dont le souvenir était demeuré populaire chez les soldats. Et elle eut recours une fois de plus à l'artifice qui avait tant contribué à la proclamation d'Élagabal à Émèse. Elle fit courir le bruit qu'Alexandre lui aussi était le fils naturel de Caracalla, et Mammaea, qui était pourtant vertueuse, se prêta à cette mystification, subordonnant son honneur à son ambition. Les prétoriens la crurent d'autant plus facilement qu'elle se montra généreuse à leur égard, bien à contrecœur il est vrai, car elle était, on le verra, aussi avare que riche.

Élagabal, de plus en plus jaloux, et ne pouvant faire disparaître le César bien protégé, entreprit de lui retirer ce titre et introduisit devant le Sénat une action en déchéance. Mais les sénateurs l'écoutèrent dans un profond silence et, pour la première fois, ne lui obéirent pas. Alors il leur ordonna de quitter Rome, ce qu'ils firent promptement, certains sur des ânes. Un seul, mon collègue Sabinus, eut le courage de demeurer à son siège. Élagabal commanda à un centurion d'aller le tuer, mais l'homme était dur d'oreille et il crut qu'il devait seulement pousser Sabinus dehors. Ainsi fut sauvé ce célèbre juriste. Élagabal exila aussitôt les plus dignes des précepteurs d'Alexandre. Puis il refusa de se montrer en public avec lui. Comme ils ne voyaient plus le César et qu'on laissait dire, sur ordre de l'Empereur, qu'il était très malade, les prétoriens commencèrent une rébellion dans leur camp et déclarèrent qu'ils n'iraient plus monter la garde au Palatin. Élagabal fut donc contraint de conduire chez eux son cousin, qu'ils reçurent avec enthousiasme, réservant leur colère à Sardanapale qu'ils pressèrent de leur livrer ses conseillers infâmes. Il y consentit pour quelques-uns, mais il supplia qu'on lui laissât Hiéroclès, criant qu'il préférait qu'on le tuât lui-même. On eut pitié de ses pleurs et on accorda un sursis à ce cocher. Cependant, la crise du régime était maintenant ouverte et une fois de plus les prétoriens détenaient les clefs de l'Empire.

VIII. Ils ne devaient pas tarder à s'en servir. Au printemps de l'année suivante [1], ils s'agitèrent à nouveau dans leur casernement et les préfets convainquirent Élagabal, sans doute par l'entremise de Hiéroclès, qu'il devait venir lui-même avec sa mère. Il voulut se faire accompagner d'Alexandre, pour qu'il fût lui aussi en butte à cette rébellion, et la contînt par son prestige. Alexandre le suivit donc au camp avec Mammaea qui ne le quittait jamais, et très vite deux partis se formèrent et s'insultèrent. Les préfets qui connaissaient les meneurs voulurent les arrêter au nom de l'Empereur, mais tout le camp des prétoriens se solidarisa avec eux, et des insultes on en vint aux mains. Pendant que Soaemias et Mammaea se déchiraient l'une l'autre, Sardanapale cherchait une cache. Ses fidèles crurent pouvoir l'emporter dans une caisse, mais on dut y renoncer et, pour finir, il se réfugia dans les latrines, avec sa mère qui l'enveloppait de ses bras. C'est là que les prétoriens vinrent les transpercer. Puis ils leur coupèrent la tête et livrèrent au peuple leurs corps dénudés qui furent traînés dans toute la Ville. Les bouches d'égout étant trop étroites pour les accueillir, on les jeta dans le Tibre, du pont Aemilius. C'est pourquoi on put surnommer Sardanapale à la fois Tibère et Tibérin, comme je l'ai déjà dit.

Les prétoriens ne manquèrent pas l'occasion de tuer dans le même instant leurs deux préfets et celui de la Ville, Fulvius. Quant à Hiéroclès, ils lui firent subir des supplices variés. Puis ils reconduisirent en grande pompe au Palatin Alexandre et

1. Mars 222.

Mammaea, qui y furent accueillis par Maesa. Celle-ci s'était montrée supérieure aux hasards de la Fortune. Elle avait tout prévu sinon tout organisé. Derrière elle se tenait l'homme le plus impudent de son temps, celui que j'ai appelé Comazon, qui s'était bien gardé d'aller se faire massacrer par les prétoriens. Il y avait envoyé Fulvius, grâce à quoi il put retrouver le poste de préfet de la Ville où il m'avait déjà succédé. Comme dans sa première profession de comédien, il était toujours là pour reprendre au vol les rôles vacants. Il a mis en place tous les personnages de ce règne et il sera le seul d'entre eux, je le prédis, à mourir dans son lit.

IX. Élagabal avait dix-huit ans. Il avait régné trois ans, neuf mois et quatre jours. Il savait qu'il ne vivrait pas longtemps et même cette perspective excitait son imagination insensée. Il avait à portée de la main des lacets de soie pour s'étrangler, des poignards en or pour se transpercer, des coupes précieuses pour s'empoisonner et il s'était même fait construire une tour du haut de laquelle il pourrait se jeter sur un pavage d'or et de diamants. Mais il n'en était que plus pressé de jouir de chaque instant sans se soucier de l'avenir. Il avait naïvement pris pour une chose réelle l'objet qui n'était que symbole dans la religion à laquelle sa famille l'avait consacré tout enfant. Curieusement, s'il était obsédé par le phallus, il ne savait à la fin que faire du sien puisqu'il voulait être castré, et dut se contenter d'être circoncis, tout en promettant aux médecins des sommes considérables s'ils réussissaient à lui implanter un vagin. A défaut de cette opération, il se dissimula artificiellement les parties et c'est ainsi qu'il se tenait devant une chambre du Palais, nu comme une femme de bordel, pour attirer ceux qui passaient. Mais si son imagination ne pouvait que rencontrer là des limites physiologiques, elle se déployait à l'infini dans d'autres excentricités, en particulier celles de sa table que tout un ouvrage ne suffirait pas à épuiser. Ainsi, il fit servir dans un seul repas six cents cervelles d'autruches. Il donnait des récompenses magnifiques à qui inventerait un nouveau plat, mais s'il ne lui plaisait pas, l'auteur était condamné à s'en nourrir tous les jours. Il invitait à dîner huit chauves, ou huit sourds, ou huit nègres. Il lâchait des lions et des léopards apprivoisés entre les lits et les tables, et fit mourir ainsi des gens de frayeur. Ou bien il asseyait ses hôtes sur des coussins remplis d'air qu'il crevait avec une aiguille pendant le repas.

De tout cela il s'amusait comme un enfant avec l'argent qu'il prenait aux provinces, malgré les remontrances de Maesa. S'il ne ruina pas l'État, c'est que la chance lui épargna d'avoir à soutenir une campagne contre les Parthes ou les Germains. Mais il devenait urgent que Rome connût un règne réparateur. Celui d'Alexandre fut annoncé par un présage étonnant. On vit apparaître en Macédoine un être surnaturel qui avait l'apparence d'Alexandre le Grand et dont on ne sait pas s'il avait une consistance charnelle. Il était accompagné de quatre cents hommes qui portaient d'une main un rameau d'olivier, de l'autre un nerf de bœuf. Cette troupe avançait rapidement sans faire de mal à personne, et elle ne manquait de rien sur son passage parce que la population la logeait et la nourrissait et qu'aucun préteur, aucun légat n'osait s'opposer à elle. Marchant ainsi jour et nuit, elle atteignit par la Thrace les détroits, passa en Asie et là, en un lieu de Chalcédoine, s'arrêta. Durant la nuit, le génie qui la conduisait institua un prêtre, enterra un cheval de bois, et au matin il avait disparu. Nul n'entendit plus parler de lui. C'est à ce même moment, on le sut après, qu'Alexandre était consacré à Rome.

Sardanapale n'eut guère le temps de faire des monuments, sauf le temple à son dieu, lequel fut d'ailleurs renvoyé à Émèse aussitôt qu'on eut été débarrassé du petit prêtre scandaleux. Il poursuivit la construction des thermes gigantesques de Caracalla. Dans l'ordre de la politique, ses deux initiatives furent de permettre à des femmes de siéger à la Curie, et même de constituer à côté, sur le Quirinal, une parodie de Sénat où les épouses des clarissimes se réunissaient autour de Soaemias pour délibérer sur les robes à porter dans les cérémonies, sur l'étiquette, aux seules fins de décider qui aurait droit aux voitures suspendues, aux attelages de chevaux ou bien de mules, et ainsi de suite. Ces innovations dégradantes pour les dignités de la République furent abolies depuis.

X. J'avoue avoir eu beaucoup de peine à raconter ce règne qui n'aurait pas dû exister dans un État civilisé. Mais outre que j'ai déjà écrit la vie de plusieurs princes indignes, j'estime que l'historien ne doit rien passer sous silence de ce qu'il a appris et, à plus forte raison, de ce qu'il a vu. Tacite ne s'est pas avili, au contraire, en décrivant Néron, ni Suétone en témoignant sur Domitien. Si les Dieux ont jugé bon de me laisser survivre à tant de violences et d'excès auxquels j'ai été mêlé à peine entré dans la carrière, si le jeune empereur m'a autorisé à me retirer après m'avoir honoré d'un second consulat, c'est que ma destinée était bien d'écrire l'histoire de mon temps. J'en ai toujours ressenti le désir, j'ai quelquefois douté d'en avoir le loisir. En fait, je n'ai jamais cessé de construire cette œuvre dans ma tête et si j'ai pu supporter d'obéir à ces despotes qui rattachaient impudemment leur lignée à celle d'Antonin et de Marc Aurèle, et osaient même ajouter ces noms glorieux au leur, c'est parce que je revivais secrètement un âge d'or tout en servant un âge de bronze. Qui eût pu effacer en moi les souvenirs que m'avaient légués mon père et mon grand-père, qui eût pu m'arracher la mémoire de mon enfance, et qui se souciait même des livres que j'emportais dans mes bagages et des parchemins que j'accumulais dans ma villa ? Je passais pour être collectionneur de vieux documents comme d'autres de vieilles statues, manies inoffensives. Julia Domna qui se croyait la femme la plus instruite de son temps n'avait d'attention que pour les romans fantastiques, et si elle commandait une histoire, c'était celle d'Apollonius de Tyane, ce mage qui aurait vécu plusieurs vies. Mon collègue Cassius Dio n'a publié sous ces règnes que le récit des rêves de Septime Sévère, livre qu'il a offert à cet empereur et qui lui a valu beaucoup de faveurs, mais qui n'est pas l'œuvre digne du grand historien qu'il prétend être. Enfin, à ma sortie de charge, il y a six ans, le temps et la liberté d'écrire m'ont été rendus à la fois.

Pour dire vrai, j'ai moins écrit que dicté à mes sténographes, car la matière de mon ouvrage existait dans les notes que j'avais prises durant toute ma carrière depuis la fin du règne de Marc Aurèle, et dans les documents qui m'étaient parvenus à l'occasion de mes fonctions successives. Il suffisait de remettre en ordre ces acquis de mon expérience. Pour les quatre premiers empereurs, que je n'avais pas servis, je disposais de mes souvenirs d'enfance et de la tradition orale de ma famille, complétés par les archives qu'avaient réunies mes secrétaires grec et latin. J'utilisai avec prudence les Mémoires de Trajan et ceux d'Hadrien, ainsi que l'histoire des guerres parthes de Verus écrite par Fronto. Chryseros, le secrétaire de Marc Aurèle, m'a montré les *Pensées* que son maître lui dictait le soir et où l'on lit le saisissant portrait de lui-même et de son père Antonin. Avoir été nourri d'exemples aussi admirables m'a permis de supporter les plus détestables qui ont ensuite jalonné ma vie, et plutôt que de me désoler sous Commode, je remontais avec émerveillement le cours du règne de son père et de son aïeul. Quand j'observais le caractère et les actions de Sévère, je me reportais au temps d'Hadrien et de Trajan qui avaient su accomplir les mêmes desseins ambitieux sans manquer aux lois de la République et en respectant la dignité du citoyen romain. L'arbitraire et le mépris n'étaient donc pas inexorablement liés à l'exercice du pouvoir impérial, et j'espérais avoir le droit d'écrire un jour, comme Tacite, qu'enfin le principat et la liberté étaient réconciliés en un prince meilleur, ou moins mauvais en tout cas que les autres. Ce jour est venu. Alexandre et Mammaea, sans renier leurs origines afro-syriennes, ont renoncé à faire de Rome une capitale punique. Je vais raconter maintenant les débuts de cette restauration, ne dissimulant toutefois pas la gravité des dérèglements dont notre société a souffert dans ses profondeurs.

XII.

ALEXANDRE SÉVÈRE

I. J'étais occupé à écrire la vie de Marc Aurèle quand j'entendis le tumulte de cavaliers devant ma villa. C'était un groupe de prétoriens, et je ne doutais pas que leur mission fût de celles qui depuis trente années avaient mis fin à l'existence d'innombrables citoyens méritants. Tous les hommes de quelque importance avaient si souvent imaginé dans leurs insomnies le déroulement d'une telle scène qu'ils n'étaient plus surpris lorsqu'elle survenait en effet. J'ai raconté comment Pertinax avait reçu Laetus et les gardes au milieu de la nuit, moins terrifié que soulagé par la réalité d'une fin longtemps attendue. Quand l'officier s'avança pour me remettre l'ordre impérial, je savais déjà ce que j'aurais à dire et à faire. C'était toujours la même chose. A ceux qui avaient eu de grands commandements, on laissait d'habitude le temps de prendre congé des leurs et de donner des ordres domestiques, et même de choisir leur mort. En vérité, les formes étaient de moins en moins respectées, et des équipes de tueurs spécialisés créées sous Commode n'avaient été dissoutes que durant les quelques mois du règne de Pertinax. Cette sorte de police éventrait et pillait à satiété.

Mais l'officier des prétoriens était un vrai Romain et je vis à son attitude que tout se passerait dans la dignité qui peut faire que la mort soit plus belle que la vie. Il me salua au garde à vous et me dit : « Ceci t'est envoyé par Marcus Aurelius Alexander Severus Imperator. » C'est ainsi que j'appris le changement de règne intervenu la veille au soir à Rome, et la nouvelle titulature d'Alexandre César. Le fils de Mammaea m'écrivait que sa mère et lui avaient grand-hâte de me voir près d'eux pour faire partie de leur Conseil et remettre de l'ordre dans l'État. Je pris donc la route de Rome avec les honneurs de la garde prétorienne. Mais je n'oubliais pas que les mêmes circonstances, le même appareil et les mêmes honneurs eussent pu être porteurs, comme je l'avais cru, d'une signification toute contraire, et je ne me laissais pas aller au soulagement. Ma résolution était de revenir, dès que possible, écrire la mort de Marc Aurèle comme le sommet le plus élevé et le plus proche de l'abîme qu'ait connu l'Histoire. Je doutais que nous puissions remonter la pente de cet abîme, même sous un prince de bonne volonté.

II. Sévère Alexandre était le fruit d'un second mariage de Mammaea avec un Syrien nommé Gessius Marcianus, d'Arca Caesares en Phénicie. Cet homme sans illustration mourut tôt, avant d'avoir dépassé la carrière de procurateur. Mammaea qui s'appelait Julia Avita du nom de son père Avitius, consulaire d'origine syrienne lui aussi — j'ai dit qu'il avait été mon prédécesseur au gouvernement d'Asie —, s'était mariée une première fois avec un homme du même rang consulaire. Son second mariage fut donc moins élevé, aussi se prêta-t-elle, comme on l'a vu, à la honteuse fiction imaginée par sa mère d'un inceste avec son cousin Caracalla, d'où serait né Alexandre. Les hommes frustes des légions danubiennes se laissèrent abuser une fois de plus par cette hérédité qui les rassurait, bien qu'elle fût démentie par l'apparence du jeune empereur grandi dans la distinction du corps et de l'âme et dans le goût des lettres. Il avait été comme son cousin germain consacré dès son enfance au dieu Baal, mais sa mère l'avait éloigné très tôt des corruptions d'Émèse, et ils séjournèrent plusieurs années sur le Palatin, imprégnés d'esprit romain autant qu'on pouvait l'être à la Cour orientale de Septime et de Julia Domna. Mammaea était très différente de sa sœur Soaemias qui avait reçu et transmis tout l'atavisme sensuel de sa race.

On ne saura jamais si la conduite austère et rationnelle de la seconde fille de Maesa était dans sa nature ou si elle se développa au spectacle de la déchéance de la dynastie, déchéance qu'elle eut le temps de méditer. Toujours est-il qu'on vit rarement au sein d'une famille contraste plus violent entre deux branches toutes deux issues de la même souche, qui était ici Maesa, inspiratrice aussi bien de l'une que de l'autre au gouvernement. Cette vieille femme n'avait d'intérêt que pour le pouvoir exercé à travers quelqu'un de sa race. Elle avait besoin d'hommes rompus à l'administration et je la trouvai déjà flanquée d'Ulpien qu'elle venait de nommer préfet de l'Annone, car le ravitaillement de Rome était son premier souci. Elle m'accueillit avec beaucoup de chaleur et me proposa d'entrer dans un comité de seize sages qui devait fonctionner comme un conseil de régence, étant bien entendu qu'elle-même et sa fille avaient le pouvoir de décision. Si grande était leur préoccupation de tout remettre en ordre qu'elles convoquèrent aussi une commission permanente de vingt juristes, élèves de Papinien et d'Ulpien, et une autre de cinquante magistrats. Il y avait à vrai dire un énorme travail législatif en retard, car peu de bonnes lois avaient été proposées depuis l'assassinat de Papinien, quatre ans plus tôt. Maesa me dit encore que je serais honoré d'un second consulat dès le 1er janvier de l'année suivante aux côtés du jeune empereur, ce qui était une marque suprême de confiance.

III. Je repris aussitôt ma place au Sénat qui se retrouva subitement repeuplé alors que depuis des années on avait eu de la peine à réunir le quorum de soixante-dix membres. Mais je n'avais guère d'illusion sur les pouvoirs de cet illustre corps qui se laissait supplanter par les fonctionnaires du Palatin et, dans les temps de crise où il eût fait merveille jadis, par des légions barbarisées. L'omnipotence de l'armée était plus évidente encore quand on voyait que des anciens centurions occupaient d'innombrables fonctions d'ordre équestre que nécessitait l'énorme appareil réglementaire et fiscal enflé depuis Septime

Sévère. Les familles aristocratiques n'eussent pas suffi à remplir ces carrières, on ne les y invitait d'ailleurs pas, et elles dédaignaient d'y entrer par le bas. Les affranchis en étaient maintenant écartés, surtout les eunuques, que le nouvel empereur chassa du Palatin ou relégua au service des femmes. Du même coup il nettoya la Cour des histrions, nains et prostituées qui s'y étaient repus, mais pour ne pas les laisser mourir de faim il les donna aux villes. Si les commandements des armées et des provinces furent retirés aux favoris indignes, ils ne furent pas tous rendus aux sénateurs, parce que, comme je l'ai dit, l'ordre équestre avait envahi la fonction publique du bas en haut. D'où un grand changement dans les structures de l'Empire dont on a vu les premiers signes sous Hadrien, mais qui a été précipité par Septime et ses successeurs. Pour le Sénat, l'important n'était plus désormais de gérer la République, mais d'y être seulement accepté avec plus ou moins de bienveillance.

Cette bienveillance lui fut largement prodiguée par Sévère Alexandre, qui en reçut aussitôt le bénéfice. Dès la première séance on proposa de lui accorder tous les honneurs du même coup, y compris celui de Père de la Patrie, et tous les noms glorieux, au point qu'il dut longtemps résister, non seulement comme le veut la coutume, mais aussi comme le lui inspiraient sa pudeur et sa modération naturelles. Je donnerai ici quelques extraits de cet échange de bons procédés que j'ai tirés du compte rendu des Actes du Sénat de la veille des nones de mars [1] : « Vertueux Alexandre, que les Dieux te protègent. Tu as souffert comme nous sous un immonde tyran. Les Dieux l'ont exterminé, que les Dieux te donnent une longue vie... Nous te supplions de prendre le nom d'Antonin... Un monstre a souillé le nom des Antonins, à toi de le réhabiliter. Venge l'outrage fait à Marc Aurèle... Que, chaste et pur, tu portes le nom d'Antonin... » Après que le Sénat eut scandé longuement ces invocations, Alexandre se leva et dit, comme l'en avait instruit Ulpien : « Ne m'imposez pas, Pères conscrits, la périlleuse nécessité de soutenir un si grand nom, lorsque le mien même,

1. 6 mars 222 ap. J.-C.

quoique étranger, semble déjà au-dessus de mes forces. Supporterait-on un imposteur qui usurperait un nom illustre dans des vues ambitieuses ? »

Alors il se rassit et à nouveau nous nous levâmes et répétâmes en chœur les acclamations précédentes. Ce fut à son tour de se lever et de nous dire : « Si j'accepte le nom d'Antonin, je devrai aussi prendre celui de Trajan, de Titus, de Vespasien... » Nous osâmes l'interrompre : « Comme on te nomme Auguste, accepte qu'on t'appelle Antonin. » Il dit : « Je vois bien, Pères conscrits, quel sentiment vous porte à me faire cette offre », et il rappela la suite des bons et des mauvais empereurs depuis Auguste, mais à la fin il dit : « Il faut plutôt me souhaiter que le nom que je porte soit réclamé par mes successeurs. » On s'écria de nouveau d'une seule voix : « Alexandre Auguste, que les Dieux te protègent. Reçois le prix de ta modestie, de ta sagesse, de ta bonté. Puisque tu as refusé le nom d'Antonin, accepte le surnom de Grand. Grand Alexandre, que les Dieux te protègent. » Il nous fit taire et dit : « Pères conscrits, qu'ai-je fait de grand jusqu'ici ? » Et tout le dialogue précédent recommença à propos de ce nom, jusqu'à ce que chacun fût épuisé, et l'on passa à l'ordre du jour. Je ne suis pas sûr que ce fût là le ton qui avait cours au Sénat sous la République des Caton et des Cicéron, mais l'on avait pris l'habitude de cette liturgie depuis que le culte impérial était devenu le fondement de l'unité romaine.

IV. Alexandre n'avait que seize ans, mais il était bien développé de corps et la dignité imprégnait son naturel. Il portait les cheveux très courts, son visage était bien ovale et encore imberbe, son nez droit. Il tolérait peu d'or sur son manteau de pourpre, et on le voyait plus souvent en toge d'étoffe ordinaire. Ses braies étaient blanches plutôt que rouges. Il s'exprimait moins bien en latin qu'en grec qui était sa langue affectionnée, à cause surtout de Platon qu'il lisait à déjeuner. Il avait été éduqué par les meilleurs maîtres, Valerius Cordius, Julius Frontinus, les rhéteurs Sérapion et Scorinus, mais surtout il tenait son comportement de Mammaea à laquelle il était étroitement soumis. Il n'avait jamais rien fait sans elle et ne chercha même pas à s'affranchir de son influence alors qu'il eût pu user du pouvoir souverain, comme on l'avait vu avec tant d'autres, depuis Néron et récemment Élagabal. Toutefois, il fallut bien qu'il assumât son devoir public le moment venu et, comme les deux femmes qui le dominaient ne pouvaient à elles seules gérer tout l'État, Maesa s'en remit à Ulpien pour tenir le rôle de mentor. Mammaea en fut fort contrariée au début parce qu'elle était jalouse de l'attachement et de l'admiration que le jeune prince nourrissait pour ce grand esprit.

Domitius Ulpien de Tyr était l'âme du droit, c'est-à-dire qu'il régnait sur tous les actes de la vie quotidienne des habitants de l'Empire, dirigeant par les lois l'évolution rapide des mœurs, mettant la jurisprudence en harmonie avec les philosophies nouvelles, et l'administration au service des nécessités pressantes. Sa puissance de travail et sa force imaginative étaient prodigieuses autant que celles de Papinien, et l'on n'en finira jamais de commenter et de codifier les règles qu'ont édictées ces deux hommes et que Paul complète aujourd'hui. Mammaea se résigna vite à ce qu'Ulpien accède aux sommets, car l'autorité de ce conseiller ne pouvait plus s'exercer dans l'ombre. On le vit bien quand il fit passer un rescrit sur les mineurs où on lisait : « La tutelle ne peut être que l'office d'un homme. Elle est incompatible avec la faiblesse féminine. » Tout le monde comprit qu'il visait indirectement la forme du pouvoir impérial accaparé par les princesses syriennes.

Cependant, les préfets du prétoire, Flavianus et Chrestus, eux, ne purent tolérer d'être surpassés en puissance par un civil, et ils tentèrent de soulever la garde contre Ulpien qui, fort de l'appui de Maesa et d'Alexandre, les fit arrêter et exécuter. Avant la fin de l'année, il avait pris leur place avec un second préfet qui voulut se soustraire à cette élévation périlleuse mais ne réussit par là qu'à convaincre Alexandre qu'un homme qui fuyait les honneurs était plus digne que tout autre de servir l'État.

V. Le 1er janvier de l'année suivante[1] je montai au Capitole vêtu du manteau rouge consulaire, de ton presque pareil à la pourpre de l'Empereur qui marchait à mon côté, comme s'il eût été simplement mon collègue. Ce fut le jour le plus prestigieux de ma carrière, que la prudence me conseillait déjà de borner à ce sommet. J'étais éponyme, c'est-à-dire que l'année porterait mon nom qui officialiserait tous les actes importants de la République. C'est moi qui convoquerais le Sénat et marcherais en tête de toutes les processions solennelles. Comme l'Empereur serait occupé par ses tâches, j'exercerais sans partage cette fonction honorifique très lourde, mais en fait je pourrais être secondé bientôt par les suffects, ces consuls adjoints qui entraient dans leur quarantième année, alors que j'achevais, moi, ma soixante-septième. Je devrais interrompre pour de longs mois la rédaction de mon *Histoire*. Mais en même temps j'aurais le loisir d'observer les événements qui allaient marquer les débuts du règne de ce douzième César après la dynastie flavienne. Le destin me confirmait donc qu'il voulait que je fusse réellement le successeur de Suétone.

Cette année-là vit le retour de la paix civile et de la modération qui avaient déserté Rome depuis la mort de Marc Aurèle, quarante ans auparavant. On put se croire revenus à l'âge d'or inauguré par Nerva et Trajan. Bien qu'il ne fût que dans sa dix-septième année, l'Empereur avait l'esprit déjà adulte grâce à l'intense éducation qu'il avait reçue, et ses connaissances étaient très étendues. Sa gravité était celle d'un homme d'âge et les seuls plaisirs qu'il prît, en dehors des exercices du corps, étaient de regarder des combats de coqs ou les jeux d'un jeune chiot et d'un porcelet. Il avait aussi un grand amour des oiseaux, et il en eut dans la volière du Palais jusqu'à vingt mille, paons, faisans, perdrix et pigeons ramiers. Pour excuser ce luxe, il envoyait ses serviteurs vendre leurs œufs. Quant à son caractère, il était dès ce moment formé, et il n'en a pas changé à ma connaissance, probablement pour ne pas déplaire à sa mère qui en avait pris grand soin depuis l'enfance. C'était un caractère calme mais ennemi résolu du vice, de la fourberie et de toutes

1. 223 ap. J.-C.

les sortes d'excès. Il lui arrivait de rendre de la bile quand il était confronté à des choses infâmes. Par crainte de mal faire, ou d'être lui-même blessé, il était très réservé, et même hésitant. Le manque de combativité qu'on peut lui reprocher vient sans doute du fait que sa grand-mère et sa mère se sont toujours portées en première ligne à sa place. Tel je l'ai connu à ce moment, tel il est encore, je crois.

VI. J'ai été témoin de la discipline immuable de sa vie. Il se levait très tôt, et allait sacrifier dans son oratoire. Là étaient réunies les images de ceux qu'il révère comme les grands initiés de la sagesse universelle : Apollonius de Tyane, le Christ, Abraham, Orphée. Ensuite il s'adonnait à la chasse ou à la pêche. Puis il ratifiait les propositions de ses chefs de service. Il lisait quelques passages de *la République* de Platon, ou de la vie d'Alexandre qu'il admirait tout en censurant sa conduite brutale envers ses amis. Il luttait et prenait un bain froid, puis mangeait d'un plat qui était souvent la tétrapharmaque qu'affectionnait Hadrien et dont j'ai décrit la composition dans la vie de cet empereur. L'après-midi il signait des lettres en présence des conseillers concernés par les affaires, parmi lesquels était toujours en ce temps-là Ulpien. Il ne prenait aucune décision sans lui et quand le second préfet voulait l'entretenir, il faisait venir Ulpien. D'ailleurs, à l'exception de ce dernier, il ne recevait jamais personne sans témoins, ce qui est un trait de la méfiance qu'il avait à l'égard des autres autant que vis-à-vis de lui-même.

Il était soucieux qu'on parlât bien de lui et à cet effet il accueillait les écrivains et leur racontait tout ce qu'il souhaitait qu'on répétât à son propos. Il avait beaucoup d'agents secrets qui l'informaient sur les affaires des particuliers, et bien qu'il ne se soit jamais livré à une action arbitraire contre un citoyen, cette curiosité lui était et lui est encore reprochée. Il affecta quatorze consulaires comme curateurs aux quatorze régions de Rome, et je ne vois pas ce qui reste de pouvoir au préfet de la Ville, mais lorsque celui-ci était Comazon, cette mesure était peut-être utile pour remédier à ses fantaisies. Le penchant à tout réglementer s'est considérablement accru depuis le début de son règne et les activités de l'Empire comme le train de sa maison sont traités avec la même minutie. Je vais en donner des exemples que j'ai vus ou qu'on m'a rapportés récemment : il décide lui-même des quantités de nourriture qui entrent dans sa cuisine, soit trente setiers de vin, trente livres de pain blanc, et cinquante d'ordinaire, trente de viandes. Aux calendes de janvier, aux fêtes de Cybèle et aux Saturnales, un ou deux faisans en plus, et tout à l'avenant, légumes et fruits. Il a de la même façon réglé ce que gagnent les médecins du Palais. Un seul est appointé, les cinq autres touchent trois pains, un blanc et deux noirs. On pèse souvent devant lui tout son or et son argent.

VII. La même minutie règne aussi dans son administration. Avant de prendre leur poste, les gouverneurs reçoivent cent pièces d'or, vingt livres d'argenterie, six vases, deux chevaux, une toge de ville, un costume pour le bain, un cuisinier, une concubine s'ils sont célibataires. A leur sortie de charge, ils rendent l'argenterie, les costumes, les chevaux, le cuisinier, et conservent la concubine, s'ils ne peuvent plus s'en passer. Il note l'état des soldats et tout ce qui les concerne dans un livre qu'il garde dans sa chambre. Il repasse dans sa tête le nom de ceux qui lui sont obligés. Pour les mœurs, il montre autant d'attention scrupuleuse. Il limite le luxe des vêtements de femme à une résille, deux boucles d'oreilles, un collier de perles et un manteau semé d'or, mais pas de plus de six onces. Quand il fut marié, il ne voulut pas que l'Impératrice gardât les diamants offerts par un ambassadeur. Comme il ne pouvait les mettre en vente, il en para la statue de Vénus en son temple. Mais il n'est pas avare pour autant, c'est un défaut qu'il laisse à sa mère. Il exprime seulement les tendances à la nomenclature qui gagne toujours davantage l'administration romaine, influencée comme je l'ai dit par le modèle égyptien.

La société tout entière est ainsi l'objet des soins de son administration, et il a réglementé lui-même les corporations et en a créé pour tous les corps de métier, marchands de vin, de légumes ou cordonniers. Il choisit en leur sein ceux qui les défendront devant les juridictions qu'il leur attribue. Ulpien et Paul ont fait d'ailleurs des lois sur tout, de sorte que personne ne peut échapper aux charges, corvées et impôts d'un bout à l'autre de l'Empire. Mais ils ne furent quand même pas d'accord quand Alexandre voulut assigner un vêtement spécial à chaque emploi, à chaque dignité et aux esclaves. Ils dirent qu'au lieu de faciliter le maintien de l'ordre, comme il le croyait, cela exciterait les querelles. Il n'entre pas de penchant tyrannique dans son soin à créer des catégories et il ne cherche pas à protéger sa personne par des distances protocolaires. Son abord est facile et son accueil courtois. Sa mère lui reprocha même un jour de diminuer le prestige de l'État par son aménité et il lui répondit qu'au contraire il le renforçait. Peut-être a-t-il trop lu Platon qui, bien qu'étant d'esprit très ouvert, pensait qu'on pouvait tout réglementer dans la société. Alexandre est ainsi conduit à être très sévère autant pour les administrateurs que pour les administrés. Il châtie durement les abus des premiers. Un greffier ayant établi un faux rapport, il lui fit couper les nerfs des mains pour qu'il ne pût recommencer. Son secrétaire Turinus avait trafiqué de l'influence, il lui tendit un piège, puis il le fit monter sur un bûcher avec cet écriteau : « Il a vendu de la fumée, il périra par la fumée. » Il ne condamne pas volontiers, mais une fois le jugement passé, il le fait appliquer sans faiblesse.

VIII. L'année de mon consulat fut donc heureuse pour Rome et l'on fit frapper des médailles avec la formule : *Restitutor reipublicae.* La paix régnait dans les provinces et aux frontières, il semblait que le monde entier s'accordât un répit pour reprendre son souffle. A ma sortie de charge, je fus pressé par toute la famille impériale de demeurer dans le Conseil en attendant d'exercer un nouveau grand proconsulat. Je différai ma réponse car j'avoue qu'il m'était agréable de servir enfin un bon prince et cependant j'avais hâte d'aller achever mon œuvre. Les circonstances devaient bientôt me faire pencher pour ce second parti. Il arriva que des rixes éclatèrent inopinément entre le peuple de Rome et les prétoriens. Ceux-ci s'ennuyaient de n'avoir plus l'occasion de faire et de défaire des empereurs, et ils tracassaient les gens. Septime Sévère qui s'était flatté de les avoir réduits à l'obéissance n'avait fait que les rendre plus insolents, en augmentant leur nombre et en allant les recruter sur les frontières : il n'eût pas agi autrement s'il avait voulu préparer le malheur de sa dynastie. Comme, de plus, ils enrageaient d'être commandés par un civil qui faisait appliquer l'adage *Cedant arma togae,* ils fomentèrent les troubles dans la rue, mais la population sortie en masse les combattit pendant trois jours et faillit avoir le dessus. Ils mirent alors le feu aux maisons et les gens terrorisés cessèrent de les affronter. L'ordre revint en apparence, mais nul ne douta que le pouvoir d'Ulpien ne fût menacé.

Pourquoi ai-je su dès cet instant que je devais me retirer, il faut le demander aux Dieux qui ont toujours guidé mes choix, soit par des oracles, soit par les rêves qu'ils m'envoient. Je ne me résous jamais contre mes rêves et je dois dire qu'ils ne me donnent que de sages conseils ; du moins mon père m'a-t-il appris à les interpréter dans le sens de la prudence. En général, je crois qu'on reçoit les signes qu'on mérite et qu'on ne voit ni n'entend ceux auxquels on n'est pas prêt à se conformer. J'en connais plus d'un qui lisent dans les astres de folles espérances : l'horoscope impérial est devenu une banalité en nos temps, mais aussi un risque mortel pour les insensés qui s'en vantent. Toujours est-il que j'ai cru entendre dans mon sommeil le grand Papinien qui me disait : « Si j'étais à ta place, je m'éloignerais maintenant de ce volcan qu'on croit éteint, mais dont je perçois, là où je suis, les grondements souterrains. J'ai été moi-même, tu le sais, emporté subitement par un torrent de lave que je n'avais pas vu venir. J'ai donné le même avertissement à Ulpien. Mais il ne m'écoute pas, il est persuadé qu'il empêchera par sa présence de plus grands malheurs. Il n'y a pas de plus grand malheur que la présomption. »

Il est vrai qu'Ulpien était indispensable à l'Empire. Mais Papinien avait passé pour l'être hier, et Paul le serait à son tour demain. Je n'en finirais pas d'énumérer les grands jurisconsultes qui ont détenu à Rome la réalité du pouvoir depuis un siècle. Ils sont morts de vieillesse aussi longtemps qu'ils ont pu officier dans l'ombre d'empereurs eux-mêmes formés à la discipline du droit. Mais le jour où le gouvernement de Rome est échu à des enfants trop brutaux ou trop dociles, ou plutôt à leurs mères trop calculatrices ou trop passionnées, il a bien fallu que les hommes de loi s'avancent au premier rang et commandent aux prétoriens. Or l'alliance de ces deux corps est contraire à la nature des choses. J'appris que la Garde avait demandé la démission d'Ulpien, et que Maesa et Mammaea l'avaient refusée. Les soldats dirent qu'il n'y aurait pas de second avertissement. Il fallait les croire. Quant à moi, j'avais entendu le conseil de Papinien. Le jeune empereur accepta que je me retire à la campagne.

IX. Des événements regrettables se sont produits depuis, mais ils n'ont pas pu encore abattre un prince aimé du Sénat et du peuple. Si cette faveur est le vrai principe de la légitimité du trône, elle n'en est pas hélas la sûreté. Que peut l'âme de la démocratie contre l'arme de la violence, la loi méprisée par la force ? Un an ne s'était pas écoulé après mon départ que les prétoriens, conduits par le plus brutal d'entre eux, un certain Epagathus, entrèrent une nuit au Palais et cherchèrent Ulpien pour le tuer. Celui-ci eut le temps de se réfugier dans les appartements de l'Empereur et, étant à ses côtés, lui demanda en termes solennels de le protéger. Bien qu'Alexandre ait posé noblement sur lui les plis de sa pourpre, les bêtes féroces — car ces êtres ne méritent pas d'autre nom — transpercèrent l'étoffe inviolable et le corps de l'homme le plus juste de son temps. Ils se souciaient peu de cette vertu, ils ne s'intéressaient qu'aux privilèges et aux libéralités. Or Ulpien voulait leur retirer ceux-là, et Mammaea leur refusait celles-ci. Seule Maesa avait su dispenser ces deux faveurs à la fois sans mettre en danger l'État.

Mais cette femme était déjà vieille et malade. Si elle eût été debout, les prétoriens n'eussent peut-être pas osé commettre pareil sacrilège. Comme sa sœur Julia Domna, elle mourut de la perte de l'espoir. On lui décerna les honneurs divins et ses funérailles furent grandioses. Elle a été à mes yeux la plus haute figure de toute la dynastie et l'on peut dire qu'elle régna plus que sa sœur, bien qu'elle ne fût jamais comme elle impératrice. Mais elle n'eut pas à supporter la nature oppressive d'un Septime Sévère, l'impudence inimaginable d'un Plautianus, et la brutalité monstrueuse d'un Caracalla. Sur sa lignée elle eut l'influence de la force virile qui y faisait singulièrement défaut. En effet, la nature semblait s'être plu à en effacer les hommes, soit qu'elle les eût emportés prématurément — à peine a-t-on connu les pères d'Élagabal et d'Alexandre —, soit qu'elle eût inverti leur sexe ou qu'elle l'eût moralement castré. C'est peu dire qu'Alexandre était vertueux, il ne concevait que l'amour filial. Maesa avait vu que cet état n'était pas fait pour assurer son caractère, et elle eut le temps avant de mourir de l'engager dans les liens du mariage avec une fille de haute noblesse romaine, Gneia Herennia Sallustia Orbiana. Alexandre s'éprit de sa jeune épouse avec le sérieux qu'il mettait à toutes choses. Le père d'Orbiana était un homme de valeur, P. Sallustius Macrinianus, qui parut digne d'être nommé César.

X. Il est probable que la dynastie avait besoin d'être investie par un principe masculin, et qu'Alexandre trouva en Sallustius l'équivalent d'un père qui remplaçait Ulpien, en même temps qu'il découvrait avec Orbiana une affection féminine moins possessive que celle de Mammaea. Celle-ci en prit ombrage et comme elle n'était plus tempérée par sa vieille mère et par Ulpien, elle témoigna les signes d'une jalousie violente contre la fille et le père, cherchant à les déconsidérer dans l'esprit d'Alexandre. Je ne saurais dire quelles choses se passèrent, car j'étais à distance de Rome et personne ne put me donner une information claire sur les agissements de Sallustius. Il semble qu'il soit allé chercher appui chez les prétoriens, leur expliquant qu'il était empêché de remplir son rôle et qu'il était même en danger. Si cela est exact, il ne sut pas les convaincre, car Mammaea le fit arrêter et exécuter. Puis elle relégua Orbiana en Afrique. Elle répandit le bruit que le père et la fille avaient voulu s'emparer pour eux de tout l'Empire. Alexandre consentit avec désespoir à cette tragique rupture et l'on vit à cela qu'il n'aurait pas le caractère combatif. Les prétoriens l'avaient déjà compris puisque Epagathus, le chef des assassins d'Ulpien, loin d'être puni, avait été promu à la préfecture d'Égypte.

On ne saurait dire toutefois que l'Empire est gouverné aujourd'hui d'une manière faible et hésitante, et j'en conclus que Mammaea et son fils s'assurent l'un par l'autre une stabilité heureuse pour l'État. Alexandre consent au régime de vie très austère que lui dicte sa mère. Il est pratiquement attaché à son tribunal, où il rend la justice du matin au soir et personne n'a accès auprès de lui sans l'autorisation de Mammaea. Mais cet isolement n'est pas celui d'un autocrate brutal comme Tibère ou Domitien. Les préceptes de Marc Aurèle et les enseignements de Papinien, qui sont ceux de l'école des jurisconsultes de Beyruth, guident ses décisions équitables et humanitaires. On dit qu'il a écrit quelque part dans son privé cette maxime des Juifs ou des chrétiens : « Ne fais pas aux autres ce que tu ne voudrais pas qu'ils te fassent. » Il a d'ailleurs jugé récemment en faveur des chrétiens qui voulaient établir un lieu de leur culte sur un terrain revendiqué par des cabaretiers. Mais s'il a admis le Christ à côté de Pythagore dans son oratoire, c'est surtout Apollonius de Tyane qu'il révère.

XI. J'ai déjà évoqué le nom de ce mage qui vivait au temps de Domitien, mais pas seulement sous cet empereur, car il aurait eu plusieurs vies et il possédait la faculté de paraître et de disparaître aux yeux des mortels. Il s'était initié à tous les secrets des sages, au cours de voyages dans tout le monde connu, et en particulier chez les Égyptiens et les peuples de l'Indus. Il marchait pieds nus et vêtu de lin, car aucune matière venant d'un animal, comme la laine et le cuir, ne devait toucher sa peau et, à l'exemple des brahmanes, il ne mangeait pas de viande. Domitien voulut le condamner à mort, mais il lui échappa par la seule concentration de sa pensée. Personne ne pouvait lui tenir tête dans les joutes dialectiques et l'on pourrait dire de lui qu'il fut le meilleur et le plus savant des hommes s'il était permis d'attribuer une nature humaine à un être aussi extraordinaire. Julia Domna, lassée de voir dans sa famille tant d'instincts haïssables, se passionna pour cet esprit divin et fit écrire le récit de sa vie par le célèbre Philostrate. Ce livre plein de miracles n'a été achevé que récemment et Mammaea s'en nourrit avec Alexandre.

Ce prince voudrait que la concorde règne sur la terre entre les hommes comme au ciel entre les Dieux. Mais il a rencontré l'intolérance des prêtres des anciens cultes lorsqu'il a voulu ouvrir des temples dédiés à toutes les divinités, y compris celle des chrétiens qui, si on les laissait faire, se répandraient partout. Il a donné une plus grande liberté au négoce et attiré à Rome par des immunités les marchands étrangers. Il fit baisser le prix du bœuf et du porc en interdisant pendant quelque temps de tuer les vaches et les truies. Il a affecté l'impôt sur la prostitution à la réparation des théâtres et celui sur les tailleurs aux bains qu'il fait éclairer la nuit. Mais il ne les ouvre pas aux mêmes heures pour les deux sexes. On a vu que cette réglementation changeait sous chaque règne selon la moralité des empereurs. Je sais qu'on reproche à Alexandre de créer trop d'impôts nouveaux et de diminuer la valeur de la monnaie, surtout des pièces d'or. Celles qui sont d'un bon aloi sont réservées aux subsides que reçoivent les peuples étrangers pour ne pas nous faire la guerre, et ils sont très exigeants sur la teneur des grosses pièces. Les citoyens, eux, se satisfont d'en avoir un plus grand nombre de toutes petites et d'un alliage douteux.

XII. On soupçonne Mammaea d'amasser plus d'argent qu'il n'en faut pour le Trésor, par cupidité, mais aussi je crois par précaution. Elle se réserve d'acheter la fidélité des soldats, s'ils devenaient indociles, et elle ne voit pas qu'ils le sont déjà précisément à cause de son avarice. Alexandre voudrait être plus généreux, mais elle ne l'y autorise pas. Il ne lui a plus suffi d'être Augusta, Mère des camps, elle se fait appeler aussi Mère du genre humain. A l'inverse, son fils refuse l'enflure des titres et quand on le flatte outrancièrement, il rit aux éclats. Cependant le court état de grâce dont bénéficient tous les nouveaux princes a déjà épuisé ses effets et il importe à l'Empire qu'Alexandre affirme son pouvoir sur l'armée, faute de quoi ce corps toujours insatisfait et anxieux dans l'inactivité se cherchera des chefs entreprenants. J'entends parler de l'un d'eux qui se remue beaucoup et jouit d'un grand prestige dans la troupe. Il se nomme Maximin et l'on ne peut imaginer personnage plus contraire à celui d'Alexandre. Ce berger thrace s'est élevé dans la hiérarchie grâce à sa force physique exceptionnelle qui l'avait fait remarquer par Septime Sévère dans un concours de lutte. Il est devenu l'idole de ses camarades et, par son courage, un général redouté. C'est une chance qu'il soit encore fidèle à la dynastie et maintienne les légions danubiennes dans la loyauté. Celles-ci pourtant sont de moins en moins sûres. Mon collègue Cassius Dio vient d'en faire l'expérience. Pendant qu'il était gouverneur de Moésie, il eut grand-peine à rétablir la discipline chez les soldats, et sa rigueur a fait craindre aux prétoriens que, revenu à Rome où il doit exercer le 1er janvier prochain le consulat avec l'Empereur, il n'y recommande les mêmes méthodes à leur égard. Ils ont donc demandé sa tête à Alexandre, mais celui-ci tient bon.

XIII. J'en suis donc arrivé au point où mon récit rejoint le moment présent. Si les Dieux me le permettent, je le compléterai à mesure que les événements viendront jusqu'à ma connaissance, dans ce cabinet d'où je ne sors plus guère, car la vigueur abandonne peu à peu mes jambes tandis que la douleur les envahit. Elles ont beaucoup servi. Les Romains se servent peu de leurs bras, ils ont tous ceux de leurs esclaves, mais personne ne peut marcher pour eux et l'usage des litières, des voitures et des chevaux est strictement réglementé, comme presque tout aujourd'hui. J'avoue que ce monde où un contrôleur et un agent du fisc (sans parler du policier) sont postés derrière chaque citoyen, qu'il soit ancien consul ou simple boulanger, n'a plus de séduction qui me retienne. Et puisque j'ai écrit la vie des douze Césars que j'avais projetée, je peux dire que j'ai honorablement achevé ma carrière terrestre. Je supporterai mal, je le sais, de n'avoir plus rien à entreprendre faute d'énergie et de temps, mais faute aussi de sujet digne d'être raconté. Chaque homme, sans doute, se plaît dans l'illusion que le monde vieillit et s'affaisse avec lui. Or il peut arriver que cela se produise réellement. On voit bien aujourd'hui que Rome s'ennuie. La paix au-dedans et au-dehors, l'austérité au sommet, les corvées tout au bas, la pièce est sans attraits pour le spectateur.

Elle ne l'est pas moins pour les personnages sur la scène. Je sens frémir beaucoup d'attente près de moi. Où sont les jeux, les campagnes lointaines, les triomphes, les orgies qu'aiment le peuple, les soldats, les généraux, les jeunes nobles ? Où sont les grandes constructions, les œuvres épiques ? Tout au fond de leur palais, une mère et un fils exemplaires, précautionneux de leur pouvoir, de leur vertu et de leur argent, ne perçoivent pas ces signes inquiétants d'impatience. Ils sont en paix avec eux-mêmes. Ils pensent racheter les injustices, les cruautés, les folies sur lesquelles s'est établie leur dynastie, ils ne voient pas qu'ils y ajoutent le désenchantement. Mammaea se croit libérale parce qu'elle collabore avec le Sénat et qu'elle dialogue avec Hippolyte, l'évêque des chrétiens. Alexandre se veut romain et s'invente une généalogie latine, il cherche l'affection des soldats en allégeant le poids de leur sac à dos. Qui eût pu imaginer un tel retournement, et une si complète restauration des vertus impériales ? Ne croirait-on pas voir revivre les temps d'Antonin et de Marc Aurèle ?

XIV. Pour avoir grandi sous ces règnes et avoir été imprégné de leurs leçons par mon père, je peux témoigner qu'il n'en demeure rien derrière les apparences. Commode et ses compagnons de débauche ont saccagé l'héritage, Septime Sévère a vendu aux soldats ce qu'il en restait. Il a hypothéqué le pouvoir impérial et je crains que le meilleur de ses épigones ne soit aussi démuni que les pires. C'est en vain qu'ils auront porté les noms d'Antonin et de Marc Aurèle. La grandeur d'âme ne se décrète pas. Avant peu nous saurons si Alexandre est digne de soutenir le destin de Rome. A l'est, l'ennemi héréditaire vient de prendre un autre visage et il semble puiser de nouvelles forces dans une révolution de palais. Une famille perse a pris la place de la monarchie parthe. Ardashir, qui se dit Sassanide, a renversé Artaban et mis fin au long règne des Arsacides, déconsidérés par les humiliations que nous leur faisions subir. Voilà le prix des campagnes inutiles qu'ont menées Septime, Caracalla, Macrin, pour triompher facilement d'une dynastie fatiguée. Un parti national, suscité et fanatisé par le clergé iranien, s'est installé à Ctésiphon et prétend imposer à tout l'Orient le culte de Zoroastre.

J'entends dire par mon frère, par mes neveux et par mon fils, les uns et les autres sénateurs, chefs d'armée et gouverneurs de province, qu'il faut s'attendre à un grave défi à l'est, et que les Germains profiteront de nos embarras lointains pour percer les frontières proches qu'ils assiègent. Bien que je n'aie jamais eu accès aux Livres Sacrés et aux textes sibyllins gardés par les Vestales, je puis imaginer qu'on y lit que Rome ne survivrait pas à une attaque simultanée sur tous les fronts de guerre. C'est pourquoi, depuis Auguste, tous les moyens sont mis à diviser nos adversaires. La force, la diplomatie, la corruption y ont jusqu'à maintenant réussi. Mais qu'en sera-t-il demain, après un abaissement si profond des institutions de la République, un recul si déplorable de la discipline militaire, une rupture si totale avec la tradition ? Et que demeurera-t-il de Rome après un renouvellement si complet de la classe dirigeante, un mélange si incontrôlé des races et une confusion si troublante des cultes de l'Empire ? Le Destin ne m'a-t-il donc généreusement épargné, dans une génération vouée à la folie meurtrière, que pour faire de moi le dernier témoin du rêve impossible des Sages ?

On croit que Marius Maximus mourut vers cette époque (229 après J.-C.) de mort naturelle. Il avait soixante et onze ans. Son fils fut consul en 232. Cassius Dio partagea le consulat avec Alexandre Sévère en 229, mais in absentia, *car l'Empereur qui ne pouvait lui assurer la vie sauve lui permit de se retirer chez lui en Bithynie où il acheva son œuvre historique. Bon gré, mal gré, Alexandre et Mammaea durent aller combattre Ardashir qui avait envahi la Mésopotamie, mais le jeune empereur ne s'éloigna pas beaucoup d'Antioche, sa mère ne pouvant se résoudre à le voir exposer sa vie. La campagne, bien préparée mais conduite avec hésitation, fut moins qu'un succès. Cependant le transfert en Orient d'unités européennes avait affaibli le front rhéno-danubien et les Alamans devinrent menaçants. En 233, l'Empereur revint à Rome et mit sur pied une campagne germanique. Maximin fut placé à la tête des armées pannoniennes. Mais quand Alexandre arriva avec Mammaea à Mayence, tous deux commencèrent à négocier secrètement avec les Alamans. On le sut. Les légions, furieuses de voir l'or romain servir à acheter les Germains plutôt qu'à augmenter leur solde, assassinèrent le fils et la mère dans leur tente, et proclamèrent Maximin empereur (mars 235). Celui-ci fit la guerre et périt de la même manière, trois ans après, sans même avoir eu le temps de voir Rome. L'Empire ne devait plus connaître que des phases alternées d'anarchie et de dictatures militaires.*

SOURCES

Note sur les Sources

Au lecteur qui voudrait se reporter directement aux sources, une longue patience est recommandée. Ces sources sont à peu près inaccessibles en France. L'*Histoire Auguste* ne se lit que dans une traduction de M. Théophile Baudemart, publiée en 1845 chez Firmin Didot, en annexe à un *Suétone* qu'on ne trouve plus que dans quelques grandes bibliothèques. Cassius Dio n'a jamais été traduit en français, ni Hérodien. Des textes anglais de ces œuvres existent dans la fameuse collection Loeb, d'Oxford, ou en allemand chez Taubner. Mais eût-on la possibilité de les lire dans une langue moderne, il faudrait encore passer beaucoup de temps et consacrer beaucoup de peine à remettre quelque cohérence dans ces récits fumeux et fragmentaires. On comprend que les éditeurs français aient reculé devant l'entreprise. Le public de Tacite et de Suétone ne résisterait pas à tant de médiocrité et à tant de discontinuité. Et l'on doit reconnaître que les destructions accidentelles n'ont rien arrangé à la dégradation conceptuelle qui caractérise ces ouvrages du Bas Empire. Comment tirer quelque chose de si piètres manuscrits de non moins piètres œuvres ?

L'*Histoire Auguste*, d'abord. Son procès ouvert il y a un siècle exactement par le grand Hermann Dessau n'est pas près de se clore. On admet aujourd'hui qu'elle a été rédigée par un auteur unique qui s'est inventé six identités [1] pour mystifier on ne sait qui, à une époque plus tardive qu'il ne voudrait le faire croire. Peu nous importerait s'il ne brouillait pas aussi ses sources. Il a fallu une somme incroyable de recherches et de controverses historiques pour retrouver les pistes suivies par notre polygraphe dans son travail de compilation. Elles conduisent toutes apparemment à un informateur de base qui aurait écrit, un siècle et demi plus tôt, un supplément aux *Douze Césars* de Suétone. Là, deux écoles : celle des inventeurs d'un prétendu Ignotus, dont on n'a aucune trace, et celle des partisans de Marius Maximus dont l'existence est bien attestée et l'œuvre maintes fois citée en référence dans l'*Histoire Auguste.* En l'état actuel des recherches, ce dernier l'emporte nettement sur son mythique concurrent. Quant à nous, nous l'avons reconnu sans hésitation derrière le misérable plagiat qu'en a fait le chroniqueur débile de la fin du siècle suivant.

N'accablons pas trop ce pauvre personnage. Il avait ses raisons, alimentaires et politiques. Il voulait amuser et édifier son public, celui de la classe sénatoriale qui n'avait plus aucun rôle et cultivait les souvenirs de sa grandeur morte avec les phantasmes de ses peurs mal éteintes. Rome était devenue une ville de province. L'Empereur, quelque rude Espagnol ou Illyrien, vivait à Byzance dans un faste oriental. Il fallait lui faire habilement la leçon, noircir ses prédécesseurs exécrés, exalter ceux qui avaient respecté le Sénat. Pour être plus sûr d'être lu, l'auteur a accumulé tous les détails licencieux qu'il a trouvés dans l'œuvre originale dont il n'a tiré qu'une caricature : nul doute que Marius Maximus ne fut, comme beaucoup de moralistes indignés, un amateur de scandales. Suétone était son modèle. C'est pourquoi l'*Histoire Auguste* se présente à première vue comme un fatras d'anecdotes douteuses. Mais les chercheurs modernes ont décidé de ne pas se laisser prendre aux pièges dans lesquels sont tombés leurs devanciers. Depuis

1. Aelius Lampridius, Aelius Spartianus, Flavius Vopiscus, Julius Capitolinus, Trebellius Pollion et Vulcacius Gallicanus. Pendant quinze siècles ces êtres imaginaires ont fait l'objet d'études érudites. C'est la supercherie littéraire la mieux réussie de l'Histoire.

1960, ils se réunissent en un colloque annuel qui est certainement le travail d'équipe le plus considérable qui ait jamais été mené sur l'Empire romain : le « Bonner Historia-Augusta Colloquium », où se retrouvent les plus grands spécialistes, Sir Ronald Syme, d'Oxford, les Birley père et fils, de Leeds, Andreas Alföldi de Princeton, Hans-Georg Pflaum et André Chastagnol de Paris, etc. Aujourd'hui, pour lire l'*Histoire Auguste* avec quelque sécurité, il faut se référer aux quelque douze ouvrages collectifs qui en ont pesé chaque ligne et chaque mot. Or partout où l'information est confirmée ou semble crédible, on voit la main de Marius Maximus. Mais pour s'en convaincre, il faudrait y consacrer plusieurs années de sa vie.

Alors, lire Cassius Dio ? C'est un exercice chaotique, qui nous fait sauter de fragments en abrégés peu sûrs en enjambant de vertigineuses lacunes. Peut-on se fier à ce moine byzantin du nom de Xiphilin qui, huit siècles après la mort de Dio, a trituré quelques passages d'une œuvre monumentale ? Que cherchait-il ? Qu'a-t-il fait du manuscrit, lui ou ses frères copistes ? Très probablement la matière première de livres de piété. Les bonnes biographies de Trajan ou d'Antonin ont dû servir de support à de dérisoires vies de saints imaginaires, de même que les trois quarts de l'œuvre de Tacite et la totalité de celle de Marius Maximus ont probablement recouvert les pots de confitures de nos grand-mères de l'an mille. Par quel miracle Hérodien nous est-il parvenu intégralement ? Hélas, il ne débute son récit qu'à la mort de Marc Aurèle et il n'est même pas sûr de ce qu'il a vu, qu'il raconte pompeusement.

Faut-il déplorer cette succession de compilateurs médiocres ou au contraire les remercier d'avoir sauvé du néant une partie de la mémoire de siècles grandioses ? Nous prendrons évidemment ce second parti qui n'a de sens qu'autant qu'on le soutient dans un esprit de recherche critique sans fin. Aucune des trois histoires-épaves qu'on vient de citer ne se suffit à elle-même et c'est seulement après une minutieuse confrontation entre elles qu'elles retrouvent quelque créance. Alors commence le vrai travail de reconstitution qui implique qu'on recoure à d'autres sciences plus exactes, notamment la numismatique, l'archéologie, la papyrologie, la linguistique, la sociologie. Ainsi, pour rétablir une version plausible de la *Vie des douze autres Césars* de Marius Maximus, nous n'avons retenu de l'*Histoire Auguste* et des sources plus anciennes où elle a puisé que ce qui a pu être contrôlé sur des inscriptions, des vestiges de monuments, des monnaies et médailles, dans des textes chrétiens, hébraïques, arabes, etc. Grâces soient rendues aux centaines de chercheurs, et jusqu'aux plus obscurs, qui ont arraché à la terre une civilisation que des générations d'iconoclastes ont bien failli enfouir à jamais.

ANNEXES

I. Curriculum de Marius Maximus

II. Chronologie des Césars

III. Généalogie des Antonins et des Sévères

IV. Carte

Annexe I.

CURSUS HONORUM DE L. MARIUS MAXIMUS PERPETUUS AURELIANUS

158 ap. J.-C.	Natus est : anno CMXI ab Urbe condita
177 ap. J.-C.	IV vir viarum curandarum
178 ap. J.-C.	Tribunus legionis XII Primigeniae
	Tribunus legionis III Italicae
182-183 ap. J.-C.	Quaestor Urbanus
	Tribunus plebis candidatus
188 ap. J.-C.	Adlectus inter praetorios
	Curator viae Latinae
	Curator reipublicae Faventinorum
193 ap. J.-C.	Legatus Legionis I Italicae
	Dux exercitus Moesiaci apud Byzantium
197 ap. J.-C.	et apud Lugdunum
198 ap. J.-C.	Consul
	Legatus Augustorum (duorum) pro praetore provinciae Germaniae Inferioris
208 ap. J.-C.	Legatus Augustorum (duorum) pro praetore provinciae Syriae Coelae
213-214 ap. J.-C.	Proconsul provinciae Africae
215-216 ap. J.-C.	Proconsul provinciae Asiae iterum
217 ap. J.-C.	Praefectus Urbi
223 ap. J.-C.	Consul iterum ordinarius

Annexe II.

CHRONOLOGIE DES CÉSARS

Avant J.-C.	44	Meurtre de Jules César
—	27	Octave devient Auguste
Après J.-C.	14	Tibère succède à Auguste
—	37	Caligula succède à Tibère
—	41	Claude succède à Caligula assassiné
—	54	Néron succède à Claude empoisonné
—	68	Suicide de Néron
—	69	Galba, Vitellius, assassinés. Othon, suicidé. Vespasien, empereur
—	79	Titus succède à Vespasien
—	81	Domitien succède à Titus
—	96	Nerva succède à Domitien assassiné
—	98	Trajan succède à Nerva
—	117	Hadrien succède à Trajan
—	138	Antonin le Pieux succède à Hadrien
—	161	Marc Aurèle et Lucius Verus succèdent à Antonin
—	169	Mort de Lucius Verus
—	180	Commode succède à Marc Aurèle
—	193	Pertinax succède à Commode assassiné. Pertinax assassiné. Septime Sévère empereur
—	211	Caracalla et Geta succèdent à Septime Sévère
—	212	Geta assassiné.

Après J.-C.	217	Macrin succède à Caracalla assassiné
—	218	Elagabal succède à Macrin assassiné
—	222	Alexandre Sévère succède à Elagabal assassiné
—	235	Maximin le Thrace succède à Alexandre Sévère assassiné, etc.

LA DYNASTIE DES ANTONINS

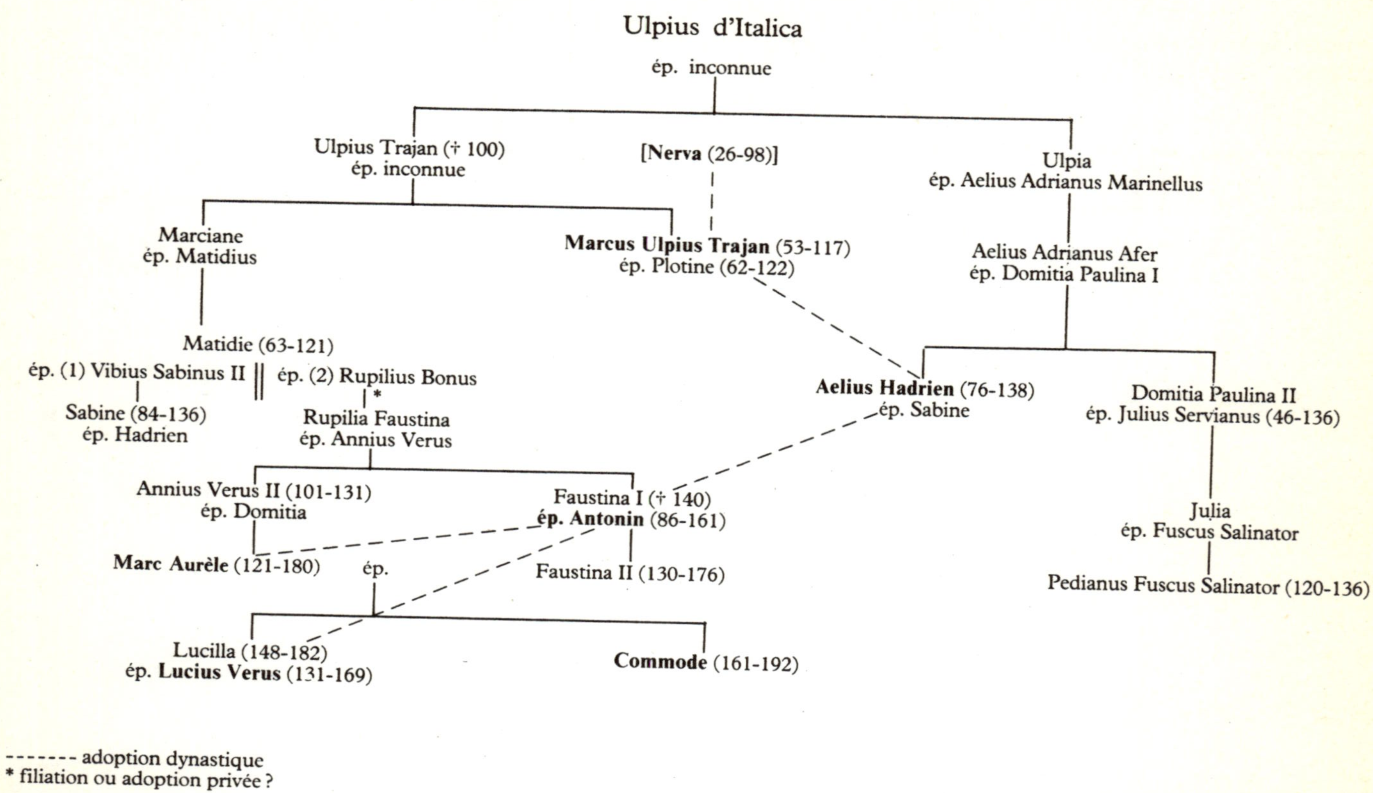

Commode (161-192)

* ***Pertinax***
* ***Didius Jullianus***
* ***Pescennius Niger***
* ***Claudius Albinus***

Empereurs en 193

LA DYNASTIE DES SÉVÈRES

Julius Bassianus
grand-prêtre de Baal d'Emèse

- **Septime Sévère** (146-211) ép. Julia Domna
  - Bassianus
    Caracalla (188-217)
  - Geta (189-212)
- Julia Mœsa
  - Varius Marcellus ép. Julia Soaemias
    - Varius Avitus Bassianus
      Elagabal (203-222)
  - Julia Mammaea ép. Gessius Marcianus
    - Alexianus Bassianus
      Sévère Alexandre (204-235)

* ***Macrin*** (164-218)

* · Empereurs hors dynastie

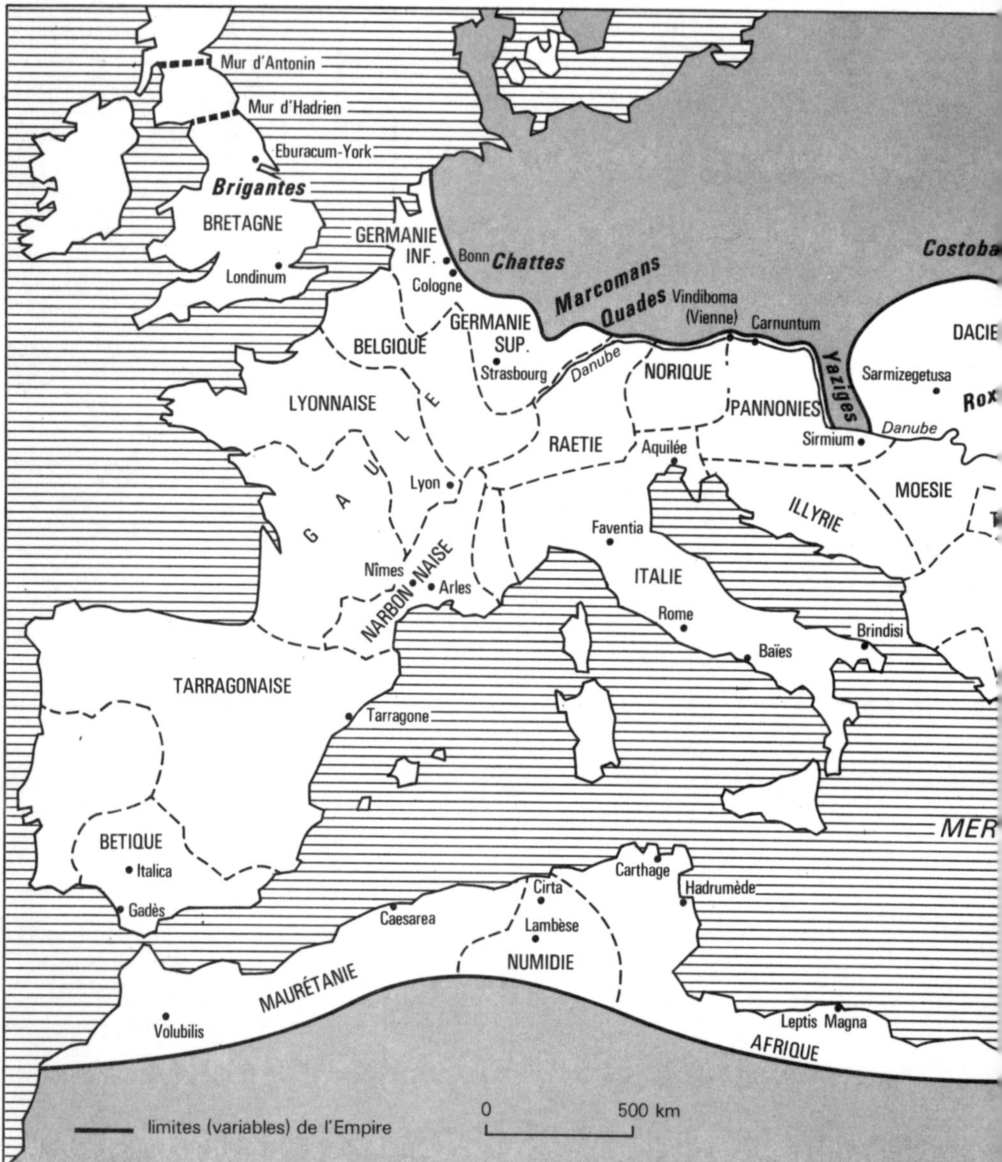

Mur d'Antonin
Mur d'Hadrien
Eburacum-York
Brigantes
BRETAGNE
Londinum
GERMANIE INF.
Bonn
Cologne
Chattes
Marcomans
Quades
Vindiboma (Vienne)
Carnuntum
Costoba
DACIE
Sarmizegetusa
Rox
Yaziges
GERMANIE SUP.
Strasbourg
Danube
BELGIQUE
NORIQUE
PANNONIES
LYONNAISE
G A U L E
RAETIE
Aquilée
Sirmium
Danube
Lyon
MOESIE
ILLYRIE
Faventia
Nîmes
NARBONNAISE
Arles
ITALIE
Rome
Brindisi
Baïes
TARRAGONAISE
Tarragone
MER
BETIQUE
Italica
Gadès
Carthage
Hadrumède
Cirta
Caesarea
Lambèse
NUMIDIE
MAURÉTANIE
Volubilis
Leptis Magna
AFRIQUE
limites (variables) de l'Empire
0
500 km

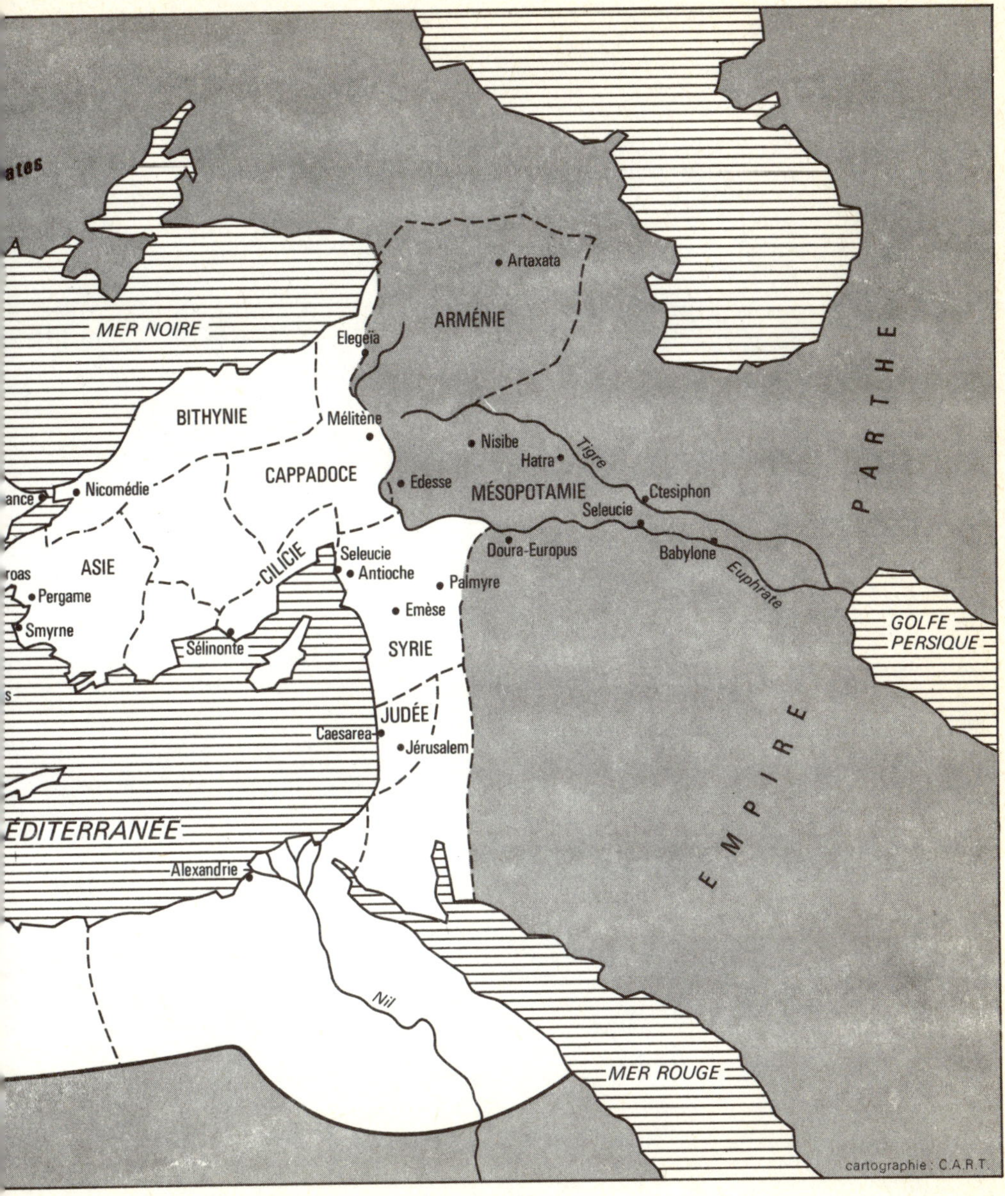
ates
MER NOIRE
ARMÉNIE
Artaxata
Elegeïa
BITHYNIE
Mélitène
CAPPADOCE
ance
Nicomédie
Nisibe
Hatra
Tigre
Edesse
MÉSOPOTAMIE
Ctesiphon
Seleucie
Doura-Europus
Babylone
Euphrate
PARTHE
ASIE
CILICIE
Seleucie
Antioche
Palmyre
roas
Pergame
Smyrne
Emèse
Sélinonte
SYRIE
GOLFE PERSIQUE
JUDÉE
Caesarea
Jérusalem
ÉDITERRANÉE
Alexandrie
EMPIRE
Nil
MER ROUGE
cartographie : C.A.R.T.

TABLE

L'impression de ce livre
a été réalisée sur les presses
des Imprimeries Aubin
à Poitiers/Ligugé

pour les Éditions Julliard

Achevé d'imprimer en mars 1985
N° d'édition, 4759 — N° d'impression, L 19708
Dépôt légal, mars 1985

Imprimé en France